金融哲学系列
之五

时间有毒

价值、条件与哲学投资

张诚 卢浩林 雷纯华 著

上海财经大学出版社

图书在版编目(CIP)数据

时间有毒：价值、条件与哲学投资/张诚，卢浩林，雷纯华著. --上海：上海财经大学出版社，2025.2.

(金融哲学系列). --ISBN 978-7-5642-4561-0

Ⅰ. F830.59

中国国家版本馆 CIP 数据核字第 20240XZ488 号

□ 策划编辑　王永长
□ 责任编辑　顾丹凤
□ 营销编辑　王永长
□ 封面设计　贺加贝

时 间 有 毒
——价值、条件与哲学投资

张　诚　卢浩林　雷纯华　著

上海财经大学出版社出版发行
(上海市中山北一路 369 号　邮编 200083)
网　　址：http://www.sufep.com
电子邮箱：webmaster@sufep.com
全国新华书店经销
苏州市越洋印刷有限公司印刷装订
2025 年 2 月第 1 版　2025 年 2 月第 1 次印刷

890mm×1240mm　1/32　10.875 印张(插页:2)　240 千字
印数:0 001—10 000　　定价:128.00 元

序一 教你战胜偏见的大男孩

我是不太喜欢给人写序的。

这是因为,作者一般都是请前辈、名人、大佬和成功人士来给自己写序的,而我与上述几个身份都不沾边。这次张诚请我为他的新书写序时,我犹豫了一下:如果推辞,我确实有些人情债没有还;如果接受,我确实没有拿得出手的头衔。

于是,我就像《黑客帝国》里的矩阵旋转那样,跳开传统序言的约束,转而写一篇作者的人物素描,以便帮助读者更好地理解他的作品。这个旋转的角度打开了我的写作空间,因为这与作者的人品和作品是高度一体的。

《时间有毒》的要义在于帮助读者自己在镜子中发现这样一个现象:我们对时间的认识是有偏见的,而这种偏见直接影响了我们在资本市场上的输赢。

对时间的偏见是普遍现象。社会学家早就发现:随机性事件的出现符合正态分布。但是,人类对随机性事件的预期却不是正态分布的。对于短暂的时间,我们的认识偏向于风险;对于长远的时间,我们的认识偏向于机会。

这也不能全怪人类的认知偏见。金融学家指出,金融学的时间是不均匀的,它不像自然时间,每个时段包含相同的信息量。金融时间在突发事件时包含巨大的信息量;在平淡交易中则几乎不受信息干扰似地随机漫步。所以,我们才会对近期时间更关心,对远期时间更期待。

有了随机性、时间密度和认知偏见这三样道具以后,一场股市悲喜的"大戏"就开场了。市场出现了两类投资人。

一是被我们心心念念封为"至圣仙师"的巴菲特倡导价值投资。他还反对普通投资人用杠杆投资。一旦你用了杠杆,你对时间认知的偏差就会加大,你会对风险草木皆兵,你会解套就抛,然后你一抛它就涨,最后,你就捶胸顿足等着下一次买入被套和漫长解套的轮回。

二是那些通过量化投资、闪电交易和算法模型交易的青年才俊们。这些人又在干什么呢?他们炒的不是股票,而是股票(或指数)的波动。这种波动是由概率统计支持的。比如,如果你看见屏幕上显示"苹果",那么,下一个单词出现"派"的可能性大于"炮"。因此,你就做空"炮",做多"派"。你一定要同时下单大量交易,因为只有大量的交易,才能体现你模型预期的概率分布。量化交易者就是把那些大概率事件集中体现出来,在他们占主导的市场上,会出现龙头股资金集中,而边缘股无人问津的情况。

张诚身上同时有这两种投资人的风格。我在很长一段时间,觉得他既老谋深算,又天真烂漫。他很会管理自己的情绪,在一片热情高涨的环境中,"老狐狸"张诚浮现出来了。他会冷静理智地告诉你,情况不乐观了。他有敏锐的嗅觉,发现行情已经发展到了小概率事件的边缘。他会跳回大概率的轮船上,空仓等待。

在一片凄风厉雨的哀嚎中,"大男孩"张诚蹦跶出来了。他年过五十,仍然眨着明亮而天真的大眼睛,目光炯炯有神地说:"牛市已起,不用扬鞭自奋蹄。"

我这么描述他,并不意味他每次都能把握住市场的波动起伏。我并不知道他具体的投资回报水平。我遇到大多数声称自己投资很成功的股民一般都是"演技派",他们的人品和作品都需要警惕。过去,每年我都遇到几个投资人对我说,"周总啊,向你学习啊,投资,我是什么都不懂的,我就是20年来一直满仓拿着茅台没有动过,我一直在做慈善"。这几年,我每年会遇到几个年轻的投资人,"周哥,跟您学习啊,投资我是外行,我就是这10年来一直满仓拿着比特币没动过,我一直在做环保"。

每次遇到这种情况,我就很想念并珍惜那个说实话、说真话、说国王没有穿衣服的"小男孩"——张诚。他有真诚的呐喊,他有纯粹的逻辑,他有率真的性格。许多人认为他是一个奇人。我却认为,只有具备这样一种性格组合的人,才能战胜随机波动,才能适应资本市场,才能豁达而坦然地面对起伏成败,才能管理好自己的情绪,才能纠正自己对时间的偏见,才能在股市中活跃到今天。

市场并不随机淘汰一些投资人,而是淘汰那些不够随机的投资人。后面的剧情就符合莎士比亚的套路了:"死去的同伴把时间留给了我们。"这些时间并不真的有毒,也绝非沾满同伴的鲜血,它就是一种有风险的机会:当你相信自己的运气时,时间用概率分布淘汰你。当你相信自己基于大概率的模型时,时间用小概率事件淘汰你。你只有变得更柔韧、更豁达、更坚忍、更从容,才能适应随机性市场。

最后,我套用巴菲特的一句名言来介绍这位在中国资本市场见证风云并永立潮头的本书作者:

当大家都是老谋深算的老狐狸时,他是那个天真执拗并相信未来的大男孩；当大家都是乐观开朗、积极上进的大男孩时，他是那个满腹狐疑并左顾右盼的老狐狸。

读他的书，能纠正你对时间的偏见，并将给你的投资决策带来长期正面的影响。

周洛华
2024 年 10 月于上海

（周洛华，著有《货币起源》《市场本质》《估值原理》《时间游戏》等金融哲学系列和国家级规划教材《金融工程学》等著作）

序二　效率就是未来

工作至今,从没有为别人的书写过序,其原因有几个:第一,我不善交际,很少有人找我写;第二,在我眼里,能够给别人写序的都是业内著名人士,我明显不够格;第三,我在北京邮电大学上了7年学,之后一直工作在研发、管理、投资岗,属于理工直男,我的那点表达能力在高考后就被遗忘到脑后,写东西对我来说难于编程。

但是这一次我是被逼无奈,张诚师兄认为我能充分表达对科技带来效率的理解,通过我大学同班挚友胡晓鹏找到我。晓鹏目前担任北京邮电大学校友企业家协会秘书长,他对我说:"感谢好时代,感谢母校,咱们的校友都混得不错,默默为祖国通信事业做着贡献,过着简单滋润的小日子。虽然绝大部分干着IT和通信行业,但是校友之间联系都不积极主动。这位写书的张诚师兄,大家必须要支持一下。你从百度离职后创立了九合创投,在业内做的很成功,还投了很多校友的创业项目,在行业和校友中都有一定影响力,师兄很看重你对这本书的评价,认为你是校友中知行合一的典范,专门给你打印了一本初稿,请你提前鉴阅,同时师兄也是企业家协会理事,你要支持我的工作。"

话说到这里,还能怎么办?只好把收件地址发过去,收到书抓紧时间阅读并完成秘书长布置的写序任务。没想到这本书读了之后给了我很多惊喜,和作者有了同道中人的感觉。书中部分内容写得很接近我的投资心得,我从被动写心得变成了愿意主动抒发一下。因此,下面几句写的有点文气,读者觉得酸的可以跳过这几段。我是山西人,作为工科生酝酿这点酸也挺不容易的,还屡次删改。

在历史的长河中,时间就像雕刻师,用其自有的节奏和力量,塑造着世界的面貌,赋予每一个时代独特的历史印记。我们这代人运气好,在祖国改革开放和和平崛起的时代,进入社会就迎头赶上了第三次工业革命的信息技术革命浪潮。过去二十多年,互联网的发展给大家带来了信息链接的及时、准确和有效,新一代信息技术带来的及时性和效率成为推动社会进步和经济发展的强大动力,成为社会进步的基础架构。同时,在这个及时性和有效率的通信技术基础上,社会又在追求极致的效率。这种现象我们姑且称为"效率游戏"吧。

在"效率游戏"中,计算作为一种表达与理解世界的方式,它引起的颠覆正在发生。2022年,ChatGPT抓住了全世界的想象力,让人们意识到AI的重要性和能力上限。在此之前很长一段时间里,AI的相关研究和应用主要集中在解决特定问题和任务上,而AGI的实现一直被认为是一个更为复杂和遥远的目标。2023年,生成式AI应运而生,AIGC时代大幕徐徐开启,为第四次工业革命——智能制造提供了强大的推动力。九合创投也认为AIGC是近几年来最大的投资机会。

作为一家以天使、VC轮为主的投资机构,九合创投长期在一线关注"计算演进"带来的结构性变革。我们既保持着与最前沿创业者的高频交流,也不曾懈怠以宏观视角去思考效率和效率游戏的脉络,并以此推演未来。站在今天,我们观察到计算正从一种辅助性质的工具,逐步演进为从神经网络算法开始涌现的一种"类似人类"的工作方式。从工具、类人到未来可能的超越，计算正涌现出无限的生命力和扩展性，其扩展的边界正在迅速蔓延，计算的范畴超出个体的生命边界与生命经验，计算的维度超出单一劳动力的知识密度和知识体量，直至一切计算数字化，不朽的计算成为现实，将为人类带来更高的效率。我们认为，AI将成为下一代计算平台，智能体本身将不止于提升生产效率，而是有可能作为新兴超级生产力真正参与到生产与社会生活中，而我们正处于平台转变的初期阶段，这将深刻影响未来投资与创业机会。

当下中国社会经济的发展已经进入一个新时代，正面临"百年未有之大变局"。中国要屹立世界经济之林，必须建设金融强国，推动中国金融高质量发展，并以此推动有效率的中国式现代化建设。因此，金融强国的重要性不言而喻。但金融强国之路却不是一蹴而就的，它需要一代人甚至几代人的艰苦努力与探索，中国式现代化建设需要具有中国话语体系的经济和金融的基础理论。而这一知识板块正是我这个工科生的短板。

作为上海财经大学出版社打造的"金融哲学"系列书籍，张诚师兄的《时间有毒——价值、条件与哲学投资》提出了两个重要观点：一是金融时间的概念，并对金融时间的原理以及在投资中的应用展开了分析；二是效率和效率游戏，深刻地揭示效率和效率游戏在投资中的重要性。这两点也引起了我的深度思考。

全书以生动的语言为读者提供了从效率的视角来看待投资、工作和生活，不仅从理论上阐述了时间和效率的重要性，还通过丰富的案例分析来论述如何提高效率和参与效率游戏。这是一本值得一读的好书。

王　啸

九合创投

2024年10月

目 录

前言/001

第一章 金融时间——投资成功的法门/001

第一节 建立系统/003

第二节 金融时间/017

第三节 时刻性与次序性/038

第四节 股票投资的第一性/050

第五节 价时共振/057

第六节 未来思维/063

第二章 价值——时间的影子/070

第一节 主体与客体/073

第二节 时间盲盒/083

第三节 预测与价值/088

第四节 情绪价值/101

第五节 投资中最重要的事/106

第三章 效率与效率游戏——中美股市的区别/126

第一节 效率、游戏和第四次工业革命/128

第二节 效率的加速度/138

第三节 深谙效率游戏之道的投资机构/147

第四节 玩转效率的游戏/167

第四章 观价值——投资的思维模型/180

第一节 水/182

第二节 一石击水/185

第三节 多元思维模型/194

第四节 守正出奇与饱和攻击/199

第五节 白骨观与风月观/201

第六节 伟大公司都是"惊鸿一瞥"/205

第七节 农民思维与渔民思维/215

第八节 走出"衰退"的泥潭/219

第五章 条件——价值的锚/220

第一节 条件哲学/221

第二节 流变/229

第三节 场景/240

第四节 前提/251

第五节 假设/258

第六节 条件/263

第六章 价时投资——财富密码/269

第一节 第一性原理/271

第二节 知行合一/278

第三节 价时投资/284

第四节 金双战法/293

第五节 价时投资 VS. 价值投资/302

第六节 价时投资 VS. 游资/306

第七节 价时投资 VS. 主题投资/308

后记/311

参考文献/317

前 言

一　命运

一切

一切都是命运，

一切都是烟云。

一切都是没有结局的开始，

一切都是稍纵即逝的追寻。

一切欢乐都没有微笑，

一切苦难都没有泪痕。

——北岛

"无论你上辈子造了什么孽，只要这辈子炒 A 股，就算你还清了。"2024 年有一句调侃的话在互联网上流行，这是股民关于股市命运 2024 年版本的追问。"一切都是命运。"通过长期的观察我发现，所谓的运气，其实就是个人偏好、风格能够与时代融洽，并占据良好的生态位。所谓的贵人,终究是自己。我相信2024年还是有一些人股票收益不错的,假如龙年年末有神龙摆尾的机会,也并不意外。

股民的命运总是交错在证券市场月K线牛熊转换之中,亦在股票大均线流的俯仰之间,其实背后是中国经济周期的时刻性和次序性。如果再说宏观一些,借鉴《易经》的时空哲学,假如我们可以定义过去40年中国社会的向上趋势为乾卦,那么在这40年能跟上时代节奏产生同频共振,就容易让命运的齿轮转动。这种认知务必清晰,既要肯定主观努力的价值,也要承认客观环境所起的决定性作用。大家经常说"命运的齿轮开始转动",但为什么会转动,就鲜有人深一层地思考了。在证券市场,成功是现象,驱动的能量来源于资本,背后的推手和逻辑是算法。其实很多的幸运与不幸都是被算法选中。本书中所讲的时间、价值、条件、价值观和方法论等内容,其实就是在提供算法。算法不只是存在人工智能和科技领域,千百年来算法一直存在每个人的大脑中,也存在人类社会的每一个阶层。当我们的算法迭代和优化到一定段位,就有可能被社会的算法或资本的算法选中,从而形成共振。拥有运气,这或许就是主观努力的价值,算法共振成就了我们投资的成功,成功并不是你战胜了市场,而是你的算法与市场的算法形成了共振。战胜市场是中国A股股民一种错误的想法,是弱者"打猛犸象"的幻觉,没有人可以战胜市场。在金融世界里有一张血盆大口。犹太人玩了很多年,才把金融游戏搞清楚。在证券市场要看懂这张血盆大口的开合节奏,顺势而为,用哲学思维提升我们的认知和算法,理解金融时间——那张血盆大口开合的节奏,这是对金融的觉悟。从算力来讲,人与人的大脑区别很小,算力基本无差距;从知识也就是数据来讲,互联网时代获取知识也很容易,只要愿意学则差距不会很大;而人与人之间的差距,包括家族与家族之间的差距和股民与股民之间的差距,主要体现在算法上。对于我们股票投资而言,怎么做价值判断和时间判断,怎么基于条件观价值和时间,就是算法,算法中蕴含智慧。算法共振是一种合一,合一的思维贯穿了本书的始终。炒股的智慧涌现,可以借鉴人工智能的智慧涌现,类似在 ChatGPT 的预训练中需 Transformer 这样的优秀算法。当算法有了,通过刻意训练呈现好的结果,次第花开就不难了。

大多数股民是这样一种情况,牛市赚钱,熊市把赚的亏光。他们缺乏可持续性,一轮牛熊下来,资产没什么变化,甚至还有缩水的,无法享受投资的周期复利。如果我们能够认清时代的红利,捕捉时代的贝塔,在股市中投资金融时间,以时间作为股票投资的主体,用时间的哲学和条件的哲学来表达股市的价值观和牛熊观,才会有一种可能性,我们既可能享受股票投资的持续性成功,又可能穿越股市牛熊周期,并自己把握投资命运。这就是本书的意义所在。

20 世纪 80 年代,我在北京邮电大学上学,作为一个年轻的工科男学生,当年我还不懂北岛,也不懂命运。那个时候不能读懂《一切》这首朦胧诗,觉得太朦胧了,觉得净是在说废话。几十年以后,当我进入了波云诡谲的证券投资行业,当我走上了价时投资之路,当我拥有了哲学思维后,我知道了北岛的《一切》是在讲哲学,讲时间的哲学、价值的哲学和条件的哲学。

哲学就如同一石击水,即使不起浪花也会泛起涟漪。如果能悟透价值与时间的关系、价值与条件的关系,即悟透这三者之间的关系,或许能把北岛的《一切》读通透,亦能把股票投资做通透,或许还能把生命活得通透。

许多年以来,我一直致力于以哲学理论形成哲学思维,然后用哲学思维指导股票投资。这或许是我的宿命,因为我的家庭文化是道家文化的底子。道家是致力于本源和致力于按照规律办事的。通过金融时间的研究,提前看透投资方向,并选择合适时机"挥棒击球",在更贴近于时代、更贴近于社会、更贴近于市场、更贴近于科学技术发展带来的加速回报法则下,来提高选股的精准度和提升投资效率。这也是本书做颠覆式投资创新所遵循的原则。

二 人道

人的认知是有局限性的,而且大部分时间是十分理性的。本书取名"时间有毒",只是一个善意的提醒,特别强调金融时间的巨大风险属性。时间不仅可以创造价值,也可以毁灭价值。这是我的时间观,时间也可能是会开出"毒"玫瑰花的。我想在股票投资中,对于风险无论做多少次的呐喊、强调和重视都不为过。期待这本书的读者,不管你是不是身处金融行业,当新旧康波周期寒来暑往,或许是时候建立反脆弱的能力了。传统行业的红利在逐渐消失,不用去质疑和痛苦产生精神内耗,而应该懂得如何利用新产业机会,投资新质生产力带来的全要素生产率的提高和AI赋能的千行百业。如何利用"灰犀牛"和"黑天鹅"带来的金融机会,让自己变得更富有,这就是反脆弱的能力。如果你是基金经理,具备了金融觉悟,有了反脆弱的能力,则可以在证券行业中脱颖而出。如果本书让你拥有了反脆弱性,拥有了金融逆商,那么,这是一个最好的时代:在充满变化和不确定性的"乌卡时代"(VUCA),别人的"砒霜"很可能就是我们的"美食"。

一位基金经理曾对我说:"如果我想通过3~4本书了解世界范围内最精华的哲学思想,您有书推荐吗?"我并没有推荐给他,而是这样回答:"哲学的理论是很重要,但不如把哲学究竟是什么先搞明白了。如果明白了哲学是智慧,就不用太顶礼膜拜哲学理论和哲学家们的高深,核心是建立相应的哲学思维,并用于解决问题。"打个比方,哲学理论就如同盛鸡汤的碗,哲学思维才是碗里面那味道鲜美的鸡汤。我们不用去过度研究那个碗,重要的是喝到那碗鲜美的鸡汤——给我们选股的启迪、给我们交易的力量、给我们成功投资的智慧。再打一个比方,股票投资的"鸡汤"镌刻在循环往复的时间游戏中。巴菲特等大师主张价值投资,也给出了很多指标和教条,那些指标和教条就是那个碗,而你不用太顶礼膜拜那只碗有多么高深,重要的是拥有金融哲学的思维,看透游戏而能喝到那碗鲜美的鸡汤。

哲学被俗称为无用之学,但很神奇。研究哲学家和哲学理论往往无所用,哲学思维却无所不用。从长期看,人只能赚到认知范围内的钱,而哲学思维的价值就是扩大我们的认知范围,获得金融觉悟。其实哲学思维与哲学理论的关系,就如同笔者家学(道学)之于道教的关系。与其说,这是一本写股票投资的书,不如说,它是在股市这种场景中探索智慧,并如何让智慧给我们创造价值,带来财富,获得人生成长。它会讲述游戏中的人性,倡导找到人性中变化的欲望趋势,其中就包含时代的贝塔。它可能重新定义价值投资和趋势投资,给读者带来投资思想的剧烈冲击,并触碰读者的思想深处,与读者一起迭代,一起探索,与时俱进,收获饕餮。这种情愫酝酿了近三十年,现在以全新的思想重新定义价值投资和趋势投资,它承载了多年的不断追求和迭代的投资信仰。2024年把思想集结成书也是读者与我的缘份,可能仅此一次。

道法自然,天道是"人上人模式"中的自由,是"天外天模式"中的第一性原理。投资的过程既是表达自由,也是自由地表达。在我看来,股市就是天道收割人道,人道就是一生不断犯错、犯大错。证券市场有太多的"雷",优秀企业太少,伟大企业更是屈指可数。在股市中交的学费和犯的错误,某种意义上说,不仅是市场规则的问题,也是人性的问题。当然不是某个人独有的问题,而是人道本身的问题,是参与者几乎共有的问题,又或是因为年轻雄性的问题,源于深藏在基因中的"打猛犸象"的潜意识"幻觉"。基于人道的特性,股票的法则就是可以小亏,可以小赢,也可以大赢,但不能大亏,长期下来少犯错误就是赢家。炒股如此,打麻将如此,所有的重复博弈都是如此。

书中着重强调了关键时刻的重大意义。作为一个没有信息优势,但有一定认知水平的普通股民,只要你长期在场外蛰伏不动,只要你不入场,时间有毒也奈何不了你,更不可能伤你分毫。然后,我们要寻找"鱼多且大"的时候入场下重注。本书介绍了一个"猛犸象时间模型",对于普通投资者来说,看似笨拙,这类似曾国藩的"尚拙",或许是普通股民的一个成功法门。合适的就是最好的。

三　价值

中国股民往往身处中国Ａ股市场却喜欢对标美国股市。其实,中美是不同的证券市场,是由不同的投资主体组成的,表达的是完全不同的价值和价值观。投资者的行为和认知决定了市场的生态系统,我们要记住大佬的这句话:"在不同的生态系统里寻找优势策略、获取超额收益,才是每一个想要成功的投资者获得成功的关键。"

在中国Ａ股市场做股票,就不得不说游资的玩法,那是最具效率的战法。成功的一线游资往往是基于物理学的熵增、生物学的情绪、心理学的博弈和社会学的价值观,是基于情绪价值在股价上的映射,寻找个股、大盘、时间、热点、情绪的共振,以时间为主体,以热点情绪为客体,一旦形成共振就参与,这完全与价值投资无关。这样的情绪周期战法复利效果很好,若一年能抓住几只人气龙头股,投资的复利效率就很高。

一代又一代的游资"涨停板敢死队"就是这样成长起来的。他们成长为一个个亿万富翁,精力旺盛的年轻人乐在其中。情绪周期战法的特点是偶尔成功易而持续成功难,只有极少数把玩好"一石击水"哲学的人才能持续成功,而成为一路游资。但是,其最大的局限性在资金规模大了后效率却快速下降。

传统的价值投资理论造就了巴菲特—芒格组合、彼得林奇、李录、段永平等一众中外著名"股神"。他们的价值投资能成功,很大部分原因是投资了美股或港股的场景,而不是投资中国A股。他们的价值投资理论在A股的实践中,有人因为场景条件不同而常常失败,却还找不出失败的源头。在最近几年的实战中,A股场景的价值投资显现出一些让人痛苦的局限性。

近几年,一些年轻基金经理可能是因为太年轻了,貌似严格遵循价值投资的理论买完股票后,股票不涨甚至长期下跌,从净值结果看到的是时间的"毒玫瑰"。这让一众传统价值投资的信徒,在当前康波周期切换的时候感到迷茫,也很绝望。与此同时,那些购买了基金份额的基民,也有很强的痛感。或许他们并未意识到理解的价值投资与大师的价值投资可能是两回事,因为他们与大师们生活在两个不同的市场,是两种不同的游戏规则。

人与人之间的交流,用语言和文字给出的思想、观点、方法都是有场景、假设、前提和条件的,但大师的学说往往隐含或者隐藏这些条件没说,从而形成"语言的迷雾"。20世纪最伟大的哲学家路德维希·约瑟夫·约翰·维特根斯坦(Ludwig Josef Johann Wittgenstein)告诫我们要"穿越语言的迷雾"才能理解事物的本质。或许很多价值投资者并没有真正理解大师们所说的价值和价值观，也看不到其中所有隐含的假设条件以及场景条件。

价值投资理论或许并非放之四海而皆准的。在美国股市适用的股票投资理论，在中国Ａ股市场就未必适用。在中国Ａ股过去十年周期游戏中适用，在未来几十年的效率游戏中就未必适用。许多的价值投资者理解的价值投资有可能是不到位的，是有局限性的和有瑕疵的，是没有看透游戏的。因此，浓墨重彩地论述价值、时间和条件的关系，可以帮助读者厘清在中国Ａ股市场中的价值投资。

四　价时合一

历经了千年的农耕文明，我们每个中国人都懂自然时间，但中国社会从农耕文明进入工商文明才几十年，大多数人没有"金融时间"的概念（在全球金融市场也基本没有人严肃定义过"金融时间"），并不清楚自然时间与金融时间两者的区别，而历史上犹太人也是经过长期的摸索，才学会怎么玩金融游戏。本书系统性地论述了"金融时间"的五大属性，开创性地提出"金融时间即价值"和"价时合一"理论。

"金融时间"理论增强了我们在金融方面对于时间的认知，研究时间的意义不仅仅是择时，还可以帮助我们选股，以及规避周期性的系统风险，远离金融海啸和"灰犀牛"。在股票投资中，东一榔头西一棒槌的股民很多，心不知道何处安放——不得投资要领。本书的方法论可以帮助读者，以"价时合一"的哲学寻找投资的好标的。对于人类而言，皮囊与灵魂反映人类的基本需求，可以就此方向寻求"价时合一"，或许知道皮囊与灵魂何处安放，就知道投资的资本何处囤积。安放皮囊的房地产业20多年周期已经过去，靠房地产难以获得心安了。而未来AI基础设施、AI＋制造业以及AI＋场景运用等行业，是新质生产力主要方向，大概率就是我们未来选股的时代红利所在和孕育长期主义的方向和标的。

"价时合一"是用来描述股票投资的第一性原理的。它不仅把价值视为股票投资第一性原理，把金融时间亦视为股票投资第一性原理，如同一个硬币的正反两面。股票投资的第一性原理既是价值也是时间，这样就把价值逻辑与时间逻辑合二为一，投资结果中的成功率和效率也就呈现出来了。其实，股票投资是五个游戏合一，股票游戏中镶嵌了筹码游戏、情绪游戏、价值游戏、时间游戏和效率游戏。

"价时合一"是对传统金融投资学说的颠覆式创新，解决了传统价值投资理论缺少时间逻辑的bug。但在基金行业，一些年轻基金经理依然坚持传统的价值投资，把上市公司的内在价值作为股票投资的唯一性，他们盯住PE，盯住所谓的价值低估，也不关注价值成立的条件，单一地强调价值逻辑，而忽视时间逻辑。

国内游资界一众游资高手，都尊重金融时间的时刻性和次序性，秉持的就是"价时合一"，并运用在股市的短周期上，取得了极大的成功。在中国A股中一、二线游资的投资效率较高，有的十年之内就可以把几万几十万元做到上亿元，就是因为游资的战法是"价时合一"。"价时合一"投资法带来了较高效率的复合收益率。我们可不可以秉持"价时合一"原则运用在股市的长周期中，是否可以取得成功，而展现出"合一"的力量呢？这是一个很有价值的提问，当然也是本书的意义所在。

在股票投资中，时间构成了刀锋，价值构成了刀背，最近几年那些明星基金经理所遭受的痛苦，很大程度上就是只有刀背而没有刀锋。"合一"是本书的重要投资思想，如何在一些确定条件下，让投资与现实世界保持"合一"并顺势而为，这就要懂条件的哲学。基于条件把"价"和"时"

建立在同样的底层逻辑上,才能选出好的股票、制定出好的策略和做出好的交易。这才是投资之通。

投资股票的哲学是"看透、做到"。看透,必须把价值与时间合一;做到,也必须把价值与时间合一。看透是知,做到是行,"价时合一"是"看透、做到"最重要的核心。

"看透、做到"是股票投资的哲学,但如何去看透,书中提出了一个论断——"美国贡献科技、中国贡献向善,合在一起就是科技向善,这是从乐观上预估人类的走向",并坚信这个论断可能是21世纪最伟大的论断之一。因此,AI时代的重要投资机会都是基于中美"科技+向善"这样的假设,我们可以从这个方向去看透。

五 价时投资

四川大学的黄存勋教授在看完我的部分书稿后说:"哲学界的价值概念,至少有百种以上说法。经济学界的价值概念,也是众说纷纭。是内在,是主客体关系,是客体属性对主体需求的满足,是客体功能与主体价值观念的吻合,是劳动创造,是资本转移与增值,是交换价值、使用价值,亦或是文化价值。还有时间座标主导的演变,都不无道理,也都不尽完善。正因为如此,股市博弈永远没有终点,股浪高点与低点总随时间和周期而波动。有些底部还会更低,有些头部在多年后新周期里还有新高。"我将黄教授的这段话引用到此,是因为黄教授说的那些价值、价值观、时间、主客体关系等概念,在国内投资界的说法既模糊又混乱。

本书聚焦的这些概念,既阐述时间的时刻性和次序性,又阐述了价值观,特别系统论述了价值的条件、多元思维、未来思维、主客体合一、一石击水和价时投资。我们在股市投资中既有风月观也有白骨观,既能守正出奇又能饱和攻击。在开启时间的盲盒时,我们要以未来思维参与效率游戏,做到与时代和周期共振。

股票投资不仅要懂得用价值投资理论解决阿尔法的问题,更要懂得用哲学和科学来解决投资中的贝塔问题和时间难题。这些贝塔问题和时间难题往往是金融学无法预测和破局的。我们试图将股票投资以金融学和股票市场的系统与多元思维模型,交叉到社会科学、自然科学的哲科系统,对价值投资哲学化,将价值投资理论升华为价时投资。"价时投资"是一个全新的概念,与传统的投资哲学是有本质区别的。做投资不能只研究投资对象、研究金融时间,还要研究投资的场景、假设、前提和条件,更要研究条件变化带来的价值变化,从而发现最有效率的价值方向和制定更合适的投资策略。

价时投资是要把投资的难题从金融学升维到社会文明和文化层面来解决,如爱因斯坦所言,要在更高的维度解决难题。价时投资是通过升维来解决投资的选股和择时的难题,通过观察社会文明和文化的走向、人类发展的趋势、技术的演进和国家的意志,结合产业周期和股市自身周期,来确立投资方向和节奏。在未来20年,价时投资更注重技术演进带来的效率和效率游戏。

我的学生罗世锋是中医大学的在校学生,就像我当年在北京邮电大学时一样年轻,他为这本书的成书做了一些工作。他说金融学的炒股难题,是大部分游戏玩家来寻得可回溯的本源母体,只有通过一步一步游戏的回溯和通关,最终刷够副本,获得足够丰富的素材、元素、线索,并融合价值、时间、条件,组合成"价时合一"的"圣经",才能使我们在未来10年效率游戏的轮盘上游刃有余。

股票投资方法的书籍汗牛充栋,但真正有价值的内容往往在只言片语中,靠自己去悟。但是本书全面阐述了股票投资相关的哲学思维,以及哲学思维如何指导股票投资,重点在方法论,以此形成金融觉悟。

为了满足读者实战性的需要,我们给出了三种实战方法:一是适合普通散户的"猛犸象拐点"战法;二是"一石击水游戏"战法,即如何在游资买入之前发现那块石头,让游资为我们拉升;三是价值投资的哲学化,即将金融时间与"戴维斯双击"合一的"金双战法",这是十倍股的摇篮。读者一定要根据自己的风格偏好,选择适合自己的方法,适合的就是最好的。

六　条件哲学:行稳致远

特别提醒,本书从个人主体方面来探索如何抓到"好牌",以及如何打好"牌"的理念和方法。投资抓到"好牌"是重要的客观因素,即股票是一个集体游戏。其中,参与游戏的个体和游戏组织者,利用建立的良好人际关系能带来信息系统的高效率,又让我们有机会抓到"好牌",以此完成"抓牌"和"打牌"的合一。从某种意义上说,尽管会"打牌"相当重要,而抓到"好牌"比会打牌更重要。

无论你是基金经理还是普通散户,无论你是机构还是个人投资者,每一个投资人都在使用各种不同的方法研究价值,如宏观经济分析、产业分析、公司财务分析、技术分析、行为金融分析、风险分析、ESG、案例分析、情景分析、价值投资法……但过于单维度地盯住价值,也往往会成为价值投资者心中的"魔",掌控了投资者的行为,分不清楚时间。于是,其中有一部分人会研究周期,找寻买卖点,试图摆脱被价值掌控。也有少部分人试图将价值与时间连接得更紧密,更贴近于市场环境和趋势,然而基于缺少金融时间具体的、准确的概念和定义,没有金融时间理论指导,能理解"价时合一"的投资人就很少了,能做到"价时合一"的投资人就更加凤毛麟角,从全球范围看也都是如此。价时投资模型的问世,可以帮助读者完善投资框架,补上投资框架中的缺失部分,建立金融觉悟。

从能理解"价时合一"的此岸,走到看透并能做到的彼岸,中间有一座桥——条件的哲学。在价时的互动关系中,条件能够帮助我们通过金融时间,通过场景、前提和假设,找到最好的价值方向,并将其深度融合,从而使价值、时间、条件形成统一。没有孤立存在的事物,一切都在条件的网络中相互作用。研究条件哲学就是帮助我们以飞的姿态,飞越这座桥。谁能越过条件哲学这座桥,谁就有机会进入最杰出的投资人之列。如果你想成为一个这样的投资者,本书的最大的价值将会使你实现飞越。价时投资模型见图0—1。

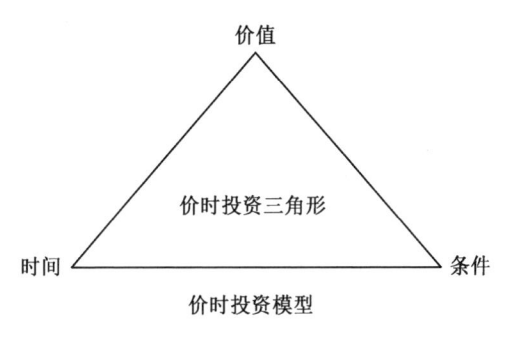

图 0—1 价时投资模型

关注价值成立的条件,以此让时间创造价值,并回避因条件改变后的时间毁灭价值。在股市中,是没有神仙的,将价值、时间、条件进行组合,建立起"理性+超级直觉"的同体,完成"游戏"并累积复利就有大概率的成功。本书试图对投资进行溯源、拆解、重构,将价值逻辑、时间逻辑以及条件逻辑整合后,升华为价时投资三角形理论,即从第一性原理去透视投资,捕捉时代红利的β,以此守正,并在个股α选择上占据稀缺性与独特性的生态位,以此出奇,从而实现"守正出奇"的投资效果。

价值是主观的还是客观的？这是一个百年的争论。劳动价值论主张，物品的价值可通过其背后的劳动量来客观衡量。历史上，经济学巨匠穆勒、斯密都支持这一理论。然而，奥地利学派的卡尔·门格尔、米塞斯和哈耶克提出了不同的见解，认为价值是主观的。在奥派的框架中，价值的主观性是核心概念。它解释了为何不同人对同一商品的评价存在差异，以及这些评价如何影响市场价格的形成。而我们认为，"一切价值和价值观都是有条件的，我们不仅仅要盯住价值和价值观，还要盯住条件和条件的变化"。因此，我们认为价值既是主观的，也是客观的，更是有条件的。

什么是金融时间？本书不仅作了概念化的定义，同时还提出了条件的哲学并假设了效率游戏。它并非简单的或者复杂的知识罗列，而是希望提供原创的思想，其间穿插的一些知识和案例也是服务于原创思想。我自己不好评价这本书有多少学术价值，但我能清楚地知道，本书的核心是金融觉悟，它能够提供足够的思想性、知识性和趣味性，并直击投资者的痛点。我想它是有机会影响一代投资人的。投资是理财的一种方式，通过投资可以获得更高的收益，从而实现财富的增值。而理财则是对个人或家庭财务的管理，包括收入、支出、储蓄、投资等方面，旨在实现财务目标和保障生活质量。投资和理财相辅相成，共同为实现财富积累和保值增值提供支持。投资和理财作为人生成长的重要组成部分，可以帮助我们更好地规划和管理个人财务，为未来的发展和成长提供有力保障，从而实现幸福人生的终极目标。幸福人生不仅包括物质生活的富足，还包括精神生活的充实和人际关系的和谐，但物质是基础。投资和理财可以为我们的生活提供更多的物质基础，使我们在追求精神生活和人际关系方面更加从容和自信。投资、理财、人生成长和获得幸福人生之间存在着紧密的逻辑关系。

有些人熊市管不住手,我们应该懂得长期休息、懂得保护本金、懂得长期蛰伏、懂得让资金饥渴的时间哲学。有些人在牛市尾声打死都不卖,理解和建立白骨观,知道牛市是一阵子而不是一辈子,牛市只是股市周期的一部分,股市泡沫最多三四年就会破灭而回归本源,懂得牛熊轮回中获得复利才是赢家。有些人把投资标的内在价值作为主体,把时间作为客体的价值,但是,只有体会"价时合一"的力量,知道时间可以让玫瑰绽放,而忽视了条件,价投理论绽放的却是"毒玫瑰"。我们只有习得"价时投资模型",清楚效率游戏,正本清源,才不会刻舟求剑。有些经验不足的年轻基金经理,只有建立价时投资"三角形"的系统思维,才能跳出公司基本面观价值,以更高维度和更大系统地观价值,体会时间和条件的力量,才能避免陷入传统的价值投资的陷阱。

　　在金融市场,只有两种人:一种是看透"游戏"的人,另一种是没有看透"游戏"的人。如果看不到金融的"血盆大口",很难及格;如果只能看到"血盆大口",境界还是差点。如果要我给年轻人一些忠告,那就是"看透游戏"。在过去数十年的历史中,日本的围棋道场遴选了一些有强烈兴趣的天才少年,培养了许多看透"游戏"的围棋九段高手,他们因此成为"天元""本因坊"冠军。我很期待,本书能遇到一些有志在证券市场变得强大的年轻投资人,能给他们学习和参考,期待他们以价时投资来大踏步地提升股票投资的准确度和效率,打破高收益率受限于资管规模的天花板,成为看透"游戏"的人,建立和提升金融觉悟。他们可以通过思维的迭代和重构,将哲学投资的方法论发展到新的高度,不断成长为一个伟大的投资家。

张　诚
2024 年 10 月 18 日

第一章　金融时间

——投资成功的法门

▲

老股民亏钱不是不懂价值，往往是因为不懂金融时间。

读者可能会非常奇怪,时间怎么会是投资成功的法门呢?股票不是首先应该讲价值吗?为什么先讲时间?本章所讲的时间不是自然时间,而是金融时间,金融时间与自然时间有本质的区别。金融时间即价值,金融时间观即价值观,从金融时间的维度来探索价值具有重大的意义。

在股票投资的众多维度中,我们不仅把价值视为股票投资的第一性,也把金融时间视为股票投资的第一性,把股票投资的价值逻辑与时间逻辑合二为一,这就是"价时合一"。或许股票投资中你踩过的"坑",往往是因为你不懂金融时间;人生中你踩过的"雷",往往是因为你不懂条件。

股票是一个金融时间游戏,但99%的人在不明白金融时间的情况下,就贸然进股市,多年以后依然有98%的老股民不懂金融时间,这就是股民长期亏钱的主要原因。

"价时合一"让我们知道,金融时间是股票投资的第一性。在股票投资中,无论是择股、择时,还是投资策略(保护本金、仓位管理、投资组合、杠杆、复利效应),股票投资的每一个环节均与金融时间直接本质相连。

很多老股民经历过多轮牛熊,都在总结经验,但因为不懂金融时间,总结出来的经验都是基于自然时间的,无法在未来行情中迁移运用,因此成长较慢。当股民清晰地懂得金融时间以后,总结能力、认知能力和运用能力都会得到快速提升。

在管理金融时间的风险属性中,投资者所做的一切行为,都是为了保住本金在鱼多(的地方)且大(的时候)下重注,从而提升投资效率、成功率和安全性。懂得金融时间,才能拥有金融觉悟。在中国 A 股中,一个合格的股票投资者,必须建立金融时间为核心的信息系统、模型系统、行动系统,才可能在股票投资中盈利甚至持续盈利,达到从一个成功走向另一个成功。

第一节　建立系统

任何一次用模型系统去度量风险的时候,一定要问问自己的模型系统是否会被这次的风险击穿。

一、为何要建立系统

我们会用自己的模型系统判断价值,也会用自己的模型系统去度量风险,从而去管理风险。对于中国 A 股股民,其实这是一个问题,或许很多股民并没有模型系统,或许这就是本书的价值之一。看完本书仔细思考和梳理出自己的模型系统和交易系统,这是走向成功的第一步。所有的高手都是有套路的,所有的套路都包含在交易系统当中。

我们的模型系统内的风险因子数不可能无限大,也不可能涵盖所有的风险因子。因此,当我们在任何一次投资中,用模型系统去度量风险的时候,一定要问问自己,我们的模型系统是否会被这次风险击穿。如果被击穿,怎么使用交易系统来管理和控制风险?这既要考虑非系统性风险,也要考虑系统性风险。如果你是中国 A 股的一个基金经理,做不到这一点,风控很可能就不及格,系统也就需要迭代了。交易系统与模型系统合一,能有效管理和控制风险。

二、股票投资是一个复杂系统

在金融投资领域,时间是一个至关重要的因素和维度,它不仅关乎交易的时机,还涉及对风险和收益的管理。而系统论是一种理解和分析复杂系统的方法,它将系统视为相互关联的部分的整体。在股票市场中,我们可以将市场视为一个信息系统、模型系统和行动系统的综合体,这些系统相互作用,影响着股票价格的形成和投资者的决策(见图 1—1)。如果不能以系统论看待股票市场和股票投资,即使你是职业投资人,你或许也不专业。

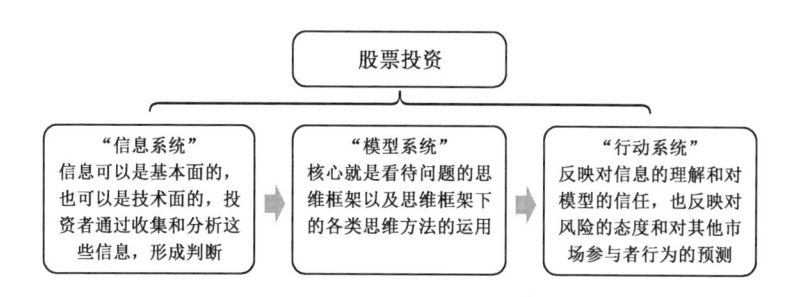

图 1-1 股票投资的三个系统

股票市场是一个信息系统。信息在市场中流动,影响着投资者的预期和行为。信息可以是基本面的,如公司的财务报表、行业动态、宏观经济数据等;也可以是技术面的,如价格走势图、交易量等。投资者通过收集和分析这些信息,形成对股票价值的判断和对未来市场走势的预测。然而,信息的传递并不总是有效和即时的,市场参与者对信息的解读也可能存在差异,分歧导致了市场的不确定性和波动性。

股票市场也是一个模型系统。投资者和分析师使用各种模型来评估股票的价值和预测市场的走势。这些模型包括五种:第一种是价值模型,它是基于统计学原理、历史数据分析、经济理论等。例如,经典的资本资产定价模型(CAPM)[1]和现代投资组合理论(MPT)[2]都是投资者用来评估风险和收益的工具。第二种是技术分析模型,包括趋势、形态、量价关系、标志性 K 线、技术指标。第三种是情绪模型,包括

---

[1] W. F. Sharpe(1964),"Capital Asset Prices: A Theory of Market Equilibrium Under Conditions of Risk",*Journal of Finance*, vol. 19, no. 3, pp. 425-442.

[2] H. Markowitz(1952),"Portfolio Selection",*Journal of Finance*, vol. 7, no. 1, pp. 77-91.

情绪指标、反向指标。第四种是时间模型,包括牛熊模型、时刻性模型、周期模型等。第五种是思维模型,包括第一性原理模型、系统思维模型、未来思维模型、逆向思维模型、批判性思维模型、多元思维模型等。

有一些投资人还没有形成成熟的投资思维框架和模型,以及持续迭代,因而看不到股票的本质。人云亦云,于是有了这样的区别,"花半秒钟就看透事物本质的人"和"花一辈子都看不清事物本质的人"。在股票投资中,建立模型系统的首要条件,是拥有思维模型中的那些哲学思维,包括第一性原理模型、系统思维模型、未来思维模型和多元思维模型等,然后才是模型系统下的其他模型的运用。

建构模型系统的关键要从第一性原理出发,直达股票投资的底层逻辑,从数十个或更多的维度进行建构。建构模型系统的意义,可以帮助你更好地理解和预测市场的状态,评估机会与风险,寻找趋势转折点,并且各种模型可以相互印证和验证,提高准确性和可靠性。

任何模型都是对现实世界的简化和抽象,它们无法完全捕捉市场的复杂性和动态变化。因此,依赖模型做出的投资决策可能会受到模型本身的局限性和市场异常的影响,故模型系统也需要持续不断地迭代、进化。

股票市场还是一个行动系统。投资者的买卖行为直接影响股票的价格。市场上的交易是基于投资者对信息和模型分析的结果,但同时也受到情绪、心理因素和群体行为的影响。例如,恐慌或贪婪可能导致过度反应,而从众心理可能导致市场出现泡沫或崩溃。投资者的行动不仅反映了对信息的理解和对模型的信任,也反映了对风险的态度和对其他市场参与者行为的预测。

从系统论的视角,要求股票投资者认识到股票市场的复杂性和多维性。在这个系统中,时间的作用不容忽视。金融时间即价值,在正确的时间做正确的事。投资者需要对市场的信息系统进行实时监控,对模型系统进行不断调整,并在行动系统中灵活应对。这意味着,成功的投资不仅取决于对信息的准确解读和对模型的有效应用,还取决于对市场动态条件的敏感把握和对挥棒击打时机的精准判断。

系统论提供了一个框架,帮助我们理解股票市场是一个复杂的信息系统、模型系统和行动系统的运作机制。在这个框架下,时间成为连接这三个系统的纽带,影响着信息的流动、模型的应用和交易的执行。通过对金融时间的深入理解,投资者可以更好地管理风险、把握机会,从而在股票市场中取得持续成功。

三、猛犸象时间模型

年轻男人总觉得自己可以改变世界,都曾经豪情万丈,但很多人往往归来却是空空的行囊。将生物学和心理学的原理映射到股票投资中,可以看到一些投资人喜欢去捕捉重要的市场拐点,期待吃到最大的一块肉。就像古人总幻想自己有能力打到猛犸象一样,希望一把搞一个大的,但判断常常出错,抄底总是抄到半山腰上。20世纪的金融大鳄乔治·索罗斯的价值观也是通过自己来改变世界,他的特点就是以其金融哲学观在证券市场捕捉重要拐点,然后设法去捕捉它。可见，从普通小散户到金融巨鳄都是有这样的梦想，这是人性。为了满足投资者的这种梦想，我把股市以季度为单位的行情启动点，称为猛犸象拐点。梦想是可以有的，万一实现了呢，但实现梦想必须掌握方法论，看清实现的路径，并为此做好足够的准备，否则就是空想。

猛犸象作为冰河时代的标志性动物，以其庞大的体形成为那个时代力量的象征。对于当时的人类来说，捕获猛犸象不仅是对勇气、力量和狩猎技巧的艰巨考验，更是一种荣誉和地位的象征。成功捕获猛犸象的男人在部落中会获得更高的声望，这不仅是对个人能力的肯定，也是为部落做出贡献的认可。因此，捕获猛犸象成为一种重要的社会活动，激励男人们不断挑战自我，提升狩猎技能，以期在部落中获得更高的地位和权力。

使用归纳法可以发现，在中国 A 股的这个草原上，每 7～8 年总是会生长出一次长周期稳定的趋势上升，我把这个长周期趋势的拐点，定义为"猛犸象拐点"。它总是周期性的出现，从演绎法推理，其本质首先是与市场制度设计有关，其次是与经济周期中的中周期有关，当市场融资困难时，拐点往往就出现了，在中国 A 股三十多年的历史上，已经出现过 6 次。这里介绍一个时间模型，特别是这个猛犸象时间模型对于所有模式的股票投资者都是有价值的，值得花时间做研究和探索(见图 1—2)。

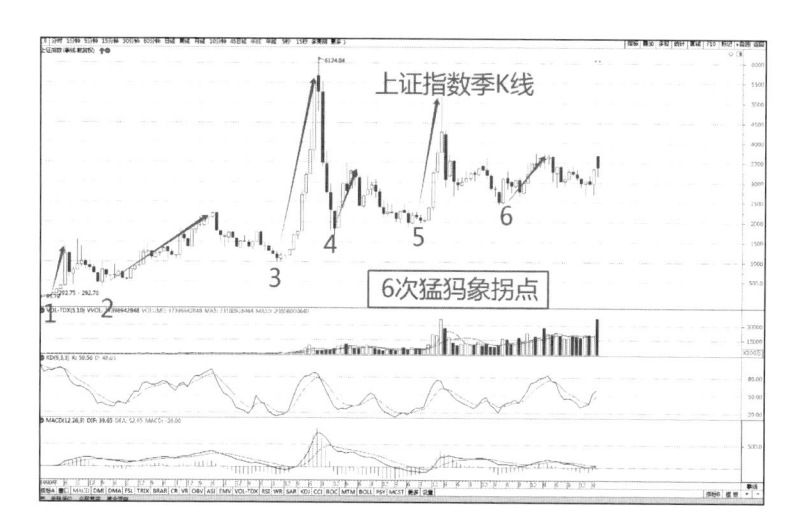

图 1—2　上证指数季 K 线图的 6 次猛犸象拐点

一切价值都是有条件的。当猛犸象拐点出现在这个条件下,价格突破年线的意义就非同凡响,要引起足够的重视,然后可以看到大均线流形成多头排列,牛市行情持续反复向上。这里要特别强调一下,猛犸象拐点一般七八年才出现一次,但指数突破年线的次数很多,一定要注意甄别,不被伪信号所迷惑。猛犸象拐点取决于股市周期与经济周期、产业周期的共振,图表只是一个对于判断的印证而已,属于证据但不是基本逻辑,不能混淆因果关系。

要做具象的分析研究,先定义移动平均线。移动平均线简称均线,是指数(股价)平均的量化指标。中期均线包括 20 日线、30 日线、60 日线;长期均线包括 153 日线、250 日线、500 日线。

具象的"神龙均线流",这是我常用的均线流。它是 30 日线、60 日线、90 日线、120 日线、153 日线、250 日线的六线组合。

均线流的方向、角度对于我们判断趋势方向和趋势价值有重要参考作用。其中,可以观察到2005—2007年那一轮牛市中均线流的角度最大,牛市行情也是中国证券史上最大的一波,出现了产业"戴维斯双击"的行情(指数涨6倍,个股涨幅10倍以上的多如牛毛),是截至今天为止最大的猛犸象了(见图1—3)。均线流的方向、角度对于我们判断趋势方向和趋势价值有重要意义,一定要去深刻体会和感悟。

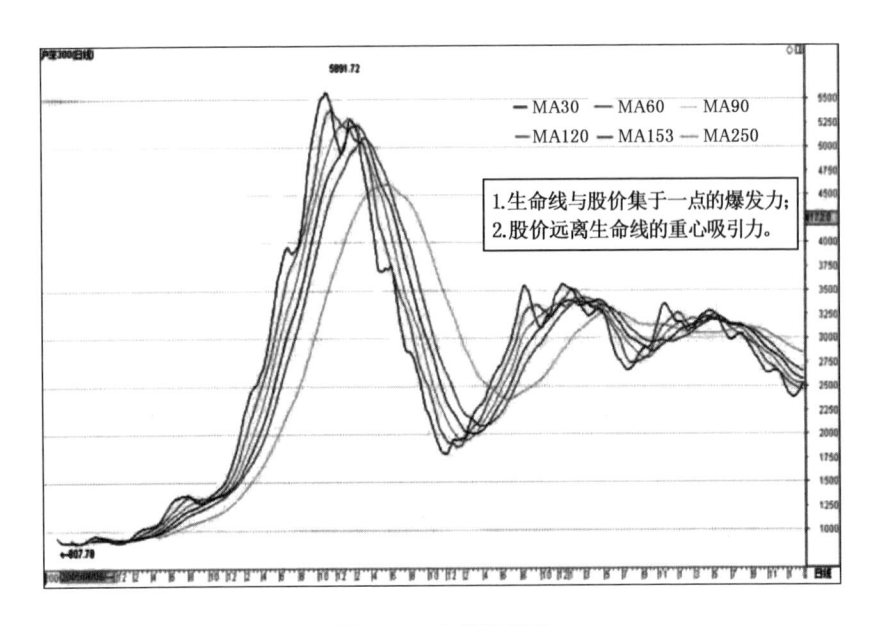

图1—3 六线均线流

用移动平均线作为具象指标来判断趋势和趋势价值,趋势的方向是根据移动平均线的方向来确定的。153日均线、250日均线是股票牛、熊的生命线。在猛犸象拐点出现的前提条件下(没有这个前提,下面的情况都不会成立),当长期被年线压制的价格被突破,可能就是转势为牛的信号。在图 1—4 中,我把 153 日、250 日这两条均线称为神龙大均线。在猛犸象拐点出现的情况下,当神龙均线流多头排列向上,则说明大盘已经处在持续的牛市中。

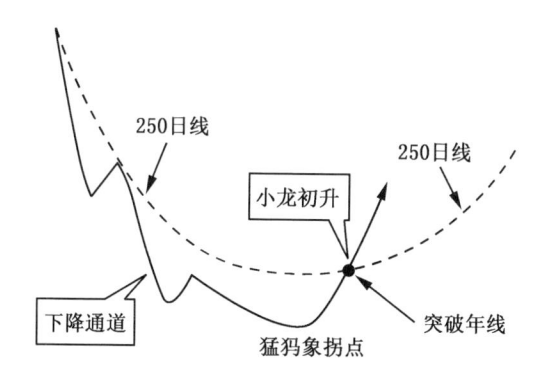

图 1—4　生命线转势

先确定趋势,而后才能顺势,既然势不可挡,那我们就顺势而为。而势的形成是需要时间的,长期转势的形成周期是 7～8 年。要正确地把握趋势并不简单,其中抓住主要趋势是关键。如果出现猛犸象拐点,我强调只做主要趋势。把握月线级别的机会,牛市捂股,中途不轻易下车。

价格趋势分长、中、短期,短期趋势要服从中期趋势,中期趋势要服从长期趋势。如果把趋势推衍到日、周、月的 K 线,K 线大周期对小周期具有趋势指导意义,而小周期对大周期起到推动作用。

特别强调,153 日、250 日生命线对股价的作用是或支撑或压制。在操作时注意两点:其一,生命线与股价集于一点的爆发力;其二,股价远离生命线的重心吸引力。

在猛犸象拐点出现的条件下,当个股股价远离生命线(神龙大均线)时,即乖离率太大的时候,在神龙大均线上方的股价会向神龙大均线靠拢;当第一次靠拢生命线后,极有可能产生新的上涨,延续牛市趋势(见图1—5)。

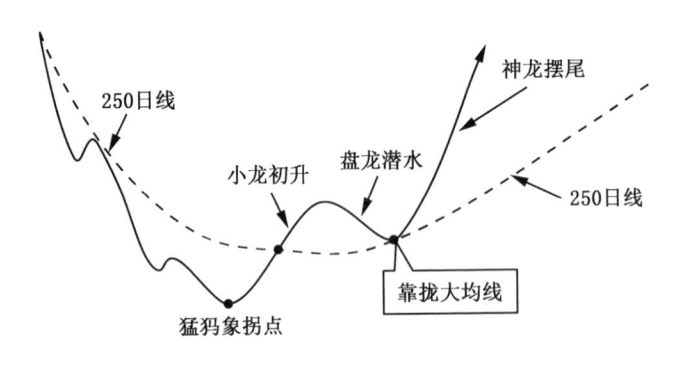

图 1—5 趋势延续

顺便说一句,熊市中的中级反弹,常常终止于长期生命线153日均线或250日均线,然后又被生命线推开,沿着原来的熊市方向继续发展,这也是趋势会延续的原理。

图1—4和图1—5仅仅是熊市转牛市以及牛市趋势延续的示意图,不可像刻舟求剑一般地刻板学习和抄作业,而要理解其中的转换机制和道理,那才是这两张图的价值所在。熊转牛的条件包括:历史估值的底部、政策转向支持股市向好、流动性宽裕,有一批业绩"戴维斯双击"的产业和公司,可以持续领涨。

趋势在某一个时期是一种实实在在的客观存在,需要仔细观察,用心体会和感悟,并要客观准确地认识市场目前所处的状态。只有准确把握市场的状态,才能顺势而为,做出正确的决策;唯有顺势,才能有作为,逆势买卖是投资大忌。投资者的行为要与市场合一,市场才是真正的主角,投资者只是不起眼的配角,要对市场保持尊重,保持敬畏之心。每个成功者的经验都告诉我们:顺势而为是制胜之道,当趋势一旦形成,你所要挑战的不是市场而是自己,如何与市场合一才是关键。当猛犸象拐点出现,只有从心理上摆脱熊市的主观意识,才能做到顺势而为。准确把握大趋势,是投资者成功的关键。

四、猛犸象拐点的师徒对话

猛犸象犹如古老的巨兽,呈现出历史的沧桑与巨大的诱惑,猛犸象情节深植于人性与自然法则之中。让我们从冰河世纪猛犸象谈起,以此延伸至股市,探究捕手的思维框架和行为模式,构建一套完整的猛犸象时间模型。以下将以师徒对话的形式展开,穿越经济周期、产业周期、股市周期的时空来寻找线索,寻找牛市的拐点、趋势和趋势的延续。

小罗:"师父,不知道是股票投资人的乐趣还是宿命,股市拐点这个我觉得是难以捉摸的玄学。现如今各大群聊、公众号、自媒体平台沸反盈天的讨论,大家这么趋之若鹜,就好似谁预测对了拐点,就会获得泼天的富贵一样,每天都浸淫在预测中,师父对这样的风气怎么理解呢?"

张诚:"预测对拐点也不一定能打到猛犸象。中国A股齐涨共跌的时代在2020年就过去了,研究买点的理论应该与时俱进,90年代的老股民在2020年开始就不太会炒股了,因为他们基于齐涨共跌假设的模型失效了,赚不到钱。你看过《冰河世纪》吗?还记得里面那群

"憨态可掬"的猛犸象吗?"

小罗:"当然记得,师父。它们庞大而有力,是冰河时代的霸主。"

张诚:"没错,'猛犸象拐点'庞大而有力,它是股市众多拐点中的中流砥柱,一旦被捕捉,在选对股票的条件下,可带来巨大的财富效应。巴菲特在奥马哈的股东大会上曾说过,人的一生有6次赚大钱的机会;查理·芒格也曾说过,沃伦给了我10次赚大钱的机会,我用了其中9次。其实,很多前辈告诫过我们,猛犸象拐点在我们的一生中次数并不多,两只手就数得过来,不会有那么多踏空的遗憾,并不是什么拐点都要捕捉,没有起心就不会任何时候都动'牛市要来了'的念,中国股市七八年才会生长出猛犸象拐点。如果没有纵览全局的大局观,任何时候随意地起心动念,猎物与猎人的主客体关系就会随时被调换。其实,股市许多小级别拐点仅仅是猛犸象时间模型中的一个组件、模块和插曲。"

小罗:"师父,拐点很多,关键如何才能抓猛犸象拐点这个主要矛盾呢?"

张诚:"小罗,你们中医也要学《周易》吧?我做个比喻,在金融市场中,均线系统被视为技术分析的基石,以此帮助投资者理解市场趋势的演变,如同古代先贤借助周易乾卦的六爻卦象来洞察天地变化的规律。乾卦代表上升的趋势,坤卦代表下降的趋势,震卦代表震荡的趋势。普通投资者在只能做多盈利的中国A股市场,投资的收益来自乾卦,乾卦其六爻分别代表着事物发展的不同阶段,从初爻的潜龙勿用,中间有飞龙在天,呈现出神龙摆尾的机会,到上爻的亢龙有悔,完整地展现了从萌芽到成熟再到衰败的周期性过程(见图1—6)。"

乾卦 ①

◆代表刚健不息,积极进取
◆得此卦者需柔顺者的辅佐

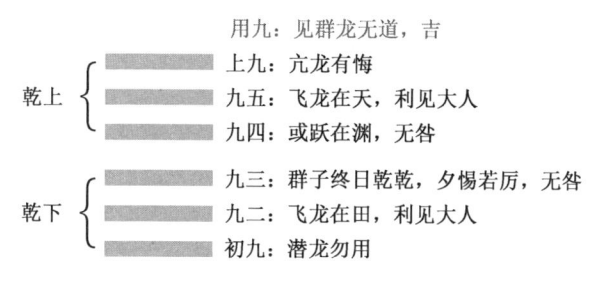

用九:见群龙无道,吉

乾上 { 上九:亢龙有悔
九五:飞龙在天,利见大人
九四:或跃在渊,无咎

乾下 { 九三:群子终日乾乾,夕惕若厉,无咎
九二:飞龙在田,利见大人
初九:潜龙勿用

图1-6 《周易》乾卦六爻图

小罗:"谢谢师父。又有一种回到课堂上的感觉,记得《黄帝内经·素问·四气调神大论》说过:夫四时阴阳者,万物之根本也。所以圣人春夏养阳,秋冬养阴,以从其根,故与万物沉浮于生长之门。顺应金融时间时刻性和次序性的方法论,掌握时间模型,在观测和使用拐点中也能做到天人合一、整体观和辨证施治。不过,师父能举一个猛犸象拐点的例子让我加深印象吗?"

张诚:"说一个比较近的,以2014—2015年的牛市为例,当时上证指数在2014年7月24日突破了250日均线,形成了'猛犸象拐点',随后迎来了一波波澜壮阔的牛市行情,那是一轮杠杆牛市,上涨时候赚十倍以上的人很多,但最后能带走利润的人却很少。我们一开始就清楚杠杆牛这个特点,要有收益和风险意识,并清楚收益和风险的条件。具体来说,就是杠杆会增加整个市场上升的角度,加大股价的弹性,放大收益,而且是整体牛市、个股全面开花、群魔乱舞。但行情结束时一定要去杠杆,资金的撤离带来向上推动力量的快速丧失,而且是全面和大规模的资金撤退,最后以股灾的形式呈现退潮的特征——怎么上去就怎么下来。行情一动,我们就明白这样的特点,我也在这波行情中获益颇丰,同时也近乎精准地逃顶,按照这个逻辑完成了一次完美收割,但那些没有及时撤离的股民就损失严重了。"

小罗:"打开交易软件,回顾过去三十多年的股市,通过上证指数季线图,有且仅有 6 次猛犸象拐点,馈赠给灵魂捕手巨大财富。如果这种拐点一生中抓住两次以上,那么对投资者来说应该是'多巴胺的爆炸',财务自由不在话下了,怪不得有那么多人幻想牛市,热衷于去预测牛市拐点。那么我们现在的市场什么时候出现猛犸象拐点呢?"

张诚:"你观察一下之前的猛犸象拐点之间的间隔,从 2013 年二季度到 2019 年一季度,第五个与第六个猛犸象拐点之间的间隔是 24 个季度,从 2019 年一季度到 2024 年四季度,时间间隔也差不多,但经济基本面支持吗?这必须认真思考。"

小罗:"那猛犸象拐点就近在咫尺了吗?"

张诚:"在经济结构性下行的情况下,大概率还有几年才能见底。如果 2024 年四季度股市周期到了见底,但经济周期却看不到底,那么股市表现为反弹几个月的一波浪就结束行情,这种行情往往被称为 X 浪,然后继续震荡,甚至继续探底,不排除这个底还很深。股谚说,熊市不言底,底是走出来的。这需要时间,大概率第 7 个猛犸象拐点在 2027—2028 年。"

小罗:"嗯嗯,感恩老师,希望通过猛犸象时间模型的学习,真心期待到时候能把握住股市人生的第一次猛犸象拐点。"

第二节 金融时间

金融的本质是时间的价值,不懂金融时间,肯定做不好股票。

一、什么是金融时间

时间,这个看似单一的概念,在不同学科的视角下呈现出多样化的解读。在哲学领域,亨利·柏格森(Henri Bergson)提出的"纯粹持续"概念,强调了时间的连续流动和创造性。心理学家菲利普·津巴多的时间心理学,则通过实验揭示了人们对时间感知的相对性和可变性,即个体如何看待过去、现在和未来,以及这种时间观如何影响他们的行为和决策。他的研究强调了时间观的重要性,以及它如何塑造我们的认知和情感体验。社会学家皮埃尔·布迪厄(Pierre Bourdieu)等人关注时间如何塑造社会结构和个体行为。在金融领域,一般认为时间是交易的标尺,是风险和收益的载体。金融的核心是时间,我们需要跨越学科的界限,汲取多元的智慧来定义和理解金融时间。

周洛华[①]先生在最近出版的新书《时间游戏》中提出,时间是身边风险和远方机会的组合,这个观点很好地诠释了时间的属性。通俗地说,时间就是人类用于描述物质运动过程或事件发生过程的一个物理参数。时间是表现运动变化过程的时刻性和次序性,时刻性是表示事物运动处于的时刻,次序性是表示事物运动变化的先后次序;时刻性和次序性是时间的表征,在金融市场的运动变化过程中,金融时间也具备时刻性和次序性两个表征,而收益与风险是时间呈现出的结果,投资结果是滞后比较长的金融时间才呈现出来的,故金融时间还具有未来属性。[②]

在号称人类最具智慧博弈的围棋运动中,我们知道其时刻性表现为布局、中盘和收官这三个时刻性。在布局阶段我们往往会走出一些定式,在走定式的过程中,落子的先后次序是相当重要的,走错了次序往往就意味着损失,甚至出现崩溃。

我们身体不舒服的时候会去医院看病,总会经历这样的步骤:挂号,候诊,就诊,医生问询,病人讲情况,医生开检查单,汇总检查单给

[①] 周洛华:金融学副教授、经济学博士,美国达特茅斯学院塔克商学院金融学博士后研究员。历任大房鸭公司董事长、东方网CFO、上海大学经济学院副院长、上海市宝山区发展和改革委员会副主任。拥有丰富的资本市场经验,著有《货币起源》《市场本质》《估值原理》《金融工程学》《时间游戏》(普通高等教育"十一五"国家级规划教材)等学术著作与教材。
[②] 《时间游戏》(由上海财经大学出版社2024年5月出版),第2页。

医生,医生开处方,去大厅缴费,在药房拿药。其中每一个步骤都是一个时刻性,而这些步骤是有前后顺序的,这就是次序性。

中国人对于时间这个概念既熟悉又陌生,如小学生的一堂课 45 分钟,股民的 9:30 上岗到 15:00 离场,打工者一周的工作,以及春夏秋冬和二十四节气等;而我们熟悉的时间,仅仅是在我们的日常生活和工作场景中,这只是自然时间。"春江水暖鸭先知",我们每个人对于自然时间都是有觉悟的。当凛冽的寒风刺痛我们的脸颊,天上飘起了雪花,我们能意识到隆冬时节;当冰雪开始融化,柳枝发出嫩芽,我们意识到春天来了,这些都是我们对于自然时间的觉悟。什么时候熊市要来了,时间要毁灭价值,我们往往不能提前感知,当我们亏了很多而感受到熊市已经来的时候,却已经来不及了,这就是因为没有金融的觉悟。我们刚刚从农耕文明转型到工商文明仅仅 40 余年时间,在这样的前提条件下,大家都还不太懂金融时间。正因为如此,所以先搞明白金融时间就极具价值,无论是避免成为"韭菜"或者是做局"割韭菜",都会有优势。

当你手握 2 元去买一瓶农夫山泉,你买到的不仅是商品,也买到了"大自然的搬运工"们的时间,货币与所有普通商品的交换看似是交换的价值,其实是交换的时间,这里面涵盖的是劳动者创造产品(商品)所花费的自然时间。当你投资金融产品,你的货币与金融商品的交换,看似是交换的价值,其实是交换的时间,这个时间就是金融时间。普通商品呈现在消费者面前,其价值是适时的状态,是当下就可以评估其价值的,而金融产品的价值往往是到未来的某一时间才能呈现出来的,所以未来性是金融产品的独特属性。

我们都知道,中国农耕文明的传统文化讲眼见为实,让人们更关注于价值这样具象的东西,即使是在大爷大妈眼中,100元与1角的区别,也是清晰而又具体。在大部分人眼中,金融时间显得比较抽象,而抽象的东西在中国社会往往不受待见,研究的人很少,但在吃亏以后一定会重视起来。在2015年左右,我刚起步研究时间的哲学,我百度很多次"投资—哲学—时间"的相互关系,搜索出来的数千条结果中,几乎清一色的都是这句话:"一寸光阴一寸金,寸金难买寸光阴。"我当时很感叹在我们的世界里,仿佛只能用黄金这个非常具象的物体来讲抽象的时间,感觉金融哲学离中国人还很远,内心着实有些悲凉。

宇宙、自然界和生命个体,一切都是缘起缘灭,而缘起缘灭都是能量的转换,时间就是这个转换过程和度量的标尺。金融投资这个场景中的时间概念称为金融时间。它是工商文明时代的产物,是金融市场和金融产品的特质和属性。金融时间同自然时间一样具有时刻性和次序性两个表征,同时,金融时间会呈现出高收益性或高风险性的结果,因此金融时间有高收益属性和强风险属性;而金融投资的结果往往是滞后较长时间才能呈现出来,因此,金融时间还具有未来属性。金融时间是机会与风险的组合,不仅关乎交易的时机,还涉及对风险和收益的管理;金融时间是价值与时间的组合,它会告诉我们时代的贝塔,在时代的贝塔里有我们的投资标的,也有我们心心念念、梦寐以求的伟大公司;由此可见,金融时间不仅是交易的标尺,更是风险和收益的载体,金融时间能告诉我们什么时候没有鱼、什么时候鱼多且大。

能看透游戏,利用金融时间的次序性和时刻性,获得其未来性和收益性的价值,这是成功的投资;看不透游戏,仅能收获金融时间的风险性,这就是失败的投资。当人们面对有限的生命、有代价的资金和有风险的机会,参与金融游戏时,才能懂得金融时间是何等的可贵。自然时间是一条单向运行的直线,而金融时间是一个周而复始的圆圈,并非一个简单的钟摆,两者有交集,但也有本质的不同,价值是流变的,而金融时间周而复始。懂得金融时间的五大属性(时刻性、次序性、收益性、风险性、未来性),才能看透股票游戏。

在金融投资中,价值与金融时间本身就是一体的,是一体的两面。由于投资人只懂价值而不懂金融时间,因此可以说大量的投资人并不懂金融产品,就像在股市底部割肉的股民和那些高位按揭买房,然后现在断供弃房的年轻人。我们在本书开创了"价时合一"理论,并认为金融时间即价值时,当我们以时间观来呈现价值观,从金融时间的维度来探索价值就有了重大的意义。我们把金融时间作为投资主体来进行深度研究提高到第一维度,并超越标的价值的重要性加以重视,建立金融时间为核心的信息系统、模型系统、行动系统。其实也有一些投资者在研究时间,但由于没有金融时间的具体和清晰的概念,对于时间的研究是远远不够的,这也是本书概念化金融时间的价值所在。

时间在不同场景中的风险属性是不一样的。在爱情的场景中,时间之初是甜蜜的、温馨的,但随着催产素、内啡肽、去甲肾上腺素、多巴胺、血清素等神经递质和神经激素水平的下降,感情可能被时间冲淡;在亲子关系中,孩子的身心会随时间发生变化,时间的风险属性体现在成长的关键时刻和发展阶段;在竞技运动中,时间带来比赛的紧张,也会带来机遇的稍纵即逝,对抗时间压力的能力显得尤其重要。

在金融场景中,时间的风险属性是巨大的。例如 2008 年美国金融海啸,导致具有百年历史的美国投行公司雷曼兄弟倒闭;例如,2015

年6月下旬中国A股的股灾踩踏,导致一些股民倾家荡产。既然这么可怕,为什么大家还是会忽视研究金融时间的风险属性呢?我们研究发现,人性的贪婪导致投资行为首先会是去研究机会而非风险,然后在研究风险的时候,也是先研究投资标的主体,以标的作为风险的主要研究对象,因而忽视了研究被认为是客体的时间,这是不是太大意了?这显示了人性之罪除了贪婪、恐惧,还有大意、侥幸、过度自信等其他方面。打个比方,你是一个股民,你某次投资失败了,你的归因是选错了股票还是选错了时间?更多股民大概率都会归因到选错了股票,然后感叹如果选另外某只股票就好了。

从国内到国外,在证券类书籍中我们鲜见有金融时间的专著,这让投资者虽明白控制风险,却没有理论支撑。金融时间属性中的一切风险管理,本是为了保住本金在鱼多且大的时候下重注,我们要认识到金融时间具有强风险属性,金融时间相比于自然时间有非常大的不同,自然时间的风险属性要小很多,但人类也因此而发明了保险公司,而金融时间的风险属性会大很多,人类也因此发明了很多对冲风险的金融工具。只有认识到金融时间与自然时间的不同,看透金融市场的高风险性、高收益性,以及时刻性、次序性和未来性,股票投资和其他金融投资才可能趋利避害,金融投资才算真正入门,这是一种觉悟,是本书的一个关键点。金融投资入门从管理风险(而不是收益)开始,摆正风险与收益的位置,这一步很重要。

在我们的意识和潜意识中,时间往往是今天、明天和后天这样的自然时间。一般来说,大部分股民搞不清楚自然时间与金融时间的区别。生活工作场景中,不管是学习还是生产,一般来说,投入了时间基本就有产出或者收获,而金融时间投入却不一定有产出和收获,甚至还有很大的风险。比如很多年轻人前些年高杠杆买房,但并不清楚房子的金融属性,他们买房甚至都没有想过投资的问题,往往是因为结婚的需要,仅仅是考虑居住属性,也并未做违法的事情,但随着最近几年房价的下跌,金融时间在毁灭价值,那些按揭买房的年轻人出现了巨大的财务风险,甚至导致更严重的后果。

只要用心观察就能发现,很多股民在绝大多数时候是满仓的,本质原因是农耕文明在人的潜意识里留下了节约的记忆,在潜意识里资金不买成股票就是一种浪费,所以中国股民喜欢满仓后等待,也这样去理解价值投资的道理。这种满仓股票然后等待的时间观,是不是像极了辛勤耕作的农民兄弟,把能耕的地都种上了粮食,然后等待收成,长期处在待解套中,可见自然觉悟与金融觉悟差距巨大。

中国 A 股股民自嘲,"生活中缝缝补补,股市中挥金如土,股市变成了最大的知识付费场所"。其实在这种自嘲中,无论是生活中缝缝补补,还是股市中挥金如土,都是不懂金融时间,不懂时间有毒所导致的,都是农耕文明的价值观在潜意识里残留作祟,因为农耕文明的时间观意识不到金融时间在某些阶段是有毒性的。最后呈现的就是,中国 A 股市场变成了两亿股民最大的知识付费场所。很多股民记住了大师们的话——"做时间的朋友",其实"做时间的朋友"是那些大师给中国股票投资人挖的坑,明显就是毒鸡汤,因为大师不告诉你看透金融游戏的前提,在看透游戏的前提下时间才是朋友;大师也不告诉你他们自身所具备的能看透游戏的条件,在这样的条件下,时间是他们的朋友。我认为,大师应该准确地说"做金融时间的朋友",但几乎所有的价值投资的粉丝都理解成了做自然时间的朋友,并且加以顶礼膜拜。在什么样的情况下时间是朋友?大师缺少了金融时间的定义,然后就把大家给忽悠了。

但我可以负责任地告诉读者,在一种博弈中,大部分人使用的方法,一定很难获得超额收益,往往还是不成功的。农耕文明时代的方法常常不适合工商文明时代,任何时候都满仓自以为是好公司的股票,然后等待价值兑现的方法,这是有严重的局限性和瑕疵的。因此,我们要尽早建立金融时间的概念和意识,懂得时间有毒,让金融时间的意识武装我们的大脑,清洗掉农耕文明甚至是更早期的渔猎文明残留在潜意识中的时间观。

金融时间讲究的是时间与价值(价格)共振获得收益,这个价值包含了内在价值和情绪价值,怎么利用金融时间的时刻性和次序性来做投资,在创造价值那段时间参与股票游戏,怎么运用金融时间的强风险属性的认知来理解风险和管理风险,这些都蕴含着时间的哲学,也是金融的哲学。周洛华先生在《时间游戏》中说:"时间是身边风险和远方机会的组合,强者追求自由,弱者寻找安全,追求自由和安全都是在时间和空间上管理风险。"对于未历经现代金融启蒙运动的中国 A 股股民,或许大多数人没有仔细思考过金融时间的概念,没有意识到金融的未来性、时刻性和次序性藏着财富密码。财富密码就是金融时间的未来属性可能帮助我们找到大鱼,时刻性和次序性让我们在寻找鱼多且大然后下注。游资往往下注在鱼多且大的小周期,价值投资可以下注在鱼多且大的中、长周期。

金融时间的清晰概念告诉大家,从农耕文明文化进化到工商文明文化,时间观也要跟着进化。如果还没有金融时间的概念,看完这本书,了解金融时间的五个属性:收益性、风险性、时刻性、次序性和未来性。懂得金融时间即价值,金融时间观即价值观,做到"价时合一",并且懂得金融时间的财富密码就是寻得鱼(的时候)多且大(的地方)然后下重注。

在股票投资中,买入、持有、卖出,这是一次投资的完整过程,买入、持有、卖出中的每一个动作就是一个时刻性,买入、持有、卖出的先后顺序构成了次序性。但什么时候买、分几次买、持有多久、什么时候卖出、分几次卖出,这与我们对于时间属性的认识有关,需要看透游戏的能力。还有就是买入什么股票、买入几只股票、用什么比例做组合、怎么做风险管理、什么股票先卖,这也与我们对于时间属性的认识有关,同样需要看透游戏的能力。

行动系统中必须重视时刻性,金融时间就是寻得鱼多且大后下注。游资的价值观是值得我们学习的,榜样的力量是无穷的,优秀的游资思维在金融时间的思维范畴,是超越了农耕文明时间观的进化,剔除了潜意识中的农耕文明时间观的残留,所以能形成高效率的投资结果。我们可以通过学习优秀的游资来认识金融时间,从学会空仓开始,提升投资效率。

金融投资有一个不可能三角:流动性、收益率、安全性。其实这个不可能三角在某些特定时候是可能的,不可能三角是常态,但在某些关键时刻,不可能三角是可能的三角,为投资者提供了最佳入场时机。段永平说,他与巴菲特一样,空仓等待的时候最难,其实他们是在看某只股票以后等待不可能三角变成可能,然后挥棒击球。本书会揭示一个股市赚钱的秘密，归纳起来就是金融时间即价值，敬畏金融时间，把握和使用好金融时间的时刻性和次序性，以金融时间为股票投资的第一性思维来展开股票投资，可以进退自如、张弛有据，这个据就是金融时间的时刻性和次序性以及未来性，以此形成金融觉悟。

二、金融时间的风险属性

时间是一位伟大的创造者，但也是一个可怕的毁灭者。

——古斯塔夫·勒庞

金融时间如一条长河，潮起时，万舸争流逐浪高；潮落际，一片汪洋皆寂静。

现代金融学的发展深受西方哲学和经济思想的影响。西方哲学中的一些核心概念为现代金融理论的形成提供了哲学基础。例如，有效市场假说就是基于理性行为者的假设，认为市场价格反映了所有可用信息，这与西方哲学中的理性主义传统相吻合。

相比之下，中国的金融启蒙较晚，还缺少适合中国文化的金融哲学，这主要是由于历史、文化和社会经济发展路径的不同。中国传统的儒家文化强调的是集体主义和社会和谐，与西方个人主义和自由市场的理念有所差异。此外，中国的金融市场发展起步较晚，直到改革开放后，金融市场和金融学才开始逐步发展。正因如此，我们大多数证券从业者对金融时间的概念理解模糊和不透彻，缺少对金融市场和金融产品的敬畏之心，这是近年来一些金融风险形成的重要原因。我认为中国的大多数股民、机构投资者对于金融时间的认知水平亟待提高，必须牢牢树立金融时间的风险意识，这也是我写本书的原因之一。

美国的金融学大师罗伯特·莫顿(Robert Merton)是这样定义金融学的:"金融学是研究人们在不确定的环境中,如何进行资源的时间、空间配置的学科。"中国经济学家陈志武教授将金融定义为"时间和空间上的价值交换"。金融学的参数有很多,从两位老师的定义中,我们可以看到金融的主要参数有四个:不确定性、时间、空间、价值。其中的不确定性并不被股民熟悉,金融投资中的不确定性主要指的是"未来金融市场状况和投资结果的不可预测性"。

在金融投资中,不确定性通常来源于以下几个方面:

第一,宏观经济指标的不可预测性。例如,产出、就业、货币供应量、利率和汇率等经济指标的变化可能会影响整个市场的情绪和走向。

第二,市场波动性。金融市场的波动性是不确定性的直接体现,市场的频繁波动可能导致投资者难以把握投资时机和趋势。

第三,政策和法规变化。政府政策、法律法规的变动也可能给金融市场带来不确定性,影响投资决策和资产价格。

第四,公司层面的消息。公司的经营状况、财务报告、管理层变动等都可能引起股价波动,增加投资的不确定性。

第五,国际事件。如战争、政治危机、国际贸易摩擦等国际事件也会对金融市场产生重大影响,增加市场的不确定性。

第六,技术变革和创新。科技进步和创新可能改变现有产业的竞争格局,对投资者来说,这是一个既有机遇也有挑战的不确定因素。

第七,自然灾害和突发事件。自然灾害或其他突发事件可能导致市场短期内的剧烈波动,增加投资的不确定性。

总的来说,不确定性是金融投资中不可避免的一部分,投资者需要通过多种手段来管理和降低不确定性带来的影响,如进行多元化投资、在信息系统中密切关注市场动态、在模型系统和行动系统中建立风险管理机制等。同时,投资者也应该认识到,不确定性中包括风险、收益。但在某些条件下,不确定性也蕴含着投资机会,应该在控制风险的机制下,主动拥抱风险,从而获得机会。其中关键是如何在模型系统中发现机会,并在行动系统中如何把握这些机会。

我给出的建议是:(1)选股要选能力圈的股票。(2)在资金管理上要形成一种习惯,留足现金作为"预备部队",关键时刻可以救命或者扩大战果。若从结果论,不确定性简单地说就是,种瓜不一定得瓜,种豆不一定得豆,因为不确定性可以带来两种结果:收益与风险。大家都知道,中国股民的思维习惯是以结果论英雄,人们的眼睛和脑子都习惯性地盯住结果,以结果作为判断标准,而且大脑神经学告诉我们,大脑导致人的认知是有缺陷的,渔猎文明和农耕文明经过上万年时间进化后留在大脑中的那些潜意识,时常影响我们的判断和行为。清楚了以上两个特点,再回到金融学的四个参数上,人们往往会盯住空间和价值,忽略不确定性可能带来的风险,如农耕文明时代的农民一样,忽略和过滤各种天灾人祸的不确定性,用辛勤的劳动和时间来换取劳动结果和劳动价值。因此,在中国A股市场,股民总是喜欢盯住赚钱这个结果,怀揣着不切实际的一些预期,选择性地忽略不确定性带来的风险,只盯住不确定性带来的机会,过于主观、操作随意、追涨杀跌而不得投资要领。

因此,如以十年为周期来评判得失,获得成功的股民很少,短期能赚钱而长期却亏钱的股民很多。反观在股市取得巨大成功的股民,他们凭什么获得巨额财富?他们往往先盯住的是控制不确定性带来的风险,再用时间去换取空间和价值,从而能够在股票市场上长期生存和发展,并活得很滋润。

如果要用一个非常有画面感且直观具象的一句话来描述金融时间的风险属性时刻给我们警醒,那就是电视剧《繁花》里面爷叔说的那句:"攀上帝国大厦需1小时,掉下来只需8.8秒。"2015年6月中下旬,中国A股在一轮波澜壮阔后产生了一轮股灾,那次股灾是杠杆牛市以后的连续跌停,股民无法逃出来,许多人一生的财富在那轮股灾中灰飞烟灭,场面相当悲壮。我已经提前两周成功逃顶,然后自驾游去了一趟新疆,当我在甘肃的武威第一次见到被风雨侵蚀殆尽的古长城遗址,突然明白了在大自然中时间也有这样的属性,时间不仅可以创造价值也可以毁灭价值,那个时候我就不再相信所谓的时间的玫瑰。

三、三个名家的故事

金融时间是有毒的,但人对于金融却趋之若鹜。如果要找一个类比的话,那就是河豚有毒。大家都知道河豚有剧毒,处理掉河豚的血和内脏的毒素,河豚也的确是一道美味,吸引着众多的食客,但每年也有不少人因为吃河豚中毒而亡。

虽然二十多年征战股市,以我的才疏学浅,无法对金融时间做一个最准确的定义,但我希望可以尽量把金融时间的属性和特点讲明白,让读到这本书的投资人在股票投资中少犯致命的错误。如果你建立了以金融时间为核心的系统,那么你的股票投资就不容易被各种危机所击穿,反而有很强的反脆弱性,并在一些危机中获利。

股票投资涉及的维度太多,但时间是其中最重要的一个维度,因为股票市场是一个风险巨大的场景。在这个场景中，金融时间的风险比自然时间的风险大得多，完全不是一个数量级。特别是金融还有杠杆的属性，金融时间的风险属性叠加金融的杠杆属性，会十倍、百倍地放大风险。

但参与金融投资的人的潜意识中，往往以自然时间的风险属性去度量金融市场，然后犯下大错。所以，哲学投资家查理·芒格告诫大家："在证券市场，人很难第二次变富。"这里的解决之道就是，我们要以金融时间的模型去取代自然时间的模型。

很多实业上取得成功的人，在股市依然赚不到钱，甚至亏损很大，就是对于金融时间的风险属性还不够理解，或者没有把金融时间的五个属性合一，没有打通其中的逻辑关系，认知还不够清晰，未能建立以金融时间为核心的股票投资系统。实业家以实业的时间观去评判和度量金融时间，对于金融时间的时刻性和次序性，把握得不够准确，甚至一些著名的经济学家和金融学家也因此折戟沉沙。中外投资者的潜意识中，往往以自然时间的风险属性去度量市场。

在金融投资领域，即使是知名人士也可能出现巨大失败的风险。一个典型的例子是美国著名的经济学家、金融学家罗伯特·莫顿（Robert Merton）对期权定价理论做出了重大贡献，并因此获得了1997年的诺贝尔经济学奖。尽管在学术上取得了巨大成就，但莫顿在实际金融投资中也曾遭遇挫折。罗伯特·莫顿是长期资本管理公司（Long-Term Capital Management，LTCM）的合伙人之一。LTCM是一家对冲基金，成立于1994年，由一群金融界的精英组成，其中包括两位诺贝尔经济学奖得主和多位前美联储官员。该基金利用复杂的数学模型来进行债券套利，起初几年取得了巨大的成功,获得了高回报。

然而,LTCM在1998年遭遇了俄罗斯金融危机,这次事件导致全球金融市场动荡,LTCM的模型未能准确预测这种极端情况,模型被这次风险击穿,导致基金遭受巨额亏损。在短短几个月内,LTCM的资产价值暴跌,最终被迫清算。这次事件震动了整个金融界,也证明了即使是最聪明、最有经验的投资者,也可能因为对市场风险的错误评估而失败。

LTCM的案例反映了金融时间的风险属性与自然时间的风险属性有着本质的区别。在金融市场中,风险是无处不在的,而且往往是非线性和突发性的。投资者如果过于依赖数学模型和历史数据,而忽视了市场的不确定性和潜在的极端事件,模型被击穿就是早晚的事。此外,LTCM的失败也揭示了杠杆的风险,因为该基金使用了高杠杆来放大收益,但同时也放大了亏损。

这个案例告诫投资者,即使是在金融学领域有着深厚造诣的专家,也不能保证在实际投资中总是成功。它强调了,在投资决策中必须考虑金融时间的特殊性和风险管理的重要性。投资者应该避免过度依赖单一的模型或策略,而采取多元化的投资组合和风险控制措施,以减少潜在的损失。投资人会用模型系统去度量风险,从而去管理风险,但是模型系统内的风险因子数不可能无限大,也不可能涵盖所有的风险因子。因此,当我们在任何一次用模型系统去度量风险的时候,要考虑我们的模型系统是否会被这次的风险击穿。

另一个例子是美国著名的投资者、电视名人吉姆·克拉默(Jim Cramer)在21世纪初期互联网泡沫期间的投资。吉姆·克拉默是CN-

BC电视台《疯狂金钱》(Mad Money)节目的主持人,以其激进的投资建议和对股市的热情而闻名。在互联网泡沫期间,许多科技公司的股票价格飙升,克拉默在节目中对这些公司的股票给出了积极的推荐。

然而,随着互联网泡沫的破裂,许多被过度炒作的科技股票价格暴跌,许多投资者遭受了巨大损失。克拉默的一些投资建议被认为过于乐观,没有充分考虑市场的巨大风险。在泡沫破裂后,克拉默的一些推荐股票价格下跌了80%甚至更多,导致跟随他建议的投资者遭受了严重的财务损失。

这个案例凸显了,即使是知名人士,也可能因为对市场趋势的误判而失败。它也提醒投资者,即使是来自知名人士的投资建议也应该谨慎对待,投资者应该自己要研究和分析,不盲目跟风。此外,这个案例也强调了,在任何投资决策中都应该考虑市场的波动性和潜在风险,特别是在市场过热和投机氛围浓厚的时候,要适时保持"白骨观"。投资者应该保持谨慎,避免因为短期的市场热情而做出冲动的投资决策。

菲利普·A.费舍(Philip A. Fisher)是现代投资理论的重要开创者之一,被广泛认为是成长股投资策略的先驱。他的投资理念对后来的投资者产生了深远的影响,包括著名的投资大师沃伦·巴菲特。费舍的投资哲学强调对企业的深入了解,并长期持有优质成长股,而不是短期交易和市场择时。他认为,投资者应该寻找那些具有长期增长潜力的公司,并在它们的早期阶段进行投资。他提倡与伟大的公司一起成长,分享它们成长带来的红利。费舍的这种投资方法后来被称为"成长型投资",与本杰明·格雷厄姆奉行的捡烟蒂价值投资方法形成了鲜明的对比。

费舍的投资方法论在 1958 年首次出版的著作《怎样选择成长股》(Common Stocks and Uncommon Profits)中得到了系统阐述。书中他提出了著名的"十五个原则"用于评估公司的投资价值,这些原则包括对公司管理层的评估、公司产品的市场需求、公司的研发能力、销售组织、财务状况等多个方面。

在投资实践中,费舍成功地发掘并长期持有摩托罗拉、德州仪器等多家后来成为行业巨头的公司股票。他的投资组合中,股票的数量非常有限,但他通过集中投资和长期持有这些股票获得了巨大的成功,后来的沃伦·巴菲特与此很类似。费舍的投资哲学和实践至今仍被许多投资者和投资机构所推崇和效仿。

然而,即便是如此杰出的投资者,也难免会遇到失败。在费舍的投资生涯中,一个著名的失败案例是他在美国经济大萧条期间的投资经历。

在 1929 年股市崩盘之前,费舍虽然预测到了市场的风险,但他依然持有一些股票,并在随后的市场下跌中遭受了损失。据报道,费舍在股市崩盘前的某个投资项目中继续加大筹码,甚至借钱投到同一批失败的股票中。他在 Remington Rand 这只股票上,每股价格从 58 美元跌至 28 美元,但他继续借钱买入,认为这是低值买入的机会。然而,四年后,这只股票的股价跌至 1 美元。费舍的这种盲目自信的投资策略,最终导致他在经济大萧条期间损失惨重。

菲利普·A. 费舍的这一惨痛经历表明,即使是最优秀的投资者,也不能保证每一次都能做出正确的投资决策。市场的不确定性和风险是始终存在的,即使是基于深入研究和分析的投资决策,也可能因为市场的极端情况、超越认知的系统性风险而遭受损失。这个案例也强调了投资中风险管理的重要性,以及在面对市场波动时保持灵活性和适时调整策略的必要性。

四、人的认知缺陷

人的认知缺陷就像大脑里的"小怪兽",在思考、记忆、理解和决策的过程中捣乱。这些"小怪兽"可能是大脑的结构或功能上的局限性,或者是外部环境的影响所导致的。以下是一些常见的认知缺陷:

确认偏误(Confirmation Bias):这个"小怪兽"喜欢找和自己观点一致的信息,忽略或忘记与之相矛盾的信息。

可得性启发式(Availability Heuristic)。这个"小怪兽"喜欢根据容易获得的信息来做出判断,而不是根据所有可用的信息。这可能导致对某些事物的估计过高或过低。

过度自信(Over Confidence)。这个"小怪兽"让人们高估自己的能力和知识水平,导致对自己的判断和决策过于自信。

群体思维(Group Think)。在集体决策中,这个"小怪兽"可能受到同伴压力和社会规范的影响,从而降低独立思考的能力。

损失厌恶(Loss Aversion)。这个"小怪兽"对损失的敏感度高于收益,即使面临相同的风险,也更倾向于避免损失。

锚定效应(Anchoring Effect)。这个"小怪兽"在做决策时会受到先前接触到的信息的影响,导致对后续信息的评估受到限制。

代表性启发式(Representativeness Heuristics)。这个"小怪兽"倾向于根据事物的表面特征来判断其类别或概率,而忽略了其他相关信息。

情绪化决策(Emotional Decision Making)。这个"小怪兽"会影响人们的决策过程,使他们更容易受到短期利益诱惑,而忽略长期后果。

人的认知是有缺陷的,我们必须承认并正视这个现实。我经常做这样一个比喻,股市就是天道收割人道,人道就是一生不断犯错,犯大错,持续地犯错,一代又一代地犯错。因此,在证券市场的博弈中少犯错误和不犯大错误,长期下来就是赢家。

我们的应对策略就是,一定要避免因系统性风险而犯下重大错误,尽量避免因非系统性风险犯错误,可以大赢、小赢、小亏,但决不能大亏,"留得青山在,不怕没柴烧"。在股市,我们一定要容忍某次操作失败,但一定不能容忍因一次操作而破产;如果不能容忍犯错,那就没法做投资。有一个原则就是不能犯大错,一次大错误就可能导致破产,就像著名宏观经济学家欧文·费雪。

欧文·费雪是一位杰出的美国经济学家和数学家,被认为是经济计量学的先驱者,也是美国第一位数理经济学家,他出生于1867年,在纽约州的少格拉斯长大,并在耶鲁大学担任教授职务。费雪在经济学领域的贡献非常广泛,他的研究涉及货币理论、利率、价格指数等多个方面。他的工作对后来的经济学研究产生了深远的影响,尤其是他在货币理论方面的研究,为现代货币政策的发展奠定了基础。他提出的"债务—通缩理论"认为,经济中的过度负债和通货紧缩之间存在相互作用,这种互动关系会导致经济和金融的周期性波动。在经济大萧条期间,费雪也经历了债务螺旋的困境,这对他的个人财务状况产生了灾难性的影响。费雪的理论指出,在经济衰退期间,企业和个人会努力偿还债务,以减少负债。然而,这种行为导致资产价格下跌和货币流通速度减缓,进而加剧经济下行。这种情况下,即使债务人偿还了债务,但由于通货紧缩导致的购买力下降,实际负担并没有减缓。这种相互作用形成了一个恶性循环,即所谓的"债务螺旋"或"通缩螺旋"。费雪的这一理论对后来的经济学家和经济政策制定者产生了深远的影响,尤其是在理解和处理经济危机时,这一理论提供了重要的视角和分析依据。他曾经是最富有的经济学家,大萧条之前在股市有1 000万市值的股票,相当于现在的100亿美元,这样一位杰出的经济学家却在20世纪30年代美国大萧条的熊市中,犯了大熊市中股票加杠杆的错误,导致破产,直到去世也没还清债务。

在中国A股中,游资的短周期玩法,就是试图规避金融时间的巨大风险属性,用短期持股来降低犯大错误的概率,所以很多优秀游资在熊市中净值能够保持一条水平线,甚至还有小角度的上升斜率。股神沃伦·巴菲特也会在市场不确定性时大量增加现金比例。

而恰恰相反的是,中国A股市场中许多价投者因为长期高仓位持股,因为所谓的"长期主义"和"做时间的朋友",给了自己犯大错的机会和概率。所以我认为,中国A股的股民或基金经理,应该好好审视一下金融时间,就如同"未经审视的生活不值得一过",清晰掌握和运用金融时间概念,看透股票这个游戏,正视金融时间即价值,并正视人的认知缺陷,修正和完善各自的模型系统和行动系统,最大程度地做好风险管理,尽量只在鱼多且大的时候下注。

五、时间毒素

一个股民吃大亏往往就是在还没有搞清楚基本面时,就直接满仓操作了,如果做长线投资,一定要把基本面研究透彻,如果做短线投资,那就完全没有必要满仓操作。中长线股票投资的方法论大致是,投资于预期有时代贝塔红利的公司,入市宜缓,先建点底仓,通过觉知能力去感受持有体验:持有的体验不好,及时止损出局;如果持有的体验好,可以选择低点加仓。这个方法论是建立在时间有毒的价值观的基础上,智者不入爱河,时刻保持理性。

时间不仅可以创造价值,也可以毁灭价值,时间是可以开出毒玫瑰的。我们一定要牢牢记住,时刻提醒自己,时间在毁灭价值的时候,时间就是有毒的。下面我们以现在年轻人喜欢的浅社交为例,来讲讲时间和时间有毒,加深对时间有毒的印象和认知。

时间的毒不仅表现在股市,也表现在两性关系上。"关关雎鸠,在河之洲。窈窕淑女,君子好逑。"渗透在人类基因中的性需求和生育传承的需求,这是人性。传统文化中的执子之手,与子偕老,就是用人性去绑定时间,执子之手是价值,与子偕老是与时间绑定。这种绑定是长期的甚至是一生的。这种长期或终身绑定有幸福,也会有痛苦,甚至显得很苛刻。用人性去绑定时间,的确适合农耕文明时代的生产力水平和社会状况,因此,中国式婚姻观持续了上千年的历史。

随着全球化、互联网技术的发展,随着女性地位的提升,年轻人不太认可传统的婚恋观,于是产生了一种浅社交的方式,规避了用人性去绑定时间而带来种种弊端,采用了用时间去绑定人性。浅社交是指人们之间进行的非深入的、表面的交往,它通常不涉及情感的深度交流,而是基于共同的活动或场合建立临时性的联系。这种关系往往短暂且易变,更多体现了一种社交的便利性和实用性,而非追求长期的稳定关系或深层次的情感连接。

这种浅社交以时间为主体,在短期内满足了人性的需求,展现了其一定的价值。浅社交试图回避长时间带来的不确定性,这是一种时间观,炒股做短线其实就是浅社交的时间观,其基本假设就是时间是有毒的,但很多人不清楚这一点。这个世界上最大的误会就是把婚恋中所有问题和责任推给男女双方,而忽略了其中的关键是时间有毒,人性会随时间流变。现在的年轻人接受了价值、条件、哲学的启蒙,用浅社交把时间玩转了,满足了既要又要的需求。

不同的时间观产生不同的价值观。游资的时间观与价值投资者的时间观也大相径庭。2015年6月,我在股灾前逃顶的时候说过一句话:"牛市是一阵子,不是一辈子。"股票短线玩的是情绪价值,浅社交玩的也是情绪价值,所以两种时间观有哲学上相似的底层逻辑,都是基于"时间不仅可以创造价值,也可以毁灭价值,时间是可以开出毒玫瑰的"。至于做什么游戏,那完全是年轻人的选择和自由。

第三节 时刻性与次序性

一、股市赚钱的本质

牛市熊市是周期轮回的,上涨与下跌存在周期性。股市赚钱的本质,是寻得鱼多且大然后下注,对标创造价值的那段时间选择参与,选创造价值那段时间买股持股,在毁灭价值的那段时间到来之前退出。要想达到这样的投资能力和水平,研究时间周期特别重要,在时间周期里面有创造价值的那一段,也有毁灭价值的那一段,时刻性与次序性构成了股市的周期,可以说时刻性和次序性藏着财富密码。投资于创造价值的时间段,这个认知很适合中国A股市场,因为股市中可以是长期主义,但具备成为大公司的标的比例太小。

金融时间除了有风险属性,还有时刻性和次序性的属性。有了金融时间的概念和意识,首先,牢记金融时间的风险属性,这是一个好的开始;然后,把握金融时间的时刻性和次序性,寻得鱼多且大然后下注;最后,关注风口去乘风破浪获得投资收益,去实现投资的开挂。

关注时刻性,就能看到金融时间既能创造价值,也能毁灭价值;关注次序性,就能看到金融时间拥有周期轮回的特征。游资是如何投资于创造价值的时间段的?在游资的世界中股票只是一个情绪载体,参与其中获得利润的逻辑是,那个作为载体的股票的情绪价值与市场和板块的情绪周期共振,只需要观察资金疯狂涌入的载体,以追涨甚至追涨停的方式进去,收获股票情绪价值的溢价,并与其他资金寻求共振,涨潮入退潮出。

二、股市情绪周期的分类

从某种程度上说,我们投资的不是股票,而是投资股票的波动,本质上投资的是金融时间,金融时间即价值。股市有牛熊,在牛熊中轮回,而牛市内部股价的周期波动和熊市内部股价的周期波动都是有次序性的。著名游资"炒股养家"先生在所有游资中是最懂金融哲学的,在股民中口碑也是不错的。我们借用"养家心法"对于股市情绪周期的分类,来描述一下金融时间的次序性(见图1—7)。

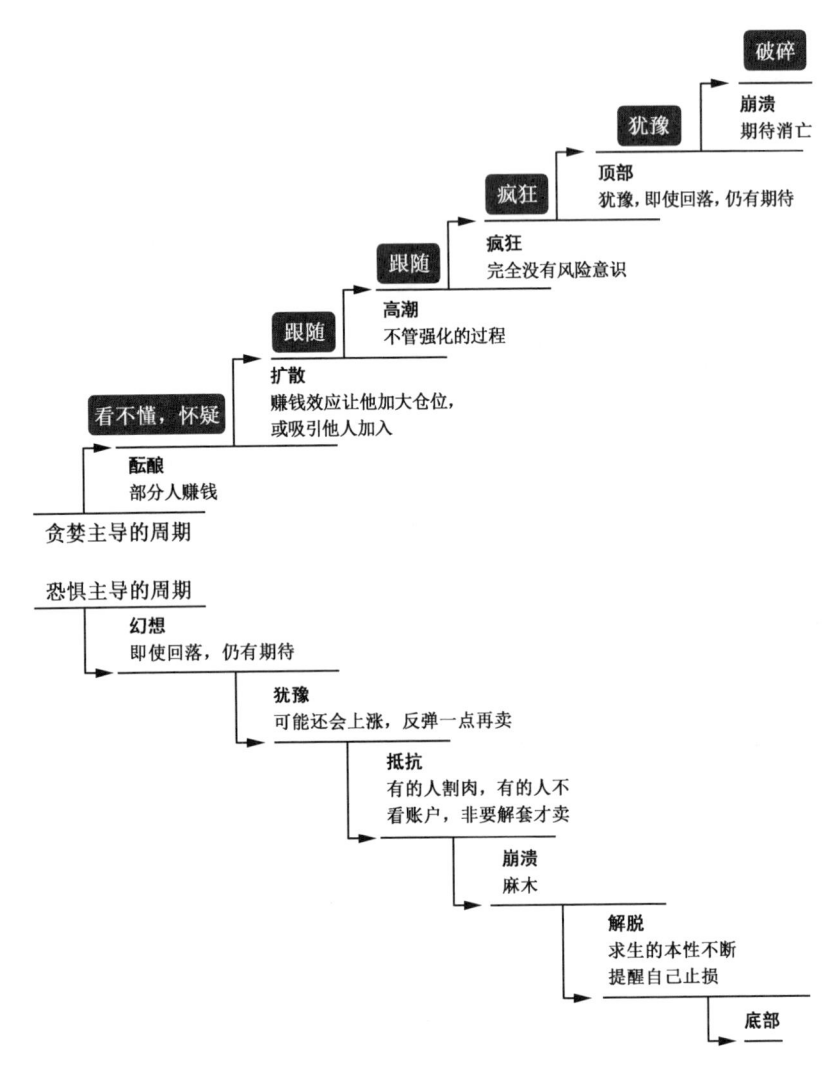

```
                                          破碎
                                       崩溃
                                       期待消亡
                                 犹豫
                              顶部
                              犹豫，即使回落，仍有期待
                           疯狂
                        疯狂
                        完全没有风险意识
                     跟随
                  高潮
                  不管强化的过程
               跟随
            扩散
            赚钱效应让他加大仓位，
            或吸引他人加入
   看不懂，怀疑
         酝酿
         部分人赚钱
贪婪主导的周期

恐惧主导的周期
      幻想
      即使回落，仍有期待
         犹豫
         可能还会上涨，反弹一点再卖
            抵抗
            有的人割肉，有的人不
            看账户，非要解套才卖
               崩溃
               麻木
                  解脱
                  求生的本性不断
                  提醒自己止损
                        底部
```

图 1—7 情绪周期的次序性

次序性在贪婪主导的股市周期里表现为酝酿、扩散、高潮、疯狂、顶部、崩溃。次序性在恐惧主导的股市周期里表现为幻想、犹豫、抵抗、崩溃、解脱、底部。股市就是反复循环,在这个循环中,懂得利用好金融时间的时刻性和次序性,就能寻得鱼多且大,长期下来大概率就能赚到钱了。

就如同老股民的谚语:行情在绝望中酝酿,在犹豫中上涨,在欢乐中死亡。利用时刻性和次序性,买在绝望时刻,卖在欢乐时刻,鱼多且大,就如同大家耳熟能详的老和尚买卖股票的故事。

> 有一个老方丈云游天下,一日来到一证券公司营业部,看到门可罗雀,仅有的一些股民都哭丧着脸悲观地认为股市崩盘了、完蛋了。老方丈于是决定把自己身上所有的钱买了股票,希望让股市跌得慢一点,好让大家减轻点股市暴跌带来的痛苦,然后继续云游去了。三年后,老方丈再次来到这个证券公司营业部,发现人头攒动,不少新面孔都在争着买股票,大家谈论的也都是股市如何能赚钱发大财,谁谁谁已经在这轮牛市中财务自由,一些小商小贩都不做生意,专职来炒股。见此情景,老方丈说,"既然大家都抢着要股票,我就再次慈悲为怀把股票给大家吧"。对于后面的结果,读者都想象得到,股市再次暴跌把股民都深深套住了,而以慈悲为怀的老和尚却因为顺应了股市的时刻性和次序性,卖在了贪婪主导的疯狂+顶部周期,买在了恐惧主导下的解脱+底部周期,成了股市中的少数赢家。

时间的哲学是道,明道是在金融市场赚钱的基础,道是重要的。但还有一个同样重要的是德,这里的德是哲人《道德经》里面的德,德是按照本源、规律、时间去做事,是让我们走进成功的有效的行动系统。如果想赚更多的钱，让赚钱更有效率，让我们的投资生涯能走得更远更久，在股票投资术上就要研究得更细致。本书提供一个"金双战法"寻得鱼多且大，供读者参考，有道无术术可求，有术无道止于术。

三、贝塔的智慧

长期以来，股民缺乏金融时间的概念，缺少以金融时间为基础的时间观，对股票投资的认知有一些缺陷，偏向于自然时间来认识金融时间。在绝大多数投资者看来，股票投资中的时间首先是买点和卖点，是择时，是股票投资中选股和择时的两大要素中的后者，是行动系统中的一部分，时间成为股票价差实现的一个自然坐标维度。

大量投资者认为，正确的时机可以使投资收益最大化，在欧美股票市场，时机（Timing）被视为成功投资的关键。它涉及识别买入和卖出的最佳时刻，以实现最大的利润和最小的损失。投资者往往分析市场趋势、经济指标、公司业绩和行业动态来预测股价波动。其实，市场难以精准预测，战略和纪律对时机决策至关重要。有经验的投资者常使用基本分析和技术分析来指导其时机选择，同时兼具考虑长期视角和短期市场波动。

而在本书哲学投资理论的体系里，金融时间不仅仅是行动系统，也是模型系统，还是信息系统。不仅择时与金融时间相关，选股与金融时间也是紧密关联，不能脱离时代、时机谈选股，要积极主动地把握住时代的红利，金融时间即价值。

在投资研究中，信息系统和模型系统是我们不可或缺的工具，协助我们分析市场动态、提炼数据，以期在波诡云谲的金融市场中找到获胜的"钥匙"。然而,真正睿智的投资者知道,成功的果实并非仅由主观努力的劳作所能收获,更为关键的是顺乎时代潮流,把握环境给予的机遇——这就是"时代的贝塔"。金融时间体现的是人性,是变化中的欲望驱使,是时代的红利。金融时间可以帮助投资者获得"贝塔"的智慧,这是系统性的思维,这是投资者在这个复杂的股票投资系统中认清了自己的定位。

在金融世界中,"阿尔法"代表超越市场的超额收益,而"贝塔"代表与市场整体表现相匹配的收益。想要持续获取"阿尔法"很难,因为这需要不断地预判市场和把握时机的能力,以及非凡的投资技巧。许多追求"阿尔法"的投资者,往往因为过度自信而忽视了市场的不确定性,结果可能是陷入亏损的泥潭。

"贝塔"是跟随社会和人性中欲望的趋势,在发挥主观能动性的同时,必须承认客观环境的险恶,利用时代的势能转化为投资赋能。选择有时代红利的"贝塔",意味着我们要站在金融时间的角度去审视问题,识别并顺应那些影响深远的趋势。例如,当下科技的进步、人口结构的变化、全球经济格局的重塑等,这些宏观的力量无不在金融市场中留下深刻的烙印。

当我们意识到投资不仅是一门科学,也是一种艺术,更是一种哲学时,我们需要聆听时代的声音。成功的投资者往往是那些能够洞悉社会变迁、捕捉政策风向、前瞻技术发展趋势的人。我们要布局那些具有成长潜力的行业,重仓那些能够引领未来的企业。与其逆流而上,不如顺势而为,与"时代贝塔"共舞。"一切都是命运",所谓的运气,不过就是个人偏好、风格能够与时代融合。

当然，这并不意味着放弃"阿尔法"的追求就会容易得多，即使在追随"时代贝塔"的过程中，我们也需具备敏锐的市场感知力、严格的风险管理能力和合理的投资组合来构建技巧。但相较于孤注一掷地寻求"阿尔法"，"时代贝塔"更像是一种稳健的战略选择。

在实业和投资领域，成功者往往都是深谙时代脉搏、选择有"时代红利贝塔"的人。他们可能不会每个回合都击出全垒打，却能持续跑赢平均线，累积起可观的长期回报，获得复利。如果股票投资有"善之善者也"，那就是在"时代贝塔"方向的基础上去寻找"阿尔法"，本书后面介绍的"金双战法"的立意也就在于此。开启金融觉悟，尊重时间的周期，敬畏市场的力量，借助信息系统和模型系统，选择与时代共振的"时代贝塔"，这将使我们在金融市场走得更远、走得更久。

四、关键时刻

在人类历史的长河中，某些瞬间因其重大的影响力而被铭记，比如第二次世界大战时期的"敦刻尔克大撤退"和"诺曼底登陆"、1935年的"遵义会议"、1945年第一台计算机的诞生、1969年人类第一次登月、2001年的美国"9·11"事件、2001年中国加入世界贸易组织（WTO）。这些被称为"关键时刻"的历史节点往往标志着转折、变革或决定性的进步。它们可能涉及一场决定性的战役、一项革命性的发明、一次科技的突破，或是一次具有里程碑意义的社会改革。

关键时刻通常指的是那些转折点，它们以其独特的影响力，塑造了我们的过去，影响着我们的现在，预示着我们的未来。在历史的长河中，关键时刻往往决定着一个民族、一个国家甚至全人类的命运。

它们不仅影响当时的历史走向,更对后世产生长远的影响。这些时刻的特征包括不可逆性、重要性和变革性。

为了加深印象,我们再举例说明关键时刻。

政治决策的关键时刻。如秦始皇统一六国,结束了春秋战国时期的分裂局面,开创了中国历史上的第一个大一统时代。这一关键决策不仅推动了中国历史的发展,也为后世的统一提供了范例。

战争冲突的关键时刻。如滑铁卢战役,标志着拿破仑帝国的终结,改变了欧洲的政治格局。这一战役的结果直接影响了欧洲各国的命运,也对世界历史产生了深远影响。

科技进步的关键时刻。如互联网时刻,互联网的出现极大地改变了人类的生活方式,推动了全球化的进程。这一技术的突破,不仅改变了信息传播的方式,也对社会、经济、文化等各个领域进行了重塑。类似的还有 iPhone 时刻、AI 时刻等。

关键时刻以其独特的影响力决定着历史的走向。它们可能是政治决策的结果,也可能是战争冲突的产物,更可能是科技进步的标志。无论如何,我们都应该珍视这些时刻,因为它们是历史的见证,也是对未来的指引。

对于我而言,关键时刻的启蒙教育是我小时候听到的一个故事——官渡之战,曹操听从袁绍谋士许攸的建议,果断地派军直取乌巢。

官渡之战是中国三国时期的一个重要军事冲突,它不仅是曹操与袁绍争夺中原霸权的关键一战,也是东汉末年群雄割据局面的一个转折点。这场战役的胜利为曹操统一北方铺平了道路,并对后续的三国格局产生了深远的影响。

(一)官渡之战的背景与进程

官渡之战发生在公元200年,当时的中国正处于汉末群雄并起的混乱时期。曹操凭借其军事和政治才能,逐渐崛起为北方的主要势力之一。面对实力强大的袁绍,曹操通过精准的判断和策略部署,在官渡取得了决定性的胜利。

(二)官渡之战的决定性时刻

战役中的关键时刻是曹操夜袭乌巢,成功切断了袁绍的粮道,这一举动直接导致袁绍军队的崩溃。这个关键时刻不仅展现了曹操的军事智慧,也体现了关键时刻在战争中的决定性作用。

(三)官渡之战的长远影响

官渡之战的胜利为曹操奠定了在中原的基础,随后他逐步统一了北方,为后来曹魏的建立打下了基础。这一关键时刻不仅改变了曹操个人的命运,也重塑了整个中国历史的走向。

回到股票投资中,如同猛犸象拐点那样的关键时刻也以其独特的影响力,决定着股市的走向和股民财富的走向。很多投资人不会注意到,时间是有能量密度的,有时表现出云淡风轻,有时表现出雷霆万钧,能量密度很大的"雷击时刻"会带来市场的巨幅波动,同样提供了金融投资的关键时刻。

五、机遇与蛰伏

(一)机会篇

把握战略性机会,遇大机会要狠,抓住战机要下重注。

知者善谋,不如当时;

机不可失,失不再来;

君子藏器于身,待时而动;

一鼓作气,再而衰,三而竭;

当断则断,该出手时就出手;

千里马常有,而伯乐不常有;

宜将剩勇追穷寇,不可沽名学霸王;

有花堪折直须折,莫待无花空折枝;

得时无怠,时不再来,无予不取,反为之灾。

以上这俗语、诗词或名言,道出了军事、爱情或事业上把握重要机遇的重要性。

而股市中,我们经常听到"抄底""逃顶"这两个词,显而易见的就是指股市的关键时刻,这是由金融时间的时刻性决定的。书中讲的"猛犸象拐点"就是典型的关键时刻,当你转身回头再看股市的过去二十年,关键时刻非常清晰,但当时你是否做出了进或退的正确选择,则就未为可知了。

大约在十五六年前,我每年都去国研中心听两次课,听那些技术官员的宏观经济报告,经常听到这样一个词叫"战略机遇期"。

在股市这个充满波动与不确定性的舞台,关键时刻与战略机遇期无疑是影响投资者命运的重要节点。历史的轨迹留下了显而易见的印记:沪市2005年6月的998点、2007年10月的6 124点、2008年10月的1 664点、2015年6月的5 178点……它们如同坐标一般,标志着市场趋势的巨大转变,成为投资者心中的关键时刻。其中有些点都对应月线级别的超级行情,就是股市的关键时刻,这些转折点,对于有90%把握的投资者来说,两次足以实现财富的质的飞跃。"战略机遇期"这个概念不仅适用于国家经济的宏观层面,同样适用于我们作为投资者的微观决策。无论是关键时刻还是战略机遇期,都是时间的价值与时刻的重要性,也充分展示了金融时间即价值。

在职业股民中有一句谚语:"你离财务自由只差一轮大牛市。"这句话的寓意在于,把握一次"猛犸象拐点"这样的关键时刻,可能就意味着开启了通往财务自由的大门。而几乎所有小资金做成数亿、数十亿元的游资,都有一个共同的感受,就是第一个"一百万"是最难的。把握一次股市的关键时刻,完成股民的第一个"一百万",这可能是小资金做大的关键。

然而,真正的挑战在于,如何识别并把握这些关键时刻? 市场的复杂性和不可预测性使得这成为一项艰巨的任务。在这些关键节点上,正确的决策往往来源于深厚的市场知识、严谨的分析能力以及坚定的心理素质。投资者需要具备在信息爆炸和市场噪声中辨识趋势的能力,同时还需要有勇气在大多数人贪婪时保守,在大多数人恐惧时进取。2005年年底和2014年年底,我两次在股市大比例加杠杆,并获得了超额收益。

我给出的建议就是,在市场大多数人极端恐惧、割肉离场的时候,去找寻经济增长新动力的产业下注,几个月或者几年以后再回首,那个地方就是关键时刻,鱼多且大。

"有花堪折直须折,莫待无花空折枝",战略机遇期的到来,作为投资者必须全力以赴。在股市这个大海中航行,关键时刻和战略机遇期就像是灯塔和航标,指引着我们投资的方向。它们不仅仅是时间点的标记,更是投资者智慧、勇气和耐心的体现。在这些关键时刻做出正确的选择,可能需要经过长时间的实践、学习和积累。

一旦能够把握住这些关键时刻,优秀的投资人因股市而财务自由,或许就不再是一个梦想。因此,每一位投资者都应该在自己的投资旅程中不断磨炼自己,提高自己的投资能力,以便在关键时刻到来时,能够毫不犹豫地做出最佳选择。

老股民常说"牛市不努力,熊市徒伤悲",在牛市中努力意味着在熊市中可以减少遗憾。不同的时刻,不同的选择,有时候的关键时刻是进,有时候的关键时刻是退。

投资者还需要拥有持续学习和适应市场变化的能力。股市是动态发展的,新的理论、新的技术、新的市场规则不断涌现。只有不断学习、不断适应,不断迭代信息系统、模型系统和行动系统,才能在市场中提升决策力和保持竞争力。

关注关键时刻和战略机遇期,就必须关注产业变迁带来的机会。由于中国工业体系完备、股市结构均衡,每次产业变迁都能在 A 股得到体现。这种产业机会来临时,往往会产生大级别的牛市甚至泡沫。过去 30 年,A 股就出现过:1996—1997 年的"家电牛";1999—2000 年的"互联网牛";2005—2007 年的"地产牛";2013—2015 年的"移动互联网牛";2020—2021 年的"新能源汽车牛";2023—2024 年酝酿的"AI 牛"。未来也值得期待……

(二)韬光篇

没机会就等,蛰伏、战机是等出来的。有如下的古语、俗语值得我们学习：

久等必有一善；

船到桥头自然直；

心急吃不了热豆腐；

瓜熟蒂落，水到渠成；

君子报仇，十年不晚；

欲速则不达，则不入急门；

十年寒窗无人问，一举成名天下知；

时不至，不可强生；事不完，不可强成。

"只看见小偷吃肉，没想过小偷挨打。"股市其实也是一样，有牛市就有熊市，牛市、熊市是一对组合，是金融时间钟摆的两个方向。最近几年的大熊市，以巨大的痛和巨大的代价给股民上了活生生的一堂课，蛰伏的意义就不言自明了。股市把资金滚大的本质，其实就是复利效应。只有在熊市中保住了本金和上一轮牛市的利润，到下一轮牛市的时候，复利才可能产生。韬光是一种金融智慧，懂得蛰伏就成功了一半。

股票的关键时刻，

就是寻找"鱼多且大"的时候下重注。

第四节 股票投资的第一性

一、"价时合一"概述

在股票投资的众多维度中，我们不仅把价值视为股票投资的第一性,亦把金融时间视为股票投资的第一性,把股票投资的价值逻辑与时间逻辑合二为一,这就是"价时合一"理论。"价时合一"用来描述股票投资的第一性,股票投资不仅投资于价值,更是投资于金融时间。

建立以金融时间为核心的信息系统、模型系统、行动系统,金融时间属性中的一切风险管理,都是为了保住本金在鱼多且大的时候下重注,从而提升投资效率、成功率和安全性。

我们观察证券市场可以发现,投资于短周期时间,一线游资模式是可以赚钱的,而且效率还特别高,原理是通过特定时间投资于股价高波动,高频交易获得超额收益,并且成功的事情重复做,形成复利实现。投资于长周期的时间,也是可以赚钱的,超长时间累计的收益率也很大。"猪往前拱,鸡往后刨,鹰击长空,鱼翔浅底",不同套路都是可以赚钱的。所有赚钱的套路都是在正确的时间做正确的事情。

俗话说,菩萨畏因、众生畏果。大多数股民并未形成有效的赚钱套路,他们的关注点一般会聚焦到赚钱和赔钱的结果上,比如,津津乐道某个"浓眉大眼"的股票,吸引了多少眼球涨了多少倍,后悔没有参与,或者出来太早、赚得太少。大多数股民总是盯住结果说事儿,并不去探究超额收益的因。

股市赚到的钱,是正确时间的情绪价值,也是正确时间的内在价值与情绪价值的共振,是金融时间的时刻性和次序性里面蕴藏着的财富密码,是寻得鱼多且大然后下了重注,是在正确的时间做了正确的事情。

我们在懂得了金融时间的属性以后建立起来的时间观,会明白金融时间既能创造价值,也能毁灭价值,赚钱的本质是选择参与对标创造价值的那段时间,寻得鱼多且大然后下了注,选创造价值那段时间买股持股,在毁灭价值的那段时间到来之前退出。金融时间即价值,股票投资就是投资于金融时间,其中捕捉拐点和捕捉趋势都是时间哲学的运用。

喜欢研究时间哲学,也喜欢捕捉拐点的乔治·索罗斯也有一句类似的名言:"世界经济史是一部基于假象和谎言的连续剧。要获得财富,做法就是认清其假象,投入其中,然后在假象被公众认识之前退出游戏。"当明白了投资于金融时间的投资哲学,一线游资的时间观与价投者的时间观、乔治·索罗斯与沃伦·巴菲特的时间观、短期投机和长期投资的时间观就统一起来了,在股市赚钱的本质也就浮出水面,那就是建立价时合一的哲学思维,以金融时间作为股票投资的第一性,以金融时间即价值的思维来展开股票投资。

股市里存在一些获利颇丰的股民,尽管风格不同,但有一点是相同的,都是懂得和运用金融时间的高手,寻得鱼多且大然后下注。

在股市,所有人都是来赚钱的,各有各的套路,时间观也不尽相同。一线游资认为,时间越长越不具有确定性,因此在短周期几天甚至分时寻找股票波动的机会套利,买在分歧卖在一致,收获的是情绪价值的溢价,如果定义一下情绪价值,就是股民情绪和板块情绪的共振波动带来的价格的上涨。当出现社会热点、政策热点、产业热点和产品热点溢出到股市,带来情绪周期,赚钱带来板块效应,游资会第一时间立马入场,选择主观认为有 30%~50% 的标的去博弈收益;当情绪出现退潮,则立马跟随而动、结束游戏,赚了多少与赚没赚都没那么重要,知止,然后再等待和寻找下一次博弈机会。

而恰恰相反的是价值投资模式,价投者认为"时间是朋友",要从基本面选股,坚持长期主义,用数月甚至数年的长时间持股来实现价值的增值和变现,收获的是内在价值。这里必须强调部分价投者还不太清楚的地方,价值投资不仅仅赚低估的钱,也赚成长的钱,更是赚泡沫的钱,其中泡沫的钱才是最大的主升浪,当公司内在价值被市场情绪化,内在价值与情绪价值形成大级别的时间共振,才是价值投资最大的和最终的完成收割的变现模式。恰如沃伦·巴菲特的股票退出方法论"在别人贪婪的时候我恐惧",在内在价值与情绪价值形成时间大级别的共振阶段退出,从而完成"价时合一",实现了数倍、数十倍的超额收益。

二、巴菲特在台积电上的"价时合一"

在投资世界中,即使是最稳健的投资策略也可能会受到不可预测因素的影响。投资大师沃伦·巴菲特在台积电股票上的投资决策就提供了一个案例。巴菲特以其价值投资的哲学著称,这一哲学通常超越短期市场波动,专注于公司的长期潜力和基本面。然而,即便巴菲特这样的投资者也不得不在特定情况下调整他们的持仓,以应对宏观环境的突变。

2022年四季度,巴菲特买入了台积电的股份,但在短短一个季度后,2023年一季度他又选择卖出。这一举动显然不是基于价值观的改变,也不是对公司基本面的重新评估,实际上后来台积电走出了大牛行情。由此可知,巴菲特这种快速的买卖更可能是对当时地缘政治氛围的反应。

地缘政治的不稳定性在全球化的经济中起着重要作用,特别是在半导体行业这样的关键领域。台积电作为全球最大的独立半导体制造商,其股票不仅受到公司业绩的影响,还受到全球政治形势的显著影响。例如,中美之间的贸易紧张、技术战争以及相关的供应链中断都可能对台积电的业务前景产生深远影响。

巴菲特很可能预见了这些外部因素可能给台积电带来的潜在风险,尽管从长期角度看,公司的基本状况依然坚实。对于一位经验丰富的投资者来说,有时最好的策略就是认识到环境的不确定性,并在风险增大之前采取行动。尽管他最初看好台积电并进行了投资,但随着地缘政治局势的变化,他可能得出了结论,认为退出比坚持更为妥当。

投资界有句老话:"不要与美联储对抗。"也许在这种情况下,我们可以引申为"不要忽视地缘政治"。即便是最坚实的公司,也可能因宏观政治动荡而面临挑战。对于投资者而言,无论多么坚定的价值信念,都必须结合对时机的敏感把握,对于环境流变迅速做出反应。巴菲特的这次操作,或许可以被视为一个关于适应不断变化的环境,并在必要时作出迅速决策的案例研究。

三、张磊清仓教培股票的"价时合一"

在投资领域,每一次政策的变动都可能引发市场的剧烈波动。2021年7月,随着课外培训政策的落地,整个教培行业遭受重创。在2021年年初,高瓴资本张磊已经预见到了这一变化,并果断清仓了所有教培公司的股票。这一行为在当时引起了广泛的争议,甚至遭到了一些股民的嘲笑。然而，两年后回望，这些教培股票的市值大幅缩水，有的股票市值甚至仅剩下1％不到，这不禁让人重新审视张磊的决策。

在投资领域，时机的把握同价值的判断一样重要。张磊在2021年年初清仓所有教培公司的股票，这一行为在当时似乎违背了其一贯的长期主义理念，但随着时间的推移，这一决策的明智之处逐渐显露。从"价时合一"的维度来分析，张磊的操作实际上体现了对价值判断和时机把握的深度融合，因为张磊知道在长期主义与价值之间有一座桥——条件。

价值投资强调的是寻找并投资那些被低估的优质企业，而时机的把握则要求投资者能够敏感地捕捉市场趋势和政策变动。在教培行业的案例中，张磊不仅准确地评估了行业内各公司的基本面价值，更重要的是，他对即将实施的政策变化进行了正确的预判。他知道一旦政策流变，出现持股条件的变化，无论这些公司之前的基本面多么坚实，其市场前景和股价都将受到政策环境流变带来的巨大影响。

"价时合一"意味着在投资决策中同时考虑价值和时机。张磊的投资策略一直是长期的，但他并非僵化地长期持有，而是在长期主义的基础上灵活应对市场变化。当市场环境条件发生根本性变化时，他能够迅速作出反应，这种能力是"价时合一"投资理念的重要体现。

此外，从"价时合一"的角度看，张磊的清仓行为也反映了对市场情绪的合理利用。在政策即将落地前，许多投资者仍然对教培行业抱有乐观态度，市场情绪尚未完全转变。张磊在这个时间点选择清仓，不仅规避了后续的市场下跌风险，也利用了市场情绪的滞后性，实现了投资的最优退出。

综上所述,张磊的教培股票清仓操作是一个典型的"价时合一"投资案例。他不仅展现了对教培行业价值的深刻理解,更显示了对市场时机的精准把握。长期主义是基于条件而论的,在复杂多变的资本市场中,"价时合一"的投资理念为投资者提供了一种既能坚持长期价值投资,又能根据条件变化灵活应对市场波动的有效策略。

张磊在《价值》一书中说:"Think Big, Think Long——谋大局,思长远",架起"望远镜"去观察变化、捕捉机遇;另一方面用"显微镜"研究生意的本质,看清它的"基因""细胞",还有"能量"。张磊是坚持长期主义做价值投资的。"谋大局,思长远"是在讲时间逻辑,"基因、细胞、能量"是在讲价值逻辑,合在一起就是讲时间逻辑与价值逻辑的统一,他关于望远镜和显微镜的说法,也许从反向隐喻了那些忽视时间逻辑的价投误区。

在一级市场,价值是股权投资的第一性,价值是股权投资绝对的主体。而在二级市场,股票投资中金融时间是第一性的,金融时间与价值本来是一体的("价时合一")。显而易见,股票投资是赚差价实现投资利润,差一分钟价格都不一样,差一天价格更不一样,差一个月,价格变化就太大了。股票价格波动既反映公司的内在价值,也反映情绪价值,有时候是两者一起反映。3元买入、3.5元卖出,与3元买入、300元卖出,赚的都是价差,没有本质上的区别。但中国A股股民习惯把3元买入、300元卖出叫做投资,3元买入、3.5元卖出则被人轻蔑地叫做投机。

把金融时间作为第一性,当"价时合一"的时候,投资和投机本就是一回事儿。炒股本来就是赚个价差,为何要把价投说的那么高大上,把投机说的那么不堪,实在没有必要。价投仅是一种投资理念,是许多投资方法中比较靠谱的一种,我们必须尊重,但没有必要摆上神坛。

四、总结

我们不仅把价值视为股票投资的第一性,亦把金融时间视为股票投资的第一性,把股票投资的价值逻辑与时间逻辑合二为一,这就是"价时合一"理论。价时合一用来描述股票投资的第一性,股票投资不仅投资于价值,更是投资于金融时间,从而提升投资效率和成功率。

第五节 价时共振

一、共振

股票市场是一个复杂系统,也是一个动态系统,大家对于价值关注过多,符合我们眼见为实、以结果论英雄的社会价值观,其中时间的角色经常被忽视,但实际上,金融时间对于股票投资的成功至关重要。在股票投资中,保护本金、仓位管理、投资组合、杠杆、复利效应,股票投资的每一个环节均与金融时间最本质的直接相连。本书提出了在投资的模型系统中将金融时间作为股票投资的主体,公司标的为投资客体,然后将主客体合一,形成了"价时合一"理论,于是,我们将金融时间提升到了第一性的位置。

在前言中提到,当我们的算法迭代和优化到一定段位,就有可能被社会的算法和资本的算法所选中,形成共振后拥有运气,算法共振成全了我们投资的成功。股票投资中,成功并不是你战胜了市场,而是你的算法与市场的算法形成了共振。

在股票投资中,寻找共振是一个重要的方法论,这是股票投资中的时空哲学。共振是基本面、情绪面、时间、条件等要素合一以后所呈现出的状态,是这些要素美妙的化学反应。我们在股市上找寻价值,就必须重视共振,共振即价值。共振影响着股价的波动和投资者的决策,是把握市场买卖机会创造价值的核心,这种共振可以提供有价值的交易信号和市场洞察。以下将深入探讨价时共振的各个方面,包括时间与价格、情绪、社会时事热点的关系,并简要分析如何利用这些共振现象来做出理性、明智的投资决策。

二、时间与价格的共振

在房地产销售市场有一个小阳春的说法,所谓的"金三银四"已经形成规律,每年三四月份房产的交易量就会放大,因为供求关系的变化,甚至房屋价格出现一些上涨。同样,在股市也有春季躁动一说,中国人讲究一年之计在于春,春天是投资播种的时候,这是中国人的文化习惯使然。同时,股民也在内心向往新一年的收获,期待股票能够带来财富的增长和社会地位的提升。因此,每年春天随着中国人的投资习惯,会把农历年前后拿到手的奖金、分红等各种收入中的一部分投入股市,常常造就一波中国 A 股的春季行情。

在春季行情后,热点也完成了一轮炒作,然后就有了"五穷六绝七翻身"的说法。当然如果市场处在大牛市中,可以另当别论,如果是熊市或者震荡市中,5月股市往往开始走弱,6月更是会持续下跌,而到了7月,市场则常常会出现一定反弹。这种说法的现实性虽并非绝对,却在一定程度上反映了投资者在不同月份的心理预期和市场变化,体现出中国A股价格波动与月份时间的一些联动特征。

其中的道理大概是这样的,中国股市的整体市盈率一直都很高,5月的市场可能受到很多4月底公布的绩差股年报的影响,投资者情绪趋于谨慎,市场可能陷入调整;6月,是上半年的最后一个月,随着年中资金面的紧张,市场可能进一步调整;而到了7月,在5月、6月跌了一段时间后,随着资金面的缓解和下半年经济预期的改善,市场信心逐渐恢复,从而引发一波小反弹。

1年有12个月,以归纳法看一年内投资的时刻性,列出上述的部分时间特征,有一些因果的指向意义,可以作为投资策略的选择。

时间与价格的共振,还表现在很多方面,比如,周期行业的特征是先死先生、不死不生、生生死死、死死生生都与基钦周期强相关。因此,投资周期性行业的公司,要买在高市盈率的时间,卖在低市盈率的时间。

如何用价时共振寻找价值投资的买入点,这是一个很有价值的问题。要有效地利用共振,投资者首先需要有一套完整的分析工具,包括基本面分析、技术分析和情绪分析等工具,形成自己的模型系统和行动系统;另外投资者还应该培养出对市场节奏的感觉,这需要长期的投资实践,通过刻意练习培养出超级直觉;当然我们还必须培养出一种美德叫耐心,入界宜缓,分批买入。设置合适的资金管理策略,也是利用时间共振成功投资的关键,一些价投者吃亏在一把直接满仓操作了。我们在第四章中讲到了"巴菲特前提",即耐心等待投资标的安全性、收益性和流动性兼具的时候买入,这时时间就与价值共振了。如果能在"不可能三角"变成"可能三角"的时刻挥棒击球做投资,那么时间就成了我们的朋友。

如何用共振寻找价值投资的卖出点,这是一个有趣的问题,但绝大多数价投者并不清楚或者做得并不好。价值投资模式中,价投者认为时间是朋友,要从基本面选股,坚持长期主义,用数月甚至数年的长时间持股来实现价值的增值和变现,收获的是所谓的内在价值。

但在其中他们并未意识到价值投资不仅仅赚低估的钱,也赚成长的钱,更是赚泡沫的钱。当公司内在价值随着市场情绪化,所处行业被市场强烈追捧,这时候内在价值与情绪价值产生美妙的化学反应,带来股价的主升浪飙升和估值严重的泡沫产生。比如2021年年初的消费白马股,酱油股炒到60倍PE,茅台炒到50倍PE。在这样的条件下,内在价值与情绪价值形成共振,就是价投最终完成收割的变现时机,恰如沃伦·巴菲特的股票退出方法论"在别人贪婪的时候,我恐惧"。作为一个价投者,都赚泡沫的钱了,你还不卖出甚至还在买入,那你不买单谁买单呢?

三、时间与情绪的共振

股市中的群众情绪往往随着时间的变化而变化,这种情绪的变化可以在短期内驱动市场波动。例如,在某个重要政策发布后,投资者的恐慌或贪婪情绪可能会迅速蔓延,导致股价的剧烈波动。比如2002年6月24日暂停国有股减持政策出台,全市场涨停;2008年9月18

日管理层出台政策,印花税从双边征收改为单边征收,全市场涨停。

时间与情绪的共振,可以帮助投资者识别市场情绪的转折点,从而做出相应的投资决策。通过监测社交媒体、新闻头条和市场情绪指标,投资者可以更好地理解市场情绪,并预测其对股价的影响。以下是年轻股民总结的顺口溜,内容肯定不一定都对,但其中蕴含时间与情绪的共振逻辑。

> 冬炒煤来夏炒电,"五一""十一"旅游见;逢年过节有烟酒,两会环保新能源;航空造纸人民币,通货保值就买地;战争黄金和军工,加息银行最受益;地震灾害炒水泥,工程机械亦可取;市场商品热追捧,上下游厂寻踪迹;资源长线不败地,稀土萤石锗钼锑。

四、时间与成交量的共振

成交量是市场活跃度的重要指标,它反映了在一定时间内买卖股票的数量。时间与成交量的共振,可以揭示市场的强弱和潜在的趋势转变。例如,如果股价上涨伴随着成交量的增加,这通常被视为上升趋势的确认。比如牛市往往具备时间的持续性,呈现出成交量持续的放大,就是因为场外资金在赚钱效应吸引下,不断流入股市,持续形成正反馈。投资者可以通过观察 K 线图和成交量柱状图,分析时间与成交量的共振,从而更多元化地判断市场趋势。

五、时间大小周期的共振

股票市场存在大小不同的周期,从小时到日、周、月甚至年。当这些不同周期之间出现同步时，就会产生强大的市场动向。例如，一个季度的趋势可能与年度趋势一致，这时候就会出现强劲的市场波动。投资者可以通过对这些周期的研究，来预测市场可能的转折点和趋势。当然也必须清楚大小周期之间的关系，价格趋势分长、中、短期，短期趋势要服从中期趋势，中期趋势要服从长期趋势。如果把趋势推衍到日、周、月的K线周期，K线大周期对小周期具有趋势指导意义，而小周期对大周期起到的是推动作用。

六、热点带来的共振

社会热点、政策热点、产业热点和产品热点等热点出现，就如一块石头投到股市的湖面，会激起股价的浪花，带来价格的波动。市场中的游资和量化交易等热钱会第一时间入场，形成所谓的热点板块。

热点的形成伴随着时间与价格、情绪、资金共振，从而引发板块行情。例如，2023年年初，ChatGPT3.5的推出引发了市场热情，导致市场资金对于AIGC的疯狂追捧，板块的股价有了大幅度的上涨，吸引了"一石击水游戏"的热钱大量流入，并激发投资者的乐观情绪。热点共振这种现象往往是短期效应，在极少数时候也能改变长期趋势。

在中国A股，没有游资参与的股票很难起大波浪，高级的玩法是站在比游资和机构量化更高的维度、更靠前的时间，先于他们挖掘那块石头，这样就有机会先手吃后手，让游资为我们打工。关于"一石击水游戏"，读者可以参考第三章。

在千变万化的股票市场中，时间的齿轮转动不息，与价格、情绪、成交量等交织共振，演绎着股市的时空哲学。时间共振是一种分析工具,更是深刻的市场理解,是通往投资成功的重要路径。在波云诡谲的股票市场中,每一个投资者都渴望找到一把能够破解市场的钥匙,共振是一个方法论,通过理解和应用时间与投资要素之间的共振,我们可以更好地捕捉市场机会,管理风险和收益。

投资者可通过不断的学习和总结,建立一套适合自己投资风格的分析方法和交易策略。股票投资近三十年,每一次澎湃的涨跌、每一场剧烈的动荡,都是时间与其他市场因素的共鸣乐章,让我激动和怀念。在时间的指引下,我们聆听市场的呼吸,把握市场的脉搏,在股市的起伏跌宕中,以自己的信仰找到投资的节奏和方向。

第六节 未来思维

今天是十年前的十年后,也是十年后的十年前。

一、未来思维的概述

股市的未来思维,就是以未来的发展趋势和可能的转变为依据,进行投资决策的思考方式,它的理论基础是基于金融时间的未来属性,基于效率和能量的转化。这种思维方式强调的是预测和前瞻性,而不是简单地依赖历史数据和经验。未来思维要观察文明和文化的走向、人类发展的趋势、技术的演进和国家的意志,它要求投资者具有深度的行业知识、敏锐的效率洞察力,以及高度的风险管理意识。

未来思维的投资不仅关注公司的现在,更重视公司的未来发展潜力和可能性。深入研究公司的业务模式、管理团队、技术创新能力、市场竞争力等多方面因素,以判断公司在未来是否有足够的成长空间和盈利潜力。总的来说,未来思维是一种积极进取、富有创新精神的投资理念,它鼓励投资者从长远的角度去思考和决策,以实现投资的最大化收益。

如果要把思维分成两种的话,那么一种是过去思维,另一种是未来思维。过去思维采用归纳法将今天与过去做简单的类比,在思维上充满历史的惯性,今天是十年前的十年后,这是过去思维;未来思维是用多元思维模型去推理演绎未来会出现什么,今天是十年后的十年前,这就是未来思维。

但很遗憾的是,大多数股民是过去思维,他们只能看到过去十年期间发生的事情,只能看到过去十年经历过的或者看到过的那些生意模式或投资机会,看不到新技术赋能,模式创新带来的新制造、新商业和新服务的投资机会。于是,很多人把今天当成了十年前的十年后,以过去十年的既得经验和惯性思维做投资,在中国 A 股,非常多的股民和基金经理处于这样的路径依赖状态。

二、以终为始

过去、现在与未来,这是一个哲学命题,今天是十年前的十年后,还是十年后的十年前,如何使用好金融时间的时刻性和次序性来做投资,这是值得每一个股民思考的时间哲学。站在历史的长河研究发现,人类发展过程中所有拿到大结果的人,都是有时间哲学的,且远远高于同一时期一般人的时间哲学;无论是释迦牟尼的缘起性空,还是克劳修斯的物理学最著名的熵增定律,无论是牛顿的经典力学还是爱因斯坦的相对论,时间哲学都是做人做事的第一要务。做人要活在当下,但做投资要着眼于未来,植根于未来思维,从未来倒推来做今天的投资,以终为始。

今天是由过去决定的,还是由未来决定的? 这是一个有趣的哲学思考,答案当然不是过去决定今天,而是未来决定今天。亚里士多德有这样一个比喻:一块石头,看上去和另一块石头没有区别,但是雕塑家选好的石头就已经不叫石头了,那叫"还没有完成的雕像"。亚里士多德以雕塑家的石头为喻,道出了未来思维,也道出了选择的哲学。一块普通的石头,在被选中的过程中,在雕塑家的大脑世界中,拥有了成为美轮美奂或极具思想力作品的潜能。

同样,投资者在中国 A 股 5 000 多只股票中寻找那块原石,期待其价值的蜕变,给投资者以出色的投资回报。投资者也能如雕塑家一般,面对繁杂的市场资讯去洞察未来,以金融时间的哲学,分辨出那些潜藏成长性的股票,基于中美"科技＋向善"这样的假设,在新质生产力中那些未来安放灵魂的地方,基于长期主义找寻投资机会,甚至可以不关注当下如何,看重其未来的演变和可能。通过观察文明和文化的走向、人类发展的趋势、技术的演进和国家的意志,结合产业周期和股市自身周期来确立投资方向。这需要一种超越表象的强大洞察力,穿透市场的浮躁,洞察企业所处的产业前景和本质,以及其在产业中的头部属性,甚至可以在未来出现赢家通吃。

三、用未来思维选股

在投资圈流行这样一句话,"产业投资是最好的价值投资",寻找即将到来的风口产业。2010年国庆节,我参加在成都举办的首届移动互联网大会,在与全球投行的交流中发现,2010年移动互联网的PE、VC规模显著增长,单一项目规模和融资规模总量比2009年有10倍速增长,我知道当一个产业在某一维度出现10倍速增长,投资机会就出现了。因为一级市场的募投管退的周期一般是3~5年,一级市场开始出现10倍速的增长意味离二级市场表现的时候不远了。于是我加强对移动互联网技术和产品的研究,最终在2013—2015年的牛市中找到了3只10倍速以上的牛股,也是那波行情最大的牛股。

股民选股与雕塑家选石头相类似,股民必须明白,不是每块石头都能被雕琢成精品。我们的投资用未来思维去开启时间盲盒,成功的概率要大得多,但难度也是有的,对投资者的要求会更高。从2017年开始深度研究AI方向,因为有长期观察和研究的积淀,在文明文化层面已经认识到一个新的文明会伴随AGI的到来,在2022年年初我写过《从文化去寻找价值》的文章发在朋友圈。

股市过去20年投什么?未来20年投什么?这是文化决定的,今天题目是《从文化去寻找投资价值》。西方哲学为什么有三个基本追问:我是谁?我从哪里来?我要到哪里去?为什么中国哲学没有这样的追问?西方哲学发源于古希腊,环地中海地区,几千年来那里是一个什么地方?那里是人流动性极强的地区,生存是第一需求,于是产生了哲学的追问:我是谁?我从哪里来?我要到哪里去?中华民族的聚集地是一个超级稳定的地方,东西南面都有天然屏障,北边不稳定就修了一个围墙——长城,所以中国人不追问,也不用追问,只管过好自己的日子,几千年里国家只换皇帝,老百姓该怎么生活还怎么生活,所以中国人的哲学是人生哲学,归纳起来就两个词:身定与心安。

什么是身定?有吃有穿有住。所以现在农村人有了钱就修房子,城市人有了钱就买房子,然后住在房子里面喝酒、吃肉、过日子,生病了吃药……改革开放的红利使得过去20年中国人可以最大限度地满足身定的人生哲学。于是房子、家电、酒、药、保健品就好卖,成就了过去20年的股票投资机会。中国人的人生哲学五花八门,但主要还是现实哲学,尽管有高级的"为天地立心,为生民立命,为往圣继绝学,为万世开太平",更多是及时行乐的"对酒当歌人生几何""各人自扫门前雪"。在过去20年解决温饱和小康以后的中国人身定基本满足的情况下,未来20年该考虑心安的哲学问题了,心安的哲学问题归为"百年未有之大变局"。

为什么要搞跨周期?跨的是什么周期?如果再过10年左右,中国成为世界上经济总量最大的国家,还怎么跟随美国主导的周期?跟随已经不可能了,过去几十年,在美国主导的经济周期里面,中国人用跟随的方式获得了很大的红利,未来的红利从哪里去拿?不强大的富裕只可能是一只待宰的肥猪,中国只有做强,创造一个由自己主导的新周期,并享受这个大周期的红利,这叫心安。顺便提一句,八国联军进北京的历史,过去几年特朗普和拜登对中国的打压,本质上是新周期的领导权问题。做强才能心安,这是中国哲学。

未来的红利到哪里去拿？人类正在进入智能文明，新文明要来了。在新周期里面，只有科技创新才是解决心安问题之道，所以科技创新有源头技术的那些公司，值得我们长期关注和投资。这是未来20年的投资机会。

——2022年1月12日

2022年11月3日，我做了人生中首次直播，那次直播的观众基本都是专业人士，我直播的时候先回顾了我的成长过程，关于未来投资方向，谈到人类正在走向智能文明，人工智能能产生巨大投资机会，一个半小时的直播内容，得到了很多关注，现在都还可以在我的视频号直播回放。实话实说，那时候大量的基金经理还在关注消费和新能源。于是2023年和2024年的投资收益在彼此之间就大相径庭了。在2023年我还建了一个微信群，群的名字就叫"未来十年"，以此寓意AI的长期机会，寓意亚里士多德说的雕塑家的石头。所以，我想告诉亲爱的读者，今天不是由过去决定的，而是由未来决定的。你们看到的有关石头的哲学问题，其实是投资问题的价值观和方法论。哲学是可以用来寻找投资标的的，皮囊与灵魂何处安放，投资的资本就何处安放。现在的一些人左也不是右也不是，不知道何处安放，做股票也是东一下西一下。

古董收藏是向过去看价值，从历史的文化中寻找逻辑的蛛丝马迹，而股票投资立足未来，是向未来科技创新找寻逻辑和价值。在目前这个寒冷的转型期，我已经看到了那个未来，我愿意把效率游戏比喻成春节的焰火，绽放于人类璀璨的夜空中，吸引全市场的瞩目。股票投资是时间的哲学、价值的哲学和条件的哲学，是立足于未来的思维。希望你在读完这本书后,以面向未来的全新认知,基于效率游戏这个条件,能建立起预判价值的框架;以面向未来的全新认知,重构新的价值模型和时间模型,优化你的信息系统、模型系统和交易系统。你可以与作者一起,迭代股票投资理论,做一次股票投资实践的创新。

第二章　价　值

—— 时间的影子

▲

脱离金融时间谈价值，
脱离时代、时机、周期、时点谈价值，
那样的价值一定是乌托邦。

价值,在工商文明时代是避不开、逃不掉,且必须正视的生存法则。追求价值、获取价值是这个时代的主旋律。

看不透价值,则做不好股票投资。价值是主观的还是客观的,这是做股票投资必须要有的基本假设,对此的认知不同,所用的基本假设不同,那么投资方法会不同,投资策略也会不同,投资结果或许也不一样。在我带过的年轻基金经理、金融专业的硕士博士中,有些年轻人对于价值投资和低 PE 是有一些执念的,缺失更多和更大的维度观价值,这在金融行业初入行的人中,可能是一种普遍现象。

2022 年 9 月,有一位新股民要拜师炒股,他刚入股市两年,还是一个新手,我就问了他这个问题:"价值是主观的吗?"他的回答让我很吃惊,"价值本身既是主观又是客观,价值是客观,衡量是主观"。作为最大的科技公司的前高管,在认知方面的素质是很高的,基本能看清价值的本质,回答显然没有金融科班出身的人的着相。我在肯定以后告诉他,价值还是有条件的。因为价值是主观的和有条件的,所以你才能在恐慌的时候以低估值买到别人的股票,然后在人声鼎沸出现巨大泡沫的时候,把股票卖给别人。在熊市和在牛市的条件下,对于股票价值的判断完全不同;在熊市和牛市尾声的时候,估值差距是巨大的。价值是股民主观的判断,并且股民做出这样的判断是基于牛熊市的条件。

只有看透价值既是主观的,又是客观的,还是有条件的,透彻地理解价值才可以做好股票投资。基金经理和年轻的大学生经过了经典理论长期的"洗脑",基本上都走向价值投资,或者正在价值投资的路上;对于赛道、技术壁垒、护城河、净资产收益率、渗透率、估值等维度都有一些分析套路,但一知半解,定义价值投资就是买入低市盈率的公司,他们认为这就是有价值的,可以长期持有,并把这称为长期主义。当做出如此定义的时候,投资人若不考量行业特点和行业趋势这个条件,单一看重低市盈率的话,就有可能陷入一个巨大的价值陷阱。价值陷阱最有代表性的就是周期性行业和衰退性行业,若是周期性行业,低市盈率的时候是估值的高点,应该卖出而不是买入和持有,若行业趋势下行,利润出现持续下滑,市盈率则会越来越高,估值会不断地缩水。从低市盈率的一个维度观价值,不考虑行业这个条件,不考虑金融时间,容易陷入着相的状态中。

再举一个例子,可以看出中国的基金行业还不成熟,并不能很好地理解和运用"价值是有条件的"这个法则。2008年美国出现了次贷危机,引发金融海啸波及全球,那一年,时间是有毒的,时间毁灭了巨大的财富。中国的股市也从6 124点跌到了1 664点,跌幅高达72.8%,茅台的股价也是同步的跌幅,当时价值投资在中国刚刚兴起,很多基金经理相信"时间的玫瑰",相信价值投资就是买入有长期价值的公司并长期持有,因此那年遭遇了空前的损失,也为此付出了代价。显然,观价值一定要考量市场环境这个条件。

年轻的基金经理只要一讲到价值,就会联想到价值投资、企业的内在价值,就会联想到茅台、很多的消费大白马,就会聚焦未来现金流。这样的认知也不算有问题,但狭隘了,其实价值的内涵远远大于这些,本章从更大的时空和更多的维度来讲价值的内涵和外延。

第一节　主体与客体

一、什么是主客体关系

主客体关系是一个哲学话题,是认识论和存在论的基本问题,它涉及主体(Subject)与客体(Object)之间的相互关系。在不同的领域和思想体系中,主客体关系有着不同的解释和理解。它不仅涉及认识和存在的关系,还涉及实践、社会结构、历史发展等多个层面。在不同的领域和背景下,主客体关系的具体表现形式和内涵也会有所不同。

你是不是很怕哲学?但如果我告诉你,你多年来只能做研究员而不能升职到基金经理,或者你已经是基金经理,但你的价值投资效果并不太好,或者你是一位普通股民,炒股总是被割"韭菜",或许就是因为你对股票投资中的主体与客体还缺少那么一点认识。我们以金融时间为主体,金融时间即价值,颠倒一下传统思维,将价值作为客体,这时候价值反而就清晰起来。要弄懂主体与客体两个概念其实并不难,认识股票投资中的价值,就从认识主客体开始。

二、主客体关系的本质

《断章》是一首著名的现代诗歌,由卞之琳于1935年创作。

　　　　你站在桥上看风景,
　　　　看风景的人在楼上看你。
　　　　明月装饰了你的窗子,

你装饰了别人的梦。

这首诗以简洁的语言和清晰的意象,以主客体关系来表达了情感体验,被誉为中国现代诗歌的经典之作。这首诗如一石击水,投入过许多少男少女的心湖,并激发出读者感受的层层涟漪,好评如云,皆因诗作者深谙哲学之道的主客体可以合一。

你站在桥上看风景的时候,你是主体,风景是客体;看风景的人在楼上看你的时候,楼上那个看风景的人是主体,你是客体。主体与客体关系的转换以及主客体合一,带来了回味无穷的奇妙的情感体验,这是很多读者喜欢这首诗的原因。

是否懂诗歌对于股票投资来说一点都不重要,我只希望你读懂主体,如果再进一步,明白主体客体关系就更好了。若洞悉主客体合一,离成为明白人也就不远了,并以此起步通往大师的境界。那么具体怎么做呢?有一个简单法门:把客体变主体,主客体颠倒来看,用大白话说,就叫换位思考。

人终将因为年龄等条件的变化,活成让自己曾经讨厌的样子。人性是很难变化的,但视角是可以变化的,很多原本看不清楚或者想不明白的事和物,当我们换位思考,问题也许就能迎刃而解,价值也就清晰可见。

在股票投资的价值与时间这两者中,时间是可以作为主体的,时间也是可以作为客体的,于是形成了不同的投资流派。以时间为主体研究市场情绪面,产生了炒股养家等一批中国A股优秀的游资大师。以公司基本面作为主体研究价值,产生了价值投资的标杆——巴芒大师组合。

一些研究员和基金经理以公司基本面为主体,却孤立静止地看价值,也没能做好股票,他们以价值投资的理论做股票,却没有区分清楚,价投的模型系统与行动系统的主体不同,且有巨大差异,没获得很好的投资收益是有原因的。如果你是一位基金经理,当你处在这样的情况,我提醒你一下,如果能够颠倒一下主客体关系,模型系统以时间为主体研究价值,价值往往就豁然开朗了,价值就清晰了,价值投资就好理解和运用了。

老子的《道德经》说,"道生一,一生二,二生三,三生万物"。除了道,其他的事物都是时间派生出来的,因此,没有脱离时间的正确的事,只有在正确的时间做正确的事。在人类社会,把时间作为主体是相当靠谱的,所谓的天时地利人和,天时排第一。

"明月装饰了你的窗子,你装饰了别人的梦"诗中这两句是在讲,你与别人已经合一,明月与你已经成为一体。当你明白主客体合一,就能在诗中体味妙处。我们再回到股票投资中,价值与时间是可以合一的,你也能因价时合一体味妙处,在金融时间中寻得价值,在价值中陪伴金融时间,将价值与时间形成一个组合。

价值观是金融时间即价值,以时间作为主体,而方法论是价时合一。价投者若看透了时间这个主体,就能选到更优质的股票,找到更好的买卖点,能更合理地防范金融时间的风险。一般的游资若看透了时间这个主体,还能继续提升投机的胜率和效率,进入一线游资行列。

三、价值投资者的主体

如果你多年来只能做研究员而不能升职到基金经理,这一节对你很重要。你以公司基本面为主体却孤立静止地看价值,比如地产处于下行周期,你还在研究地产股,说某家地产公司基本面如何被低估,老板看了你的报告无动于衷,你知道你错在哪里了吗?时间是单向的,价值随时间而改变,在股票市场,不同的时代有不同的价值判断。一定要无条件重视产业、市场牛熊等要素趋势的力量,价值随趋势而改变,时间可以创造价值,时间也可以毁灭价值,这是两者的辩证关系。

股票投资有两种思维:一种是投资于股票所在公司,买股就是买公司;另一种是投资于股价波动,其实是投资于时间。优秀的游资是后一种思维,当游资投资于股票价格波动,在时间与价格的主客体关系中,时间是主体,这个容易理解。而不容易理解的是价值投资的主体问题,价投的主体比较复杂。

沃伦·巴菲特在做投研的时候,是以公司基本面为主体的,简单地说就是研究未来现金流的折现。巴菲特等一众价值投资者会说一部分他们的模型系统,但是很少会谈及行动系统,基本不会说他们是怎么做交易的,因为这是他们的商业机密。

我们能知道的巴菲特的行动系统仅寥寥数语,"在别人贪婪的时候恐惧,在别人恐惧的时候贪婪",讲的就是价投者在行动系统中要以时间为主体,在派发阶段和吸筹阶段要以时间为主体研究市场情绪。很多股民和年轻基金经理并未理解派发阶段以时间为主体的哲学,反而在别人贪婪的时候,自己也贪婪,在别人恐惧的时候,自己也恐惧。

比如2021年年初,很多基金公司在市场高潮的时候狂发基金,数百亿规模的单只基金发行一日售罄,可见当时市场的疯狂程度,然后他们用这些钱把那些消费白马股买在贪婪主导周期的疯狂+顶部阶段,但当时他们都以为做的是价值投资。无视疯狂,在高位以价值投资的名义买入股票,仅过了两三年,基金经理就知道自己对价值投资的理解误入歧途了。他们的行为如果做一次复盘,反思下来就是,他们并未理解在派发阶段应以时间为主体,在疯狂中应做出卖出动作,不可在别人贪婪的时候自己更贪婪。他们混淆了投研阶段与派发阶段的主体不同,混淆了模型系统与行动系统的主体不同。这里必须强调一下,做投研的模型系统与交易的行动系统有所不同,因为在这两个系统中关注的主体不同。在价值投资的模型系统中,公司的基本面是研究的主体,是最重要的部分,在交易中,时间转换成为主体,成为最重要的部分。但有一些股民和基金经理在学习和运用价值投资的时候,天真地以为投资于股票的公司基本面,未来现金流折现的模型系统就是价值投资的全部,忽视了行动系统,忘记了金融时间的风险属性,不知道在交易中将时间转换成主体。价投者一定要清楚这些内容,才能看透游戏。各位看官,看到这里是不是有人已经汗流浃背了,或者已经掩面哭泣。不可否认的是,只有好的模型系统而没有好的交易系统,是无法实现股票投资长期增值的,有些基金经理甚至因此身败名裂。

沃伦·巴菲特"在别人贪婪的时候恐惧,在别人恐惧的时候贪婪"所讲的道理,具体解释就是"视之如珍,弃之如敝履"。有时人们会把某些东西视为珍宝,而在另一些时候将其抛弃,如同丢掉一双破旧的鞋子,这就是价值判断,是基于时间作为主体做出的价值判断,从价值观的角度来看,它揭示了对价值判断的相对性和变动性。在不同的时间和环境条件下,相同的事物可能会被赋予截然不同的价值,这是理性,是金融投资中必须有的理性,所谓的在商言商亦是如此。沃伦·巴菲特买股持股的时候"视之如珍",卖出的时候"弃之如敝履",就如同中国某些企业家卖公司时候所言,"当儿子养,当猪卖",这不是无奈,这是理性。各位看官,您修行到"视之如珍,弃之如敝履"的理性了吗?

"天地不仁,以万物为刍狗,圣人不仁,以百姓为刍狗。"这是天地运行之道,也是股市运行之道,股市只是换了一种语言方式表达"在别人贪婪的时候恐惧"。以模型系统做研究可以爱上股票,但在以行动系统做交易的时候不要爱上股票,买的时候的确"视之如珍",但卖的时候必须"弃之如敝履",这是价值投资的行动要点。交易的时候,行动系统与模型系统的主体切换是一种能力,能切换自如才是一个合格和优秀的基金经理。可很多基金经理不能很好地切换,因为这种切换会让很多人出现认知失调。如果过不了这一关,投资能力就不能真正达到专业水平。

当我们把时间定义为投资的主体后,投机和投资就变成了一回事儿,都是投资于时间,只是持有周期长短的区别。各位看官,投机和投资是一回事儿,这可能是很多人没想到的,您若想按照股市之道来看透、做到,就必须以金融时间作为主体。

股票投资中,当我们把金融时间作为第一性,以金融时间为主体,那么时代贝塔就价值凸显了,在价投中选股的很多困惑就消失了,不同的时代有不同的贝塔,因为以时间为主体,可以避免思维惯性。你不再容易看到买完不涨的股票,时代的贝塔就可以成为我们择股的导向。当我们颠覆了传统价投的思维改变了主体,价投中的很多迷茫和尴尬也就消失,价投的成果就出来了。

畅销书《黑天鹅》的作者纳西姆·尼古拉斯·塔勒布,是真正理解了时间有毒的高手,他的书是以时间作为主体来探究投资的,并以时间为主体建立交易策略,也因此拥有了反脆弱的能力。他的杠铃策略,让他在有毒的时间里获得美味,获得了2008年金融海啸中的巨大收益。如果你是基金经理,又想成为其中的优秀者,时间主体的概念是需要学习和进化的。塔勒布的投资策略刚好印证了我在"未来十年"群公告中的那句话:"一些人眼中的最坏时期,可能就是另外一些人眼中的最好时期,他人的砒霜可能就是你的美味,历史总是这样重复的。"时间有毒,怎么强调都不为过,永远记住金融时间在创造与毁灭的钟摆两端之间运行。

四、游资的主体

投机其实就是投资于时间提供的机会,在短周期上面开时间的盲盒。当出现社会热点、政策热点、产业热点和产品热点溢出到股市,带来情绪周期、板块赚钱效应,游资会第一时间立马入场,选择主观认为有 $30\%\sim50\%$ 向上空间的标的去博弈收益,当情绪出现退潮则立马跟随而动,结束游戏,赚了多少与赚没赚都没那么重要,知止,然后再等待和寻找下一次博弈机会,这是游资的打法。可见游资是以时间作为主体的,股票代码只是一个获取价差的载体。

游资的投机由于周期短,开时间盲盒的成本很低,相反价值投资开时间盲盒的成本却极高,因为价投在持有比较长的时间以后才知道对错。由于游资开时间盲盒的成本低,投机的时间极短,这就带来了游资的优势,资金周转率高,容易控制金融时间的风险属性,更容易产生复利,因此游资是用了一种效率最高的方法。我们是最追求效率的民族,所以游资的方法在中国 A 股这个市场长袖善舞,也算中国 A 股的一个风景,也是一个特色。

最近几年,机构量化策略迅速崛起,机构通过量化交易,也在加快操作频率,但是它的效果往往不如一线游资的效率好,这中间是有道理的。风起于青萍之末,行情初起,小荷才露尖尖角之时,游资可以主动点火、接力、打板,而机构量化往往只是跟随,它们之间在有些时间是共生,有些时间是对杀,形成了互为对手盘,而短线往往是先手吃后手,主动吃被动。游资可以采取主动策略杀量化交易盘,机构的量化策略如不能主动去适应和迭代算法,则往往显得被动。但"魔高一尺,道高一丈",在博弈的游戏里面,参与游戏的资金都在迭代算法,近年来,新生代游资们如北京炒家等也在吐槽:市场上机构量化策略主导的机器人程序交易越来越多,导致游资原来的打法越来越难做。量化策略的不断迭代,游资的策略也被倒逼着升级和进化。

不管你是游资以时间为投资主体,还是机构以标的为投资主体,目标都是一致的,获得资本的增值是你的使命。有一个有趣的现象:当游资成为阳光私募基金的机构以后,由于资管规模的增大,收益率大幅下降。

统计表明,游资规模在三四千万元的时候效率是最高的,资金规模成了游资风格的阳光私募基金机构的天敌。于是,有人就开始转型,主动寻找新打法、新模式,有的人转型去搞价投,但转型建立新的系统相当困难,因为需要完全更新信息系统、模型系统和行动系统。

在这样的情况下,甚至有人不得已去搞内幕交易,犯下大错。

有些游资出身的阳光私募基金经理,成为机构以后,就放下了曾经熟悉的时间主体,放下了以时间为主体来创造价值,选择让标的成为主体,以标的为主体来创造价值。此后,如同绣花女干上了建筑工人的活,苦不堪言。如果您是游资出身的阳光私募基金经理,看到这里是不是感同身受?

五、追问

前些年,网络上总是看到这样一段话:"是老人变坏了,还是坏人变老了?"这既是一个社会问题,也是一个哲学问题。是以时间为主体,还是以道德好坏为主体的问题呢? 如果以时间为主体,就是坏人变老了;如果以道德为主体,就是老人变坏了。再过 30 年,当现在的年轻人变老了,未来恐怕会有这样一种价值判断和追问:"是老人没用了,还是没用的人变老了?"到时候大量的人都在"无用阶级"里面,大概率可能出现这样的价值追问。不管什么时代,人类永远都不会停止关于主客体的追问,同时,也有不少的人理解不了主客体合一。

下面用一段师徒对话,来诠释股票投资的主客体合一如何影响我们的投资心态和投资结果。

徒:"老师,最近我感到心态非常积极,这主要归功于两方面。一方面,我的认知和判断能力有所提升;另一方面,我的心态变得更加端正。过去,我总是过于关注结果,比如期望涨幅达到多少。然而,经过这段时间的修炼,我不再过分看重结果,而是更专注于过程。虽然我设定了目标和预期,但并未过分追求,而是将注意力集中在做好过程上,如在AI方向与美股对标的分析判断以及合理的买卖操作。这样,我的心态就得到了显著改善,我认为这是近期的一大进步。这种投资心态实际上是投资的一项基本技能,我以前心态较差,涨时会飘飘然,跌时会感到恐慌。现在明白这种心态随市场波动是非常不利的,会影响投资判断。财富是上天或市场的恩赐,我们能做的就是尽力做好过程,我认为这应成为我的坚定信念。"

张诚:"投资是主客体合一的过程。你提到的关于心态控制和管理,正是从主体角度出发。我们在股市中的收获确实都来自市场,因此专注于过程非常重要,这有助于我们更好地管理主体,管理好心态,做好守正出奇。从主体的角度出发,你所讲的我都很认同,而客体方面,也要重视本源性和规律性,股票投资就是要寻找这些本源和规律,寻找底层逻辑。世界是按照逻辑运行的,现代科学也是在寻找并解释这些逻辑,相信科学就意味着我们必须有这样一个认知,世界是按照本源和规律在运行的。同样,股市也有其运行的逻辑和规律,而我们的这本书正是探讨股市运行规律的。按照股市的运行规律,当前康波周期已进入AI推动效率,效率带动经济增长模式的酝酿阶段或者说初期阶段,在这一阶段中,我们可以依靠AI逻辑来获取价值链上游的'大红包'。因此,股票投资需要同时关注主体和客体,既要管理好我们作为主体的心态,也要根据客体的规律行事,你找到了AI价值链的底层逻辑,便是你最近能做到合一的关键所在,好的投资结果自然呈现出来了。"

第二节 时间盲盒

一、小时候的梦想

金融时间是一个盲盒,投资者的每一次投资其实就是在拆一个盲盒,寻求价值,获得资本的升值和实现自己的个人价值,提升自己的社会地位,而贯穿我们的投资生涯,是持续地拆一个又一个的时间盲盒。因此,要做好股票投资,从时代的贝塔出发,事先做盲盒内核的预判就有了重要意义。

不管你是一位普通股民还是一位基金经理,大部分人由于看不到盲盒的内核,获得的是间歇性奖励,而非持续性奖励。间歇性奖励就是有时对、有时不对,有时有、有时没有,如同百家乐一样玩概率游戏。正因如此,大部分人对其欲罢不能,因其激发了我们基因深处那股不服输的劲头。然而,我们一定要记得一点,股票投资中开启盲盒,我们是为追寻持续性的奖励而来。

时间盲盒打开以后有各种可能性,或铜板或黄金或泥沙或刺钉或毒蛇或黑熊,拆开以后或许是惊喜、或许是惊吓,也或许是迷茫……有的已开启,有的在开启中,有的待开启……

二、盲盒思维

每个人因为各自条件不同,股票投资的价值观就不一样,看到的本质都是不一样的,本书认为股票的本质就是在时代的贝塔中找到能持续提供价值和成长的优质公司,记住一个必要条件,必须在时代的贝塔中寻找。

如果你是一位基金经理或者是一位职业股民,很多股票前辈告诉过你,不要去预测,不预测是因为他们没有预测的方法论和预测模型,当你有预测的本事,就要先开启时间的盲盒,预判和度量盲盒的内核,观察康波周期的驱动力、经济的时刻性、产业的时刻性、股市的时刻性、猛犸象拐点……总能观察到一些底牌。因此,不是不做预测,而是要提升预测的能力。如果升维站在文明和文化层面,站在社会学定义的集体游戏的角度,以系统性思维和未来思维思考,去预测时间盲盒的内容,预测时间盲盒里大概率藏着些什么投资标的和趋势拐点,这就是盲盒思维。

中国的传统文化"天时、地利、人和"中,把"天时"也就是时间放在第一位,把时间作为第一性,也是把时间作为主体,这是有深刻哲学道理的,展示了中国人的哲学智慧。而来自西方的现代人文科学的管理学已经迭代到"正确的时间做正确的事",也是把时间作为主体;可是,同样来自西方的现代金融投资理论偏偏没有迭代,经典的价投理论依然强调,首先选择寻找正确的事,寻找好的资产和好的生意即价值投资的标的,然后绑定时间,再把事作为主体、时间作为客体。时间不放在主体位置的价投让人云山雾罩的,什么是"好的资产和好的生意"?基于什么标准?传统价投模型容易学习却不易运用,有表无里,好看不好用。本书认为,脱离了时间谈价值,脱离时代、时机、周期、时点谈价值,那样的价值是乌托邦。

要想比别人的投资做得更好,首先就得要解决认知的问题,认知层次决定股票投资的成功概率和投资收益的效率,如果没有盲盒思维,那你的股票投资还在摸索中不得法。提升认知就要提高思考的宽度和深度,而时间作为投资维度中的最重要一环,有没有盲盒思维能力,对投资和投机的成败具有最直接和决定性的作用。若站在金融学和交易所的维度做价值投资,是无法预先打开时间盲盒的。

三、盲盒游戏

让我们做个类比,以帮助你更生动地理解时间盲盒的概念。你可能去过或者带孩子去过商场中泡泡玛特的玩具盲盒店铺,如果没有的话,想想你小时候买干脆面集小虎队旋风卡游戏,与开盲盒是同一个道理。

接下来,一起感受一下玩具盲盒的购买过程和拆开时的体验,聪明的你马上就会明白为何人们对这个游戏会乐此不疲。尽管两者过程、表象、情绪价值都很类似,但必须注意股票这个时间游戏充满巨大风险,股票开时间盲盒与开泡泡玛特的风险属性完全不同,因此,股票中的盲盒思维就尤其重要了,股票是可能损失财富、降低社会地位的游戏。

(一)玩具盲盒的购买过程

1. 选择盲盒

顾客在商场的玩具店前驻足,面对着一排排色彩缤纷、包装精美的盲盒。每个盲盒的外观设计都充满了吸引力,但顾客并不知道里面装的是哪一款玩具。

2. 决策时刻

顾客需要根据盲盒的外观、系列主题、价格等因素做出选择。这个过程充满了不确定性,就像投资者在决定投资哪只股票或基金时,需要分析各种信息一样。

3.购买决策

顾客最终决定购买一个或几个盲盒。他们可能会基于直觉、个人喜好或对某个系列的偏爱来做出选择,这与投资者基于市场分析、公司前景等因素做出投资决策的过程相似。

(二)体验高光时刻

1.拆盒前的期待

顾客在拆盒前充满了期待和好奇。他们想象着可能获得的玩具,这种未知的惊喜感与投资者在等待投资结果时的心情相似。

2.拆盒过程

顾客小心翼翼地打开盲盒,就像打开一个未知的世界。这个过程充满了紧张和兴奋,顾客对即将揭晓的玩具充满好奇。

3.揭晓时刻

当玩具从盲盒中露出真容时,顾客可能会有以下几种反应:

第一种是惊喜。如果得到的是他们期待已久的稀有款式,顾客会感到非常兴奋和满足,这类似于投资者在获得丰厚回报时的喜悦。

第二种是失望。如果得到的是他们不太喜欢的款式,顾客可能会感到失望,这与投资者面临亏损时的心情相似。

第三种是淡定。有些顾客可能会对结果保持淡定,因为他们享受的是拆盲盒的过程,而不是单纯的结果,这与一些成熟的投资者注重投资过程和经验积累的态度相似。

(三)为何会上瘾

1.分享体验

顾客可能会在社交媒体上分享他们拆盲盒的体验和得到的玩具,

这与投资者分享自己的投资经历和心得的过程相似。

2.交流与交易

顾客之间可能会交流拆盲盒的心得,甚至进行玩具的交换或交易,这类似于投资者之间的交流和市场交易。

3.在日常生活中体会复杂情绪

顾客在拆盲盒的过程中体验到了期待、紧张、兴奋、惊喜或失望等情感,这与投资者在投资过程中的心理体验非常相似。人们在面对未知时往往会有好奇心和征服欲,在揭晓结果以后又会有迥然不同的反应和态度,无论是尽如人意还是不如所愿,你都有前赴后继地玩下去的冲动,因为渴望拿到奖励。这就是时间盲盒的不确定性和间歇性奖励特性带给我们的启示。

四、过去20年的盲盒

2005年,如果你能看到中国的城市化和工业化这两大经济新引擎带来的房地产和煤炭有色这些产业机会,那么你在未来三年获得几十倍收益是完全可以做到的。

2012年,如果你能看到移动互联网产业的机会,那么在你未来三年寻得十几倍的股票是完全有机会的,而那一轮是杠杆牛,HOMS系统提供了杠杆,因此那一轮牛市中获得50~100倍收益是有机会的。

2019年,如果你看到了新能源汽车的机会,上游锂电池行业的众多股票在后面三年也有十倍的机会。

不做事后诸葛亮,我们可以面向未来,我们有未来思维,我们能看到AI推动的新康波周期,能看到由此带来的效率游戏,我们有能力用十年后的十年前来看今天。

做预测,必须得提高思考的宽度、深度以及知识密度,建立总量在成百上千的知识模型和数十个思维模型,通过预训练建立超级直觉,才有能力预先打开时间盲盒。预先做预测的价值判断是有很大难度系数的,需要跨学科的知识结构,需要第一性原理、系统思维、未来思维、批判性思维、白骨观和风月观思维、多元思维模型等来做有力的支撑。

那么,究竟该怎么培养这个能力?

第三节 预测与价值

一、科学预测

预测是一门严肃的学问,是研究如何基于现有信息和数据,通过科学方法和统计技术来预测未来事件或现象的学科,广泛应用于经济学、金融、气象学、市场研究、人口统计学等领域。它涉及对历史和当前的数据进行分析,以识别模式、趋势和关联性,进而构建模型来预测未来的发展趋势。在预测学中,常用的方法包括时间序列分析、回归分析、机器学习算法、专家系统等。例如,在金融市场中,投资者利用回归分析等工具来预测股票、债券和其他金融工具的未来价格变动。在气象学中,科学家们使用 AI 工具,运用复杂的数学模型和大量的气象数据来预测天气变化。

尽管预测学提供了强大的工具和方法来进行未来预测,但它并不是绝对准确的。所有的预测都存在不确定性,因为它们依赖于模型的假设和输入数据的准确性。因此,预测结果通常伴随着一定的置信区间或概率分布,表明预测的可靠程度。预测学的目标是提高预测的准确性和可靠性,帮助决策者做出更明智的选择。

我不想在书中放入复杂的金融公式,我希望在这里与你讨论投资的哲学,讨论如何运用知识模型以及思维模型做预测,讨论如何将哲科思维运用于股票投资决策,以及讨论以盲盒思维＋"超级直觉"做出预测的价值和意义。预测的本质是一种价值判断,有一种叫"超级直觉"的工具,它可以帮助我们评估未来的市场趋势或动向、价值所在,以及寻找趋势的转折点,这些都可以归入金融觉悟。

在股票投资的世界中,预测是必要的,它几乎是一种生存的法则。正如古人云:"预则立,不预则废",如果我们翻翻词典,会发现与预测相似的词汇有"未雨绸缪""居安思危""思则有备""有备无患""防患于未然""安全第一""预防为主、防消结合"等,这些都是强调预见未来可能发生的情况并做好准备的智慧。

对于投资者而言,关键的问题是明确哪些因素是可以预测的、哪些是不可预测的,以及如何进行有效的预测。

我对水有着特别的情感,近年来,我几乎每天都会去观水,同时也观察人们垂钓,从中我也领悟到了一些股市钓鱼的道理。这个习惯已经保持了很多年。我曾经遇到一个经验丰富的钓鱼老者,他能够通过观察鱼漂的振动频率和拉伸的角度,判断出鱼的种类和大小,准确率极高,这与我们看股市图表很类似。

在钓鱼的世界里,有一种叫做路亚的钓鱼方法,它是专门用来捕捉攻击性鱼类的。这种方法使用假饵来模仿小鱼或其他水生生物的游动,从而吸引大鱼上钩。这种技巧源自西方,现在在国内已经被钓友们广泛应用。股市中也会出现类似的情况,有时候会突然出现一只没有明显的贝塔逻辑或板块效应的股票,它会突然大涨,甚至拉涨停。一些经验不足的股民在这种情况下可能会盲目跟风,结果往往是被套。因此,我们不能一看到诱饵就冲动行事,而应该冷静下来,进行风险评估和预测,风险系数实际上就是一种价值判断,这是盲盒思维。

股民进入股市的目的是赚钱,都希望能够钓到几条大鱼。然而,现实往往是残酷的,很多人因为被假象所诱惑,最终反而成为别人钓钩上的鱼。有一个懂钓鱼但不太懂股市的朋友曾经对我说:"路亚是用来钓黑鱼和翘嘴鲌这类鱼的,就像股市中突然冒出一个涨停板,我追进去,结果第二天就发现自己被困在了黑暗的坑里。"这句话深刻地揭示了股市中盲目跟风的风险,提醒我们在投资时必须谨慎,不可轻信表面的繁花,运用盲盒思维深入分析预测,有无明显的贝塔逻辑或板块效应,做出价值判断。

二、哪些可以预测——充分的准备

在股票投资中,预测是一项复杂而微妙的任务,涉及对市场动态、公司表现、宏观经济状况以及投资者心理等多方面的深入理解。为了更好地预测,我们需要对拟投资的标的进行充分了解,在传统的价投理论中我们梳理了以下一些准备工作,这里做得越充分,预测的准确性就越高。

(一)公司基本面

通过研究相关公司基本面情况,主要包含财务报表、盈利能力、管理团队、市场地位和产品竞争力等方面信息,较为清晰地掌握拟投资公司各方面情况,做到知己知彼,不懂不碰。从业者大多应该有自己的基本面分析框架,对这一套分析应该是轻车熟路的,如果你是初入行的小白,这类书籍在市面上很多,比如唐朝的《手把手教你读财报》就写得不错,可以帮助你扫盲。

具体来说,我们首先需要通过研究公司定期发布的报告,同时分析利润表、资产负债表和现金流量表及其勾稽关系,预测公司的盈利能力、财务状况和现金流情况。这里,我们可以通过各类指标来监测公司的资产质量、盈利能力、营运效率。通常,稳定的收入增长、良好的利润率和健康的现金流预示着公司未来的良好表现。

其次,管理团队的可预测性在股票投资中是一个重要的考量因素,因为它直接关系到公司的战略决策、执行力和长期成功。主要可以参考以下一些方面:历史业绩、战略一致性、公司既定目标的执行力强弱、与投资者的沟通透明度、风险管理能力、公司治理能力、道德和合规性情况、为股东创造价值能力等。

此外,公司在其所在行业中的地位、产品竞争优势以及盈利模式的可持续性都是可以进行预测的因素。例如,一个拥有强大品牌、忠实客户群和有效盈利策略的公司,其未来表现通常比那些没有这些优势的公司更容易预测。

(二)宏观经济指标

宏观经济指标对股票市场的影响是多方面的,因为它们反映了经济的总体健康状况,而经济状况直接影响企业的盈利能力和投资者的信心。这些指标往往可以通过政府和金融机构的报告来获得,我自己通常会通过一些软件工具来第一时间捕捉自己想要的数据,再到发布这些数据的官方网站以及券商研究报告中交叉印证和吸收观点。

作为参考,我把常关注的指标列在这里,如GDP增长率、通货膨胀率、失业率、利率、货币和财政、生产者价格指数、采购经理人指数、用电量指数、住房市场相关指数、汇率等,这些对股市有重要影响,需要我们提前掌握历史数据,并通过归纳总结和建立模型的方式来预测。

(三)行业趋势

行业趋势分析关注整个行业的发展方向和速度。这包括技术进步、消费者偏好、竞争格局、法规变化等因素的影响。应重点关注以下几个方面:

1. 行业内技术发展的速度和方向,以及这些变化如何影响产品、服务和市场。

2. 消费者需求的变化,包括他们的偏好、购买力和消费习惯。同时,研究行业产品的供需关系,包括价格波动、生产能力和消费量的变化。

3. 分析行业内的竞争状况,包括市场份额分布、竞争对手的战略和行业内的进入壁垒。

4. 政府政策、法律法规以及它们如何影响行业运营和公司盈利能力。

5. 识别行业所处的生命周期阶段,如初创、成长、成熟或衰退期等。

(四)市场周期

关于周期,有很多知名的模型,比如由美林证券2004年提出的美林时钟(Merrill Lynch Clock),它根据经济增长和通货膨胀的周期变化,将经济周期划分为四个不同的阶段(见图2—1)。

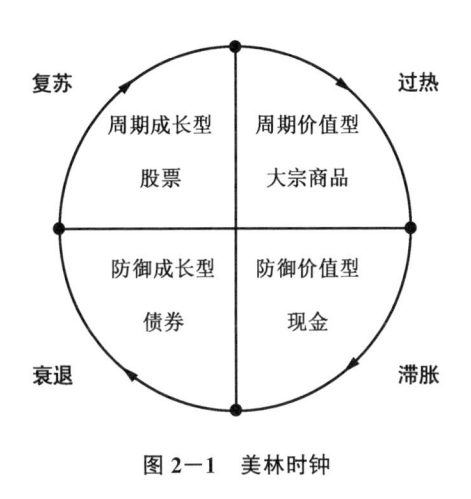

图2—1 美林时钟

1. 复苏期(Growth)。经济增长加快,而通货膨胀率较低。此时推荐资产为股票,因为公司盈利增长,股市通常表现良好。

2. 过热期(Inflation)。经济增长仍然强劲,但通货膨胀率开始上升。此时推荐资产为商品,因为物价上涨,商品价格通常随之增长。

3. 滞胀期(Deflation)。经济增长放缓,通货膨胀率下降,但仍然较高。此时推荐资产为现金,因为政府可能会提高利率以抑制通货膨胀,这使得现金和固定收益投资更具吸引力。

4. 衰退期(Stagnation)。经济增长减缓,通货膨胀率下降。此时推荐资产为债券,因为经济增长放缓可能导致利率下降,从而提高债券价格。

当然,在实际应用中,美林时钟存在一些局限性,比如因为政策干预和市场情绪等不可预测因素,导致周期跳跃或者重叠,尽管如此,美林时钟仍然是一个非常有用的框架,帮助投资者理解宏观经济周期与资产配置之间的关系。除此之外,还有一些大家可能熟悉的其他几个模型值得关注:

康波周期(Kondratieff Wave Cycle)模型。也称为长波或康德拉季耶夫周期,是由俄国经济学家尼古拉·康德拉季耶夫(Nikolai Kondratiev)在20世纪20年代提出的一个经济理论。康波周期描述的是资本主义经济中长达50~60年的长期波动周期,这些周期通常包括复苏、繁荣、衰退和萧条四个阶段。

基钦周期(Kitchin Cycle)模型。这是一种短期经济周期,通常持续3~4年。基钦周期认为,经济波动主要是由企业的存货投资所引起的。在经济下行期,企业的产品积压导致存货上升;而在经济繁荣期,产品供不应求,存货下降。

朱格拉周期(Juglar Cycle)模型。这种周期的持续时间为7~10年,主要由企业设备投资的变化所引起,因此也称为设备投资周期。企业的经营决策通常着眼于中长期,设备投资的增减反映了对未来经济形势的判断。

库兹涅茨周期(Kuznets Cycle)模型。持续时间在20年左右,主要由建筑业的波动引发,根源是人口结构变化。房地产需求与人口变动密切相关,因此库兹涅茨周期通常伴随着一代人的成长和老去。

因篇幅所限,上述几个周期模型,推荐读者寻找相关资料进行学习,股市往往存在周期性波动,历史虽然不会重复,但总会惊人的相似。通过历史数据分析,投资者可以识别市场周期的某些规律,这些周期模型框架往往能成为我们看懂市场的钥匙库,最终为我们形成正确的预测贡献正面的概率。

(五)技术分析

技术分析是一种通过分析历史市场数据(主要是价格和交易量)来预测未来市场趋势的方法。市面上写技术分析的书籍非常多,我推荐读者可以关注道氏理论、威科夫的一些分析逻辑,当然,图形预测往往是锦上添花,切勿迷信。

尽管存在多种分析方法和工具来辅助预测,但股票市场充满不确定性,任何预测都存在出错的可能,因此风险管理和多元化投资策略对于降低潜在损失至关重要。

三、哪些不可以预测——做好事前防范

(一)市场情绪

老道的交易员大概可以感受到市场短期情绪,尤其是那些擅长日内交易的高手。有一些量化策略会通过价量分析、资金流向等来抽象出情绪指标,并指导其做T。但当我们市场的深度和宽度足够大的时候,大部分人是无法主宰下一分钟或者下一个小时市场的情绪变化方向的。投资者的恐慌、贪婪和其他情绪反应往往难以精确预测,更多的人采取的是等待共振和跟随的策略。

(二)突发事件

政府政策和监管框架的突然改变可以严重影响特定行业或整个市场的表现。自然灾害、恐怖袭击、政治危机等这些事件的发生通常是不可预见的,对股市影响巨大而迅速。

(三)公司内部问题

管理层变动、财务造假、突发的法律诉讼等往往在没有预警的情

况下发生,对股价产生重大影响。

(四)市场流动性

市场流动性的快速变化可能导致股价波动加剧,尤其是在市场压力下,流动性干涸可能导致价格大幅偏离其内在价值。

为了有效管理这些风险,必须采取一系列适当的措施,以在一定程度上减轻不可预测风险因素的影响。虽然我们无法完全规避所有风险,但通过合理的策略和准备,我们可以更好地应对潜在的挑战,从而保护投资免受严重损害。

四、如何有效预测——建立直觉泵

作为一种对未来的推测和判断,预测不仅仅是依赖于我们的信息系统和模型系统进行详尽分析后得出的结果,更多的是一种直觉的体现。这种直觉的产生,是通过我们对大量知识、信息和数据进行预训练后,有了模式识别,并结合个人经验形成的一种对事物发展趋势的敏锐感知,简单理解就是中国人说的"灵光一闪"。金融投资是一个复杂系统,简单问题和短期问题通常可以用认知加以解决,但复杂问题和远期问题往往需要依靠感知和觉知来做模式识别。大家试图用认知解决所有问题,但金融问题并不是靠认知就能够简单地解决。认知、感知和觉知形成了觉悟,在各行各业的人都可以有觉悟,我们熟悉的卖油翁和庖丁解牛就是行业的觉悟。历史上巴菲特的空仓和几次持有大量现金都是对金融的觉悟。

在现代心理学和认知科学中,直觉通常被视为一种快速的、无意识的信息处理方式,它帮助人们迅速做出决策。这种能力基于以往的经验和模式识别,能够在没有明确证据的情况下做出判断。直觉是一种能力,这个话题在第四章"多元思维模型"一节会有更深入的讨论。

要理解如何形成这种直觉,丹尼尔·丹尼特在其著作《直觉泵和其他思考工具》中的观点给了很好的启发。他认为,一个聪明人的直觉判断,往往能够超越普通人通过缜密分析得出的结论。丹尼尔·丹尼特是一位世界著名的哲学家和认知科学家,他的研究涵盖了哲学、神经科学、进化生物学、人工智能等多个学科领域,他提出的直觉泵概念,旨在通过思想实验来激发和训练我们的直觉,以帮助我们更好地面对复杂问题。

感性和直觉是人类在过去数百万年生存进化而来的能力,每个人都有,要生存就得有直觉,这是一种原始直觉。比如,当我们在野外近距离遇到了老虎、黑熊这样的猛兽,面临这种可能毙命的危险,是战斗、是逃跑,还是僵在那里装死?我们当时的选择往往都基于直觉,这是基因中藏着的直觉。

但股票投资中需要的直觉是高级的直觉,我把这称为"超级直觉"。那么这种"超级直觉"是怎么产生的?各位看官,我同你讲一下我的秘密,联想一下 OpenAI 是如何训练 ChatGPT 的,当我们把自己想象成一个生成式大语言模型,聪明的你就能马上明白我要说什么了。没错,我就是这么训练自己的直觉体系的,通过预训练建立优秀的模式识别。模式识别+经验就形成了我们的超级直觉。比如一些顶级期货高手,通过研究 K 线走势图,训练自己对后面走势的预测能力,这样的人可以背诵几百个重要的历史图表(模式识别),熟记于心,这就是培养自己超级直觉的预训练。

首先,我们需要确保强大的算力,每个人的大脑物质和结构带来的算力差别并不太大,你只要吃好、喝好、睡好且身处可以思考的状态。

其次,就是算法,这是人与人的巨大差距之所在,我们要建立各种知识模型和思维模型,比如系统性思维模型、未来思维模型、批判性思维模型等,其中多元思维模型是最重要的。

最后,我们用大量的知识、数据不断输入大脑做预训练,经过常年的信息输入和针对性训练,一个神奇力量在我们大脑中逐步构建、形成并日趋完善,类似生成式大语言模型的"超级直觉"系统悄然问世。一个完善的"超级直觉"大脑要花费的时间,因每个人起点不同,需要3～7年的时间。

我们前面与各位讨论分析的可预测信息(需充分准备的工作)、不可预测信息(需事前防范的工作)以及你每日复盘的思考等信息,都构成了在我们脑中的这个"超级直觉"大语言模型的数据库。当我们的数据库和算法足够强大并突破了阈值的时候,这个系统就可以涌现出正确率较高的价值判断、投资决策以及交易执行等动作,这些构成了"超级直觉"的输出变量。

以上是预训练过程,在股票投资中,完整的"超级直觉"调用过程基本是这样的:我们看到公司信息、市场信息、社会信息、情绪信息等,经过"超级直觉"大模型的处理,马上会形成一个模糊判断,之后结合一些具体的调研和实践考察等工作,再次输入后,会逐渐形成一种价值判断,进而指导投资决策。这种超级直觉并非天生就有,而是在后天的学习和实践中逐渐形成的。它是基于理性分析,但又超越了理性分析,能够使我们在面对复杂的市场环境时,做出更为准确的预测和判断。

当我们拥有了这种"超级直觉",就可以将其与理性分析相结合,根据变化的数据进行调整,形成适合当下的价值判断和新的预测,这种状态被我称为"雌雄同体",即理性和感性的完美结合。伟大的灵魂、伟大的作品、伟大的投资,都是雌雄同体的。"超级直觉"的本质其实就是看透游戏,在那些成功的投资大师们身上已经具有的素质和能力,也是想要成功的投资者取得成功的必修课程。

著名的诺贝尔物理学奖获得者杨振宁先生,关于直觉的重要性以及直觉的建立和迭代有一段论述,摘录如下:

> 在学术研究与学习过程中,我们应当认识到一个重要的结论:直觉在任何学习阶段都扮演着至关重要的角色。人类为了生存,自小就发展了直觉,这是我们与生俱来的能力。然而,在学习和探索新知识的过程中,我们可能会遇到直觉与实际结果不符的情况。这种时刻,正是学习中最宝贵的机会。面对这种情况,我们不应轻易放弃,而应深入思考,直至弄清楚原因所在。一旦理解透彻,我们便可以修正甚至更新我们的直觉,从而形成更准确的直觉认识。
>
> 这种直觉的更新,实际上是将新学的知识内化为直觉,这对于我们的知识体系和思维能力的提升极为关键。
>
> 在我的研究生涯中,我尤其关注对称性这一复杂概念。数学公式本身是不够的,我们需要将这些公式转化为直觉。我在美国芝加哥大学学习期间,有幸结识了 Tyler,他后来因发明氢弹的关键技术而闻名,被誉为"氢弹之父"。通过与他的交流,我意识到他对对称原理有着深刻的理解,尽管他无

法清晰地表达出来。这表明,对称原理已经内化为他的直觉,尽管他尚未将其完全转化为公式。这一发现给我留下了深刻的印象。

简而言之,特别是在复杂的物理学领域,我们不仅需要具体的数学知识,还需要直觉的辅助。当这两者发生冲突时,我们必须静下心来,仔细思考原因。一旦我们理解了其中的原理,我们就能够将这些知识转化为新的直觉,从而在学术上取得进步。如果我们对问题的理解不够深入,只是草率地放弃,那么我们将无法在类似情境下进行有效的类比和推理,这对于我们的学术发展是不利的。

——杨振宁

我认识一家证券咨询机构的老总,他说他们曾经做过统计分析,女性股民炒股的平均水平比男性股民的平均水平要高,这里面不存在性别歧视,只是陈述客观统计数据。这里面的道理,我自己也琢磨了一下,在跟随趋势这一点上,女性比男性更成熟。我发现,如果是几个男人跟我一起讨论股票,都会说"我估计后面会怎么怎么样";如果是一个女人跟我讨论股票,她会告诉我"不要预测,只跟随",这大概就是区别。

股票投资就是捕捉拐点和跟随趋势两种价值选择,股票不是任何时候都需要预测的,只有拐点需要预测,而趋势形成后只需要跟随,并且跟随趋势就很好挣钱,靠预测和捕捉拐点挣钱太难了,对于境界要求太高。中国A股成立30年,月线级别的拐点屈指可数,但可以赚钱的趋势却有无数多,明显是跟随趋势才好赚钱。

从人类进化学来看,女人承担着繁衍的使命,安全对于女性很重要,所以进化出了慕强基因,女人的慕强基因就导致了女性跟随趋势做选择,因此,女股民是更顺势而为的,女人拥有更强的原始直觉,做出的选择更合理。

另外,生物学的研究发现,人类是有幻觉的,经常会一本正经地胡说,在人类预训练的人工智能 GPT 里面也有出现。在年轻男人的幻觉里面,总觉得自己是可以改变世界的,于是喜欢去捕捉拐点,期待吃到最大的一块肉,总幻想自己有能力打到猛犸象,就像金融大鳄乔治·索罗斯一样,幻想自己可以改变世界。但在无数次的教训以后,大多数男人也变成同女人一样,跟随趋势成为趋势投资者。

沃伦·巴菲特说:"真正的投资机会肉眼可见,不需要计算器。"他告诉黄铮:"一只股票好和不好,你用平常心去看是显而易见的。"在这里,巴菲特讲的就是直觉。伟大的公司就是细腰丰臀,或者就是浓眉大眼,凭直觉就能 get 到。不要告诉我,你对于细腰丰臀或者浓眉大眼没有直觉,这种直觉是浸透到了人类的基因里的,看一眼就会心动。

原始的直觉让女性比男性的股票做得更好,直觉在股票投资中是有超级意义的,而要成为一个伟大的投资人,仅凭原始直觉是不够的,我们要建立起"超级直觉"。"超级直觉"可以帮助我们做预测和价值判断,评估未来的市场趋势或动向,判断价值所在,以及锁定趋势的转折点。

第四节 情绪价值

在你明白男女情绪价值之前,请别进入婚姻;在你明白股市情绪价值之前,请别进入股市。

一、爽的陷阱

这几年,"情绪价值"这个词很流行,各行各业都在提供情绪价值,贵宾厅、VIP、豪华的装修陈设、高端的免费食物、帅哥靓女的贴心服务、包装精美的礼物、成功者的演讲滔滔不绝或优雅或拙劣的各种表演……精明的商人通过情绪价值完成商业上的变现或者收割。

在股票市场,情绪价值的确是一种价值,上市公司、券商、客户经理、分析师、机构、游资等各种主体提供情绪价值,就是满足客户基因的需求,也可能有一小部分是满足客户的需要,其中时时刻刻都充满了爽的陷阱。

当你还不是一个股民,但有段时间你发现身边有些人炒股赚钱了,他们都很高兴,这是牛市带来了情绪价值。那些人也会告诉你这是牛市,会劝你炒股,然后你会在其中某人的帮助下,开设股票账户,转入钱后全部买成了一只股票,然后你也开始赚钱了,你很高兴,但要不了多久,你就被套了,一年以后你知道自己已经误入歧途了。这时候你觉得好奇怪,当新股民的时候赚钱,但新股民变成老股民怎么就不赚钱了,这是一个有趣的现象,形成的原因且听我慢慢道来,你是在容易赚钱的那段时间进入了股市,成了新股民,当市场转入熊市,时间变得有毒,你也变成了老股民。

每次股市牛市,带来赚钱效应的时候,就会有很多新股民开户炒股,而新股民之所以开户,绝大部分原因是牛市的情绪价值。榜样的力量是无穷的,在新股民前面站着赚钱的榜样,会带来情绪价值。

中国 A 股每天都在给股民提供情绪价值,其中 20 厘米大阳线充满了无数多的爽的陷阱,让无数股民深陷其中,也书写了无数的悲欢,一些股民的悲欢与拉斯维加斯、澳门的悲欢大同小异。

中国A股股市熊长牛短,股市给出的赚到真金白银的价值和机会不多,大概率三四年有一次,提供赚到钱后买车、买房、买别墅的价值和机会更是非常罕见,大概率七八年有一次。这是股市的周期性,各位看官,您如果有这样的周期概念,您就有了一定的金融觉悟,就有机会超越大多数股民成为赢家。

二、情绪价值

在中国A股市场,所有的价值都是以情绪价值的脸谱呈现,如果想洞察情绪价值,做好股票投资,可以从以下三方面深入理解股票市场的情绪价值,避免金融时间风险属性带来的巨大损失,做到趋利避害。

(一)博弈的快感

不忘初心,方得始终。几乎所有的人来股市,都是奔着赚钱来的,但最后绝大部分人没赚到钱,却沦为获取博弈的快感。股市的波动性和不确定性可以给投资者带来类似于赌博的刺激感,这与人类基因有关系,与多巴胺那样的神经激素和神经递质有关。一些投资者可能会因为短期交易带来的快速盈亏而感到兴奋,这种快感可能会超越最初为了长期财富增长而投资的目的。不仅博弈的快感会让人上瘾,甚至我还见过博弈的痛苦也会让人上瘾。

(二)提升社会地位

成功的投资可以增加个人的财富,从而提升在社会中的地位和认可。正确的情绪价值是赚钱后的社会地位提升,并且能长期保持,请记住是长期保持,这是一种结果而非动机,每一轮牛市都会产生很多"股神",然后又消失无踪。

如果把追求社会地位作为投资的主要动机,投资者可能会采取过于激进的策略,以期获得更快的财富增长,这可能会带来不必要的风险,甚至是毁灭性的结果。

把在股市的财富增长,当成农民认认真真种地,做好松土、施肥、播种、浇水、除草一项工作,然后接受大自然的馈赠,或许这样比较合道,能让我们有一个好的投资心态。坚持长期主义的沃伦·巴菲特慢慢地变富,奠定了股神的社会地位。

(三)利用情绪价值"割韭菜"

几乎所有的人来股市,都是奔着赚钱来的,但最后绝大部分人就沦为"韭菜"。在中国A股市场这个场景,让股民趋之若鹜的最靓丽的风景,就是游资博弈题材、概念、热点,每天的那些涨停板都在吸引血脉偾张和刀口舔血的股民,他们与游资比的是赌技,唯快不破,类似于澳门赌场的贵宾厅那种场景,类似那些高级叠码仔的组局……

从中国A股的特点来看,中国A股往往是周期性地提供情绪价值,这与美股"七姊妹"持续提供效率推动的价值完全不同。当股民怀抱脾气很坏的"丑婆娘",眼睛盯着美股的"白富美",这是一种什么样的失落?如果要做一个比喻,那就是股民遇人不淑,选错了场景,可见条件的哲学多么重要。

那么,中国A股究竟有没有"白富美"?这是一个哲学问题,或许在某些条件下是有"白富美"的,但在哪些条件下呢?答案在月光杯的条件下。月光杯是霓虹灯下的脂粉,是整容医院大夫高超的手艺,是媒体洋溢着幸福的文字,是互联网上搔首弄姿的网红,是经济学家们言不由衷的话语,是金融光环加持下的基金经理,是全体股民踩过的"坑"和趟过的"雷"。

我们研究基本面是为了更好地获得情绪价值,明白了情绪价值的特点,那么每次大级别行情的抄底一定要注意节奏,要等所有的利空出尽才可以下手,在中国Ａ股挥棒击球比美股更有讲究,更考验认知水平和心态。利空出尽的过程,我们可以视为正在梳妆打扮中,一定要等化好妆,才可以认为是"白富美",入局早了或许就会陷入被动甚至被动出局。

三、多元的视角解读

从人类学和社会学角度来看,股市不仅仅是一个经济体,它同样是一个社会体。个体和群体通过买卖交易实现资产的流动,而这一过程伴随着社会地位的变化和认同感的塑造。如同一种现代仪式,股市活动反映出个体对社会角色的追求和对成功的渴望。在一个以资产为衡量标准的工商文明社会里,财富的增长无疑可以提升个人的社会地位,给予他们更多的权威性、话语权和影响力。但是,这种对地位的追求可能会导致过分的风险暴露,耐心和理智才能让股票投资更长久。

心理学为我们理解投资者行为提供了更深层次的洞见。股市的波动性给人们带来的博弈快感与人类本能的奖赏机制有关。这种快感源于人脑中的多巴胺系统,当人们经历盈利时,这种神经递质的分泌会带来愉悦感,激发人们继续追求更多类似的体验。这种机制在进化上可能有助于生存,但在股市中可能导致过度的投机行为或内幕交易,投资者更多地追求短期的交易刺激,而非长期的财富积累。情绪价值的概念还涉及了利用群体心理进行市场操纵。所谓的"割韭菜",是指部分经验丰富的投资者或机构,利用普通投资者的无知和情绪反应来达到利益最大化的策略。在这个过程中,新手投资者往往因为对市场的不熟悉和强烈的情绪反应而成为被收割的对象。

人类对风险和回报的处理机制与我们的基因有关。我们的大脑结构和化学过程经过长时间的演化,形成了对即时奖励的高度敏感性。这在古代环境中有助于我们快速做出生存决策,但在现代复杂多变的金融市场中,这种倾向可能导致非理性的投资选择。

从哲学的角度来看,股票投资反映了人类对财富、成功和幸福的深层追求。这是关于理性与情感、长期与短期、自我控制与冲动之间平衡的问题。正如古希腊哲学家亚里士多德所说,美德是两个极端之间的中间状态,恰当的情绪价值也许就是在冷静与激情之间寻找一个平衡点。

情绪价值在股票投资中起着核心作用,影响着投资者的心理和行为。了解并掌握这些情绪价值,对于投资者而言,不仅是赢得财富的关键,也是实现个人成长和社会和谐的重要因素。透过多学科的视角,我们可以更全面地理解这一现象,学会如何在波诡云谲的股市中保持清醒,从而实现持续的成功。

第五节　投资中最重要的事[①]

投资中有几个大家所熟悉的概念——保护本金、投资组合、复利、杠杆,但大多数投资者却没有做得很好。这一节以原创哲学来探索一

---

① 霍德华·马克斯:《投资中重要的事》,中信出版社2019年版。

下保护本金、投资组合、复利、杠杆这几件事的价值,让各位能更本质地理解它们的价值和如何创造价值。在知悉金融时间之后我们提出了条件的哲学、假设了效率游戏和强调了合一思维,我们就从这四个方向来讲讲投资中最重要的事。

一、保护本金

(一)从金融时间看保护本金

保护本金的概念,绝大多数投资人知道但不具象,往往停留在字面本身,因此不容易发挥其价值。在第一章中,我们提出了金融时间的概念,详细叙述了金融时间具有的五个属性(时刻性、次序性、收益性、风险性、未来性)。现在,我们就以金融时间的这五个属性来梳理一下本金这个概念,赋予保护本金更具象和有新意的解读。

股市是有周期性的,这就是金融时间的次序性。很多股民的本金随着牛市与熊市转化,牛市的时候膨胀,熊市的时候缩水,一轮牛熊轮回下来算总账,账户资金原地踏步,甚至缩水或严重缩水。在这样的情况下,一轮3~4年的股市周期后,或者7~8年更大的股市周期后,投资者若没有享受到红利,复利就无从谈起了。

时刻性往往体现在每个牛市之初,投资者在这个时刻应该算算账,计算一下在前一轮牛熊以后,你的本金是一个什么情况,是增加了还是减少了。这个投资仪式必须要有,这是投资者对于金融时间的理解,是对收益性和风险性的综合评估,也是对自己投资能力的评价。

人性最核心的问题是欲望问题,保护本金的关键是经常要与欲望做斗争。每一轮牛熊轮回下来,都是有投资回报的,投资者有的拿到正回报,有的拿到负回报。你只有在几轮牛熊周期以后的大多数轮回中获得正收益,你的投资才有未来,这充分体现了金融时间的未来性。如果经过几个牛熊轮回,你的本金不断累积并获得了复利,你就是一个成功的投资者。针对不同的投资者有不同的情况,对于还没有领悟的投资者,我们送一个观点和一个原则。

一个观点,是指保护本金要放在股市周期,以一轮牛熊市来做本金判断。牛市赚、熊市亏都很正常,不正常的是牛市赚的钱在熊市全亏没了,甚至伤害到了初始本金,到下一轮牛市起步,基础就差了。成功的投资者往往是牛市赚钱,熊市回撤小、小赢、不亏或小亏均可,这样到了下一轮牛市的时候,本金就比上一轮牛市之初,规模大了一些或大了很多,伟大的复利效应就可能出现。

一个原则,是指投资赚钱是初心和第一目的,保护本金是股票时间游戏中实现目的性最重要的手段和能力,时时刻刻牢记于心,不忘初心,方得始终。

基于这个原则,以本书的"价时合一"的思维做价时投资,参与效率游戏,更具有容错性和效率性,有利于保护本金。以"今天是十年后的十年前"这样的未来思维,用"金双战法"投资于"戴维斯双击"的股票,往往更容易保护本金,获得复利。

(二)巴菲特如何保护本金

巴菲特认为,投资成功的秘诀可以总结为三条原则:第一条是避免风险、保护本金;第二条是避免风险、保护本金;第三条是牢记前两条原则。道理显而易见,却毫无可操作性。这世界上没有免费的午餐,也没有无缘无故的爱,关于理解保护本金的价值和如何保护本金创造价值,不会有人告诉你如何将保护本金与金融时间合一、如何将保护本金与复利合一、如何将保护本金与效率游戏合一,到底该怎么系统性地保护本金呢?我们先听一个故事:巴老爷子讲过的关于泰德·威廉姆斯(Ted Williams)的棒球策略的故事。

泰德1918年出生于美国,并在1966年被选入棒球名人堂,巴菲特办公室里挂着他的照片。在棒球运动员中,有两类击球手:一类是什么球都打,另一类是只打高概率的球,泰德属于第二种。他将击球区划分为77个小区域,每个区域只有一个棒球大小,只有当球进入理想区域时,才挥棒击打,以保持最高的击打率。在比赛中,对于非核心区的球,即使嗖嗖从身边飞过,泰德也绝不挥棒。对击球的科学管理是他成功的关键之一,在他22年的职业生涯中,两次获得美国联盟最有价值球员(MVP)荣誉,并带领球队多次夺冠,共击出521个本垒打,被誉为"史上最佳击球手"(见图2—2)。

注:图片来源于网络(百度图片:image.baidu.com/)。

图 2—2 泰德·威廉姆斯

泰德将自己对棒球运动的深刻理解和科学方法论总结为一本巨著——《打击的科学》(The Science of Hitting)，其中详细阐述了他的击球管理原则、正确思考方式以及持续练习的重要性。他强调观察投手的策略、精确量化自己的技术能力，并且通过大量练习来不断提升自己。

伟大的灵魂是惺惺相惜的。与泰德的击球哲学一样，巴菲特也有这样的认知，他在一次采访中表达过："投资这件事的秘诀，就是坐在那儿看着一次又一次的球飞来，等待那个最佳的球出现在你的击球区里，你就必胜无疑。"很显然，投资者需要等待适合自己能力和认知范围的投资机会出现，更重要的是，一旦出现就要果断行动。

巴菲特的投资策略强调质量而非数量，精心挑选那些有着稳定现金流、强大"护城河"和优秀管理团队的公司，在低估的时候买入并长期持有。有人会问，等不来这样的击打机会怎么办？我回答你，那就继续持币等待，总会有"投资不可能三角形"变成可能的时候，一直等，直到你真的能够看到安全边际出现，才挥棒击球，这是保护本金原则的重要运用。

安全边际是价值投资理论的简练概括，是上市公司股票的内在价值超过其市场价格的部分，也是价值投资者能够稳定获取的投资收益。一般来说，安全边际越大则代表投资风险越小，而相应的获利能力越强，对于保护本金有极好意义。价值投资的核心在于发现并投资那些市场价格低于其内在价值的公司，这种投资策略的成功，依赖于市场最终认识到低估后的修正。因此，选择正确的买入时机变得至关重要，这与保护本金密切关联，会买就成功了一半。

(三)条件与保护本金

做价值投资的人总会强调时间是朋友,但时间是朋友吗?这个事情很重要,不把这个问题搞清楚是做不好价值投资的,也不能很好地保护本金。2021年年初在消费白马股市盈率高企、某酱油股票 PE 高达 60 倍的时候,基金经理买入那些已经高估的消费白马,显然没有考虑清楚这个问题,于是在两三年后,本金遭受到很大的损失。

很多人只看到了巴菲特选择的股票如何好,带来了多少倍的收益,却从根本上忽视了获得这样收益的前提。耐心等待安全性、收益性和流动性兼具的时候下手,实现了这个"巴菲特前提",在"不可能三角"变成"可能三角"的时刻下手做投资,就可以让时间成为我们的朋友,保护本金就变得可能。但这样的机会在中国 A 股市场相当少,中国 A 股的估值普遍比美股高,获得这样的机会需要慧眼识金,但并不是没有,而巴菲特在美股做价值投资,只要有耐心就更容易获得这样的机会。

我们在懂得了金融时间的属性后建立了的时间观,会明白金融时间既能创造价值,也能毁灭价值。另外,赚钱的本质是对标创造价值的那段时间选择参与,选创造价值那段时间买股持股,而在毁灭价值的那段时间到来之前退出,这样做可以有效地保护本金。我们明白了金融时间即价值,就明白了怎么保护本金。

(四)其他保护本金的措施

如果你是一个普通投资者,不管你是散户还是基金经理,适度分散投资是平衡风险和收益的基本方法。当你成为巴菲特、段永平、李录这样的大师后,你可以集中持仓,因为那时候你能看透游戏(拥有大师级的理性认知和拥有了"超级直觉");当你还看不透游戏的时候,就别学习大师的集中持仓,适度分散有利于保护本金。

拥有百年历史的柏基基金①也是选择一揽子持股的策略,投资于未来时间和效率游戏。柏基基金建立的投资组合涉及不同行业、不同地区和不同资产类别的股票,这样可以减少特定股票或行业风险的影响。柏基的组合主要集中在科技股和消费品股,并在美股、港股等全球市场配置股票。这样的多样化配置有助于抵御单一市场或行业的不利变动,有效平衡风险和收益。

当然,分散还意味着进行大类资产配置。根据个人的风险承受能力和投资目标,合理配置股票、债券、现金和房地产等不同资产,可以在不同的市场条件下平衡收益和风险,确保投资组合的整体稳定性,这些都是标准模板。例如,追求稳健回报的退休投资者通常会选择分配较高比例的债券和现金来降低组合的总体风险。而年轻的投资者,由于有更长的时间跨度去抵御市场波动,可选择配置更高比例的股票来追求长期增值。收益是对风险的补偿,这种大类资产的配置能够根据个人的需要定制风险和收益的配比,以此达到收益与风险的合一。

定期审查投资组合是判断条件的价值之必要步骤。如果我们看过柏基基金旗下主要基金的募集说明书,会发现柏基深谙此道,他们定期评估投资组合的表现和风险水平,并根据某个时刻性的条件变化进行调整,以确保与投资目标保持一致,确保价值和条件的合一。这个过程包括根据新的条件与价值的关系来重新平衡资产配置,或者剔

---

① 柏基基金创立于20世纪初,本书第三章第三节呈现了对该基金管理人更为详细的定性和定量分析。

除表现不佳的投资。比如,如果某只股票的价值已经大幅上升,导致其在投资组合中的占比过高,并且其估值已经明显过高,且不再具备未来持续创新和爆发式增长的潜力了,适时减持并买入其他更有潜力的资产,以此来做到条件和价值的合一。

设置止损是一种主动风险控制的必要手段,设置止损可以帮助我们避免情绪化的决策,同时限制潜在的损失在一个可接受的范围内。简单举例两种执行方式:第一种结合技术分析设定一个止损价格,一旦股价跌破该点,就卖出股票以限制损失;第二种则是像柏基基金一样,先用小仓位试错,定期去审视这家公司的增长潜力,如果不再具备创新和业绩持续翻倍的潜力,即便账面有浮亏,则依旧毫不犹豫地清仓退出。主动和积极认错,是保护本金的重要原则。

二、复利

关于复利,这个世界上流传着许多经典的故事,如棋盘麦粒的故事、诺贝尔奖奖金理财故事、耶鲁大学校友基金会故事、柏基基金传奇和巴菲特传奇。或许你小时候听过印度的那个传说,舍罕王打算奖赏国际象棋的发明人——宰相西萨·班·达依尔。宰相请求国王在棋盘的第 1 个小格里放 1 粒麦子,在第 2 个小格里放 2 粒,第 3 小格放 4 粒,以后每一小格都比前一小格加一倍,直至棋盘上所有的 64 个格子都摆满麦粒。这个要求看起来并不过分,但当人们开始按照他的要求做时,才发现这几乎是不可能完成的任务。因为宰相要求的麦粒总数为$(2^{64}-1)$粒,这个数字是如此之大。国王傻乎乎地同意了他的请求,认为这个奖励微不足道。然而,最后一个格子(第 64 个格子)需要的麦子数量约 922 兆粒,一个完全无法想象的数字,远远超出了人类的生产能力。

小时候听到这个故事,我一直将信将疑,总有种想自己用围棋子把格子摆满的冲动,但以失败告终。后来明白了,这就是复利效应,只要保持连续翻倍,当次数足够,就可以让财富爆炸性增长。

把复利这件事搞明白,先把公式放到这里,从定量的角度研究它:

$$A = P \times (1 + r/n)^{nt}$$

其中,A 是账户的未来价值,P 是初始投资金额,r 是年利率,n 是每年计息次数,t 是投资的时间跨度。

在股票市场,复利通常通过再投资收益实现,如股息再投资、资本利得再投资等;而在债券市场,某些债券(如可转债)可能也具有复利特性,其利息再投资以增加本金。这些策略不仅增加了投资的总回报,还增强了资本的购买力。

复利的关键在于其持续的利息再投资,这使得即使是小的利率差异,在长期累计下也可能导致最终收益的巨大差异,即使在较低的利率环境下,情况也是如此。这是因为复利的增长是指数级的,随着时间的推移,资金的增加速度会加快。

本书提出了金融时间的五个属性(时刻性、次序性、收益性、风险性、未来性),在股票这个时间游戏中,复利提供了收益性中获得收益的最佳路径。当我们利用金融时间的未来性参与效率游戏,始终坚持参与"戴维斯双击",并根据时刻性,在不同的时间参与不同产业"戴维斯双击"的股票,复利就变得更容易实现。

第一次工业革命距今有 200 多年时间,发达经济体有了持续的增长。巴菲特和李录都喜欢提这个问题：如果某个东西的价值每年以6%~7%持续增长，210年后是多少倍？答案是你可能没有想到的100万倍。

农耕文明时代，人类的发展是极其缓慢的，上千年的超长期下来，也几乎没有增长。但第一次工业革命以后，经济发展加速，特别是信息技术革命60年以来，经济呈快速增长，迎来了加速回报法则，在这样的条件下，那么公式中的r、n和t都成为可能，我们的投资就有了获得复利的极好机会。

复利，通常被理解为金融投资领域的一种利息计算方式，体现出时间的价值，其核心在于"利息生利息"。其实延伸开来，不论是投资理财还是人生成长，复利都让你获得幸福人生，一定要理解复利这个概念也可以广泛应用于生活的方方面面。以下是一些可以享受复利效应的非投资领域的例子，让我们更好地理解复利这个概念。

(一)教育和知识累积

学习新知识时，你的基础越扎实，吸收新概念的速度就越快。随着知识的增长，你能够更快地理解更复杂的问题，这种知识的累积就是一种智力上的复利。

(二)人际关系

建立和维护良好的人际关系可以在社交和职业生活中产生巨大的复利效应。长期的互信和支持可以带来事业机会、情感支持和个人成长。

(三)职业发展

在工作中积累经验和技能可以在未来的职业道路上产生复利效

应。随着你在特定领域的专业知识和经验增长，你可以获得更好的职位和更高的薪酬。

（四）财务规划

财务规划严格来说属于理财范畴，通过合理规划日常开支、节省资金和偿还债务，可以在未来获得财务上的复利效应，如减少利息支出和增加储蓄。

（五）个人品牌建设

在社交媒体和网络平台上持续建立和维护一个积极的个人形象，累积形成更多链接和流量，可以在职业生涯和商业机遇中产生复利效应。

复利是我们获得超额价值的最佳途径，这些例子说明，不管是投资还是在生活的各个方面，只要用足够长的时间坚持积极的习惯和行动，我们可以享受复利效应的长期利益。重要的是要意识到，无论是金钱、知识还是职业等方面的投资，持之以恒的积极行为都会产生随时间增长的正面结果。获得复利，是幸福人生最有效的路径。

三、组合管理与仓位管理

机构投资者在仓位和组合管理上大多有明确的制度和流程化工具，尤其是公募产品，一般会在产品的销售合同或者募集说明书中明确单一标的、单一行业的最大持仓占比等，以及固定收益类资产、权益类资产的最大持仓占比等。一般情况下，因为第三方托管数据的相对透明化和来自监管的压力，公募产品的这类限制大多是严格执行的，这也是其净值弹性相较于监管略松散的私募产品更小的原因之一。

当然,除了客观条件稍有区别之外,无论是对于基金经理还是对于个人投资者,我认为想做好组合管理和仓位管理,关键需要做到几个"合一",即收益与风险合一、价值与时间合一、价值和条件合一、主体与客体合一、模因与基因合一、看透与做到合一。

东方的"天人合一"强调人与自然和谐共处,追求内心的平静与外在世界的协调,这是一种合一。而西方的"主客体合一"则是认识论中的一个理念,主体与客体之间不是割裂的,而是相互影响、相互作用的关系,链接天与人、主体与客体就是条件。将东西方哲学思想应用于股票投资,意味着投资者不仅要关注市场本身的规律,行动上顺势而为,还要寻求投资者与市场的内在联系,达到一种内外一致、主客一体的投资状态。如何将对"合一"的理解转化为投资决策和行动,投资者需要调动自己的直觉和理性,通过对时代、周期、时机和时点分析,找到那个恰到好处的投资方向与投资时点。

在实际操作中,这种"合一"的状态表现为对仓位和组合的精细化管理。投资者不仅要在众多股票中寻找那些与自己的投资理念相契合的对象,还要不断地调整组合,以适应市场的变化;不仅要寻找价值洼地,也要避开有毒的时间,以求价值和金融时间的合一。这种选择和调整不是盲目的跟风,而是基于对时代和市场深入理解的基础上,主动做出的优化选择。这样,投资者与持仓组合之间建立起了一种动态的和谐关系,相互影响,共同成长。在实践中,追求"合一"往往能够更好地应对市场的不确定性。通过与投资对象的深入联系,以及对市场节奏的敏感把握,能够在波动中寻找到稳定的力量。这种力量来源于对投资本质的深刻理解,以及对市场规律的尊重。我们不仅可以在财务上取得成功,更能在精神上获得满足,实现这个意义上的"合一"。

很多普通投资者不屑于进行仓位和组合管理,我认识的一些牛散朋友,股票账户通常只有两种状态,要么空仓,要么满仓,而且动辄就是满仓做一只股票或者满仓一个行业的几只股票,甚至一些基金经理也不乏这种操作,比如在投资限制可以允许的最大程度内来满仓一个行业等。当然,他们有高光时刻,白酒、新能源、半导体、中特估等这些板块在过去几年轮番大涨的时候,无论是个人财富还是基金净值,都在市场的狂欢中一路高歌猛进。然而,当市场行情退去的时候,曾经的王者从神坛跌落,"某神"变"某狗",除了骂声之外,缩水的还有纸面的财富和当初的信仰。

其实,现代的组合管理体系已经有了相对成熟的理论基础,马克维茨在1952年提出了现代投资组合理论(Modern Portfolio Theory,MPT)[1],他也因此获得了诺贝尔经济学奖。后来,威廉·夏普等人提出了资本资产定价模型(Capital Asset Pricing Model,CAPM),帮助投资者了解资产价格如何受到市场整体变动的影响。再后来,随着多因子模型扩展了CAPM,后现代投资组合理论(Post-Modern Portfolio Theory,PMPT)进一步区分了来自资产系统性风险(贝塔)的收益和来自主动管理(阿尔法)的收益,这种分离允许投资者更精确地对冲风

---

[1] MPT理论的核心是通过持有不同资产的组合来分散风险,同时追求最大化的预期收益。MPT使用数学模型,特别是均值—方差分析来确定最优的资产配置,并通过软件工具来画出最有效的投资组合曲线。该曲线名为"有效前沿",我也给它取了一个名字,叫做"事后诸葛亮曲线",因为普通人在当下时点基本是无法触碰到最优组合的,此外,MPT模型中的诸多假设(如理性人假设、收益率正态分布等)对于投资实践的指导意义有限。

险并提取额外的价值。近年来,桥水基金提出的风险平价模型[1]使得现代的组合管理更具科学性,强调在不同资产类别间分配风险,而不是仅仅根据市值进行资本配置。此外,一些行为金融学研究成果的应用,如通过观察市场非理性行为对资产价格的影响,并利用这些行为偏差为投资者创造价值,使得行为金融学也风靡一时。如果你感兴趣,可以买一本《非理性繁荣》读读看。

在仓位管理上,如今也已有较为不错的工具指导决策。早在20世纪中叶,贝尔实验室的数学家约翰·拉里·凯利(John Larry Kelly)就提出了凯利公式(Kelly Criterion)[2],其最初用于赌博,后来因被交易员广泛应用于资金管理和投资决策而风靡全球。凯利公式基于概率论和统计学,通过考虑胜率、盈亏比和赔率来决定最佳的投注大小。公式的核心在于计算最优的投注比例,即投资者应该以多大比例的资金进行投资,以实现长期的资本增长。凯利公式通常表示为:

$$f^* = \frac{bp-q}{b}$$

其中,f^*是应投注的资金比例;b是净盈利比(即盈亏比,盈利除以亏损);p是赢的概率;q是输的概率,$q=1-p$。

---

[1] 风险平价模型主要原理是保持组合各资产的风险暴露水平一致,通常结果是增加低波动性资产(如债券)的配比,减少高波动性资产的配比,以保持组合的整体稳定性。

[2] 随着时间的变迁,如今这些理论在实践中主要是对冲基金和量化交易员使用较多,在普通投资者中普及率极低。凯利公式的核心逻辑在于通过科学的计算方法,使投资或赌博中的资金管理更加精确和高效。它帮助投资者在不确定性中做出最有利的决策,实现长期的资产增长。然而,由于需要准确估计输入参数,且在实际应用中可能需要根据具体情况调整,凯利公式更多是被有专业知识背景的投资者和机构所使用。对于普通投资者而言,了解其原理仍然具有参考价值,但直接应用时需谨慎,可能需要适当调整以适应个人的风险偏好和投资目标。

举个例子,假设投资者正在考虑投资一个有70%的概率在一年内翻倍(盈亏比为1)的投资机会,根据凯利公式:

$$f^*=\frac{1\times0.7-0.3}{1}=0.4$$

这意味着投资者应该将40%的资本投入这项投资。

在实践中究竟该如何进行仓位管理,如何建立和调整组合?在借鉴巴菲特、柏基等优秀管理者的策略的同时,我们要做到四个"合一"。

一是主体与客体合一。通过对投资标的的深入尽调,以及对市场节奏的把握,在波动中找到一条相对稳定的投资之道——相对集中的持仓(通常单一标的不超过10%),集中使资金得以聚焦于那些经过严格筛选的优质股票,这些股票通常展现出超越市场的潜力。然而,集中投资伴随着较高风险,因此柏基不断监控这些投资并动态调整,同时,通过在不同的行业和地区进行投资来分散风险,缓和单一市场或行业波动对整个投资组合的影响。这种集中投资与分散风险的双重策略既保证了投资的专注性也保障了安全性。

二是条件和价值合一。柏基能够根据市场的变化,及时调整其投资组合。这种调整不仅包括买卖操作,还包括对投资组合的再平衡,确保投资组合始终保持最佳的合理性和风险控制水平。柏基展现出的灵活应对能力,使得无论是市场快速上涨还是下跌,都通过调整仓位来最大化机会或最小化损失。

三是价值和时间合一。在做出投资决策时,通常会从长期视角出发,关注公司的长期增长潜力和竞争优势,而非仅围绕短期股价波动。然而,这并不意味着忽视短期市场变动;相反,柏基会根据市场的短期变化作出必要的仓位调整,以利用市场的短期波动实现更佳的买入或卖出时机。

四是看透与做到合一。在整个投资过程中,柏基始终维持高度的风险控制意识,通过设定严格的仓位限制(如单一个股仓位不超过基金净值的10%)和风险预算来保证投资组合的安全。同时,柏基采用止损策略来限制潜在的损失,这不仅包括设置明确的止损点,也包括定期对投资组合进行评估。尽管止损很痛,但他们会严格执行,知行合一。这一策略也保护了投资本金,并避免情绪化交易带来的风险。

四、金融杠杆

电视剧《北京人在纽约》里面有一句台词,"如果你爱他,请送他去纽约,因为那里是天堂;如果你恨他,请送他去纽约,因为那里是地狱。"如果金融市场中有什么工具可以造成天堂与地狱的天壤之别,那非杠杆莫属。在金融领域,杠杆通常指利用借款或其他形式的负债来扩大投资规模,以期获得更高的收益,同时也带来更大的风险。

(一)杠杆的风险

金融杠杆本质是保证金交易,杠杆存在显著的风险,若市场行情不利,加杠杆的投资者可能面临更大的亏损甚至破产。

从宏观来看,过度使用杠杆可能导致经济系统的不稳定。2008年的全球金融危机便是由美国金融机构给没有债务承担能力的人大量借款,从而带来全社会过高的杠杆率,进而引发的金融灾难。电影《大空头》很好地诠释了当时的背景,美国的金融机构在房地产市场繁荣时期,放贷给了许多信用状况不佳的借款人,这些贷款被称为次级贷款,它们被打包成复杂的金融产品,如抵押贷款支持证券(MBS)和债务担保债券(CDO),在评级机构那里勾兑出较高的产品评级后在全球范围内销售,大型投资银行如贝尔斯登和雷曼兄弟等由于过度投资这些有毒资产而相继破产,引发了一系列连锁反应,最终演变成全球性的金融海啸。

对于个人而言,我们经常看到在熊市中,股民加杠杆造成个人或者家庭资产负债表严重受损。在房产投资中,年轻人按揭买房加入杠杆,这些年随着房价下跌,风险显著呈现。还有那些参与期货交易的人,在无法控制风险的情况下盲目追求高收益,会造成严重的财务打击,当触发强行平仓时,甚至可能丧失全部本金。

(二)杠杆的收益

从正面来看,杠杆可以增强投资能力、提高资金效率,宏观杠杆可以促进经济发展。例如,在期货和股票交易中,杠杆使得投资者可以用较少的资金参与较大规模的市场交易,从而在市场行情有利时获得更多的收益,甚至是暴利。企业在经济周期向上的时候,通过债务融资可以获得更多的资金用于扩张和创新,从而提升公司的竞争力和市场份额。

从本质上看,杠杆意味着使用较少金额的资本获取更大金额的资产,有机会本大利大。杠杆让投资者可以在只有少量资本的情况下,获得更大的市场操作空间,这在理论上显著提高资金的使用效率,提高可能获得未来收益的潜力。

在实际操作中,杠杆表现为借款资金与实际投入资金的比例。如今,国内大多数券商有两融账户,经过一些必要的授信审查之后,两融账户的大多数股票可以作为抵押物进行借款。举个例子,在1倍的杠杆下,投资者投入100元,就能控制200元的资产。当然,券商都会为杠杆后的总资产设置止损线,当触及止损线且投资者又没有及时追加保证金时,大多数情况下,初始那100元本金将会所剩无几。

中国香港的券商把这块给投资者融资借款的业务叫做孖展业务,这来自粤语的"孖展"和英文的Margin(保证金)读音相近,港股当年如日中天的时候,很多券商的经纪业务收入中给客户融资部分的占比高得可怕。融资业务潮起潮落,侧面也是股市的"晴雨表"。20世纪90年代中国A股市场,券商给大户们大比例融资,导致很多老股民本金尽失而出局,消灭了最早入股市的那一批股民。

(三)如何使用杠杆

金融杠杆既不是纯粹的恶,也并非完全的善,其效果取决于使用者的目的和方式。金融杠杆在现代经济金融体系中无处不在,其基本概念源自物理学中的杠杆原理,即通过较小的力量操控较大的物体。

前述提到过,金融时间具有五个属性:时刻性、次序性、收益性、风险性、未来性。从金融时间的风险属性来看,金融杠杆本身是有成本的,也可能带来更大的风险;从金融时间的次序性来讲,股票投资必须坚持一个原则——熊市中坚决不加杠杆,大趋势下跌的股票绝不加杠杆,这体现了顺势而为的基本原则;从金融时间的时刻性来考虑,只有在牛市中,个股趋势向上有赚钱效应的时候,可以短期适度加杠杆,作为扩大收益的一个手段;从效率游戏的维度考虑,当具备加杠杆的宏观条件,杠杆尽量加在效率游戏和"戴维斯双击"的个股上。我们在第一章中提到过的美国著名经济学家耶鲁大学的欧文·费雪教授,熊市加杠杆导致终身都没有还尽债务,让人唏嘘感叹,无论你再怎么厉害,熊市中也要坚决不加杠杆。

对于杠杆的运用,笔者认为最关键的也是要坚持"合一"。本书起名为《时间有毒》,就是反复强调时间的巨大风险属性,因此一定要慎用杠杆。使用杠杆一定要懂得使用条件,只有在牛市中,个股趋势向上有赚钱效应时,可以短期适度加杠杆,作为扩大收益的一个手段,而且赚钱效应不明显的时候就要及时撤出杠杆。要与市场合一,与个股合一,与时间合一。

追求主体与客体合一、价值与时间合一,是显而易见却又难能可贵的品质,通过合一,让杠杆的使用能与市场和谐共鸣。这种"合一"不仅是投资成功的关键,也是投资者个人修养的体现,这要求我们不仅要有深厚的分析能力,更要有对市场深刻的理解和敬畏。当你有足够的市场敏感度,甚至拥有"价时合一"的"直觉泵"的时候,就明白在何时使用杠杆是饕餮之盛宴、何时使用是有毒之砒霜了。

(四)杠杆的应用

杠杆是物理学中的一个基本概念,它利用作用力通过支点作用于负载,从而实现力量的放大或距离的延伸。

在生活中,我们无时无刻不在运用杠杆的原理来解决问题和完成任务。例如,我们用铲子挖掘土壤时,手离铲头越远就越省力,这是因为长手柄作为杠杆,放大了手臂的力量。在举重时,杠铃的两端分别为铁片和人,中间的支撑点可以是手臂,也可以是膝盖,通过改变支撑点的位置,可以更轻松地举起重物。

杠杆不仅广泛应用于简单工具,还在建筑、工程、救援和医疗等领域发挥着重要作用。例如,在建筑工地上,起重机利用杠杆原理轻松搬运沉重的建筑材料;医生使用医疗器械,如镊子和钳子,这些都是杠杆的变体,用于精准抓住或剪断物体。

杠杆在生活中以不同的形式出现,帮助我们更加高效、省力地完成工作,简化了许多看似复杂的任务。生活中杠杆无处不在,给我们创造价值,但金融杠杆既能创造价值,也能毁灭价值,与生活中的杠杆完全不同。

第三章　效率与效率游戏

—— 中美股市的区别

人要吃饭，才会被饭碗拿捏；
资本逐利，才唯效率论英雄。

第三章　效率与效率游戏——中美股市的区别

效率是一个多维度、跨学科的概念,一般指的是在特定条件下,为了达到某个目的而使用资源的最佳方式。效率在物理学意义上的解释通常指能量转换和传递的有效性,在经济学中通常指的是技术的进步和资源的最佳配置,高效率往往意味着在较少的资源消耗下获得更多的产出或更好的结果。中国文化中关于效率有这些成语:雷厉风行、事半功倍、一举两得、捷足先登、一箭双雕、三下五除二等,其中很多是以数字来讲效率。

近年来有个词很流行,叫做"内卷",主要指的是同行间为了争夺有限资源而竞争,更具体一点,"卷"通常意味着恶性竞争。我们是一个追求高效率的民族,是一个相信美好的生活是撸起袖子干出来的民族,每个人或许都在工作和生活中追求高效率,但对于金融领域中的效率游戏,很多人没有概念。

如果你会下围棋,会发现围棋就是一个效率游戏。围棋谚语云:"金角银边草肚皮",讲的就是效率。围棋能非常直观地体现效率的价值,围棋是两个人的博弈,一人走一手,每一手的效率在很大程度上决定了最后的结果。围棋效率最主要体现在布局阶段,围棋四只角的布局走完,如果你能把四只角的棋子之间配合得更有效率,在布局阶段就领先很多了,如果你的计算能力和缠斗水平是一位 2 段选手,但布局有很高效率的话,你可以达到 4 段的水平,或许当年"棋圣"聂卫平前 50 手天下无敌,其背后就是对于布局阶段的效率的悟性。几年前人类与阿尔法狗对弈,已经处在下风,现今人工智能发展之后,已不是机器人的对手,就是因为机器人的效率远远大于人类。只有深刻地理解了效率,才能玩好效率游戏。

周洛华先生在《估值原理》中提出,"金融是一种集体性的社会游戏。"[①]对于我们而言,只要以游戏的视角来看待金融世界,就能够理解效率游戏的概念。效率游戏是对经济由效率推动的一种反应,是效率推动经济在金融市场中的一种映射,其中隐含着时代的贝塔、周期的红利。笔者认为,中国正在酝酿一轮技术推动的效率游戏,是关于中国经济走出下行周期的泥潭,并走出新一轮康波周期的积极论断,其持续时间和变革强度甚至可媲美第一次工业革命为西方世界带来的时代红利。怎样才能认清、看透和玩好效率游戏?读完本章,你应该就有答案了。

第一节 效率、游戏和第四次工业革命

一、美股的效率游戏

当我们开启上帝视角,就会发现在历史滚滚向前的车轮中,效率游戏的出现往往不以大部分个体的意志为转移,在符合一些特定条件如政局稳定、资本和劳动力条件以及技术条件具备时,它便会悄然地渗透到生产和生活的方方面面之中,潜移默化地推动着人类的进化。我们不妨把美国股市过去50年市值变化的演进当做一场大型群体角逐游戏,参与的主体是一个个上市公司,竞争的目标是市值的大小。在经济的推动力中,公司和行业不断地寻求提高生产效率、创新技术和优化管理流程,以保持竞争力并实现增长,映射在美国股市,就产生

---

① 周洛华著:《估值原理》,上海财经大学出版社2022年版,第1—20页。

了持续的效率游戏。

20世纪70年代,美国的经济结构正在从制造业向服务业转变,大型能源和汽车等传统工业的巨头占据着市值排名的前列,这些公司的成功很大程度上得益于其在各自领域的技术优势和垄断地位。20世纪80年代,随着经济全球化和消费者需求的变化,美国消费企业迎来了快速增长期,巨头们的产品广受欢迎,品牌忠诚度高,这为它们带来了巨大的市场份额和利润空间。20世纪90年代,这十年见证了科技行业的崛起,科技公司通过技术创新和强大的市场策略迅速扩大了他们的业务范围和市场份额。21世纪初,互联网企业利用数字化浪潮占据了市值榜单的重要位置,他们的商业模式基于网络效应,用户越多,服务或产品的价值就越大。21世纪10年代:这一时期典型的代表是苹果手机,它改变了人们的生活方式,人们对高质量服务和产品的不断增长的需求,使得科技创新进一步加速。2020年起,随着Open AI推出ChatGPT,与人工智能相关的企业,市值增长迅猛,大有气吞山河之势,或许再过10～20年,我们的生活和生产方式将在人工智能的不断迭代和创新中深刻改变,到时这个市值角逐游戏的榜单又会随着效率游戏的进行出现更大的洗牌。

美国经济过去50年来一直在玩效率游戏,支撑这个效率游戏的基石是美国不断涌现出一批又一批高效率的公司。回顾历史,20世纪70年代,IBM、埃克森美孚(Exxon Mobil)、通用电气(General Electric)、美国电话电报公司(AT&T)、福特汽车(Ford Motor Company)等是当时市值较大的一些公司;20世纪80年代,宝洁(Procter & Gamble)、可口可乐(Coca-Cola)、沃尔玛(Walmart)等消费企业成长迅速，市值快速膨胀；进入90年代，微软（Microsoft Corporation）、英特尔（Intel Corporation）、戴尔电脑（Dell Computer Corporation）和苹果（Apple）等科技企业开始崭露头角；21世纪初，亚马逊（Amazon.com）、谷歌（Google, Inc.）、思科系统（Cisco Systems）和eBay等互联网企业开始占据市值榜单的重要位置；到了21世纪10年代，苹果（Apple）已成长为市值最大的美国公司，Facebook（Meta Platforms）、甲骨文（Oracle）、特斯拉（Tesla）等迅速成长，此外强生（Johnson & Johnson）、辉瑞（Pfizer）等医疗企业也开始跑步进入市值前列；2020年起，美国公司的市值排名继续受到科技行业的巨大影响，尤其是英伟达（NVIDIA），近两年市值增长呈现横扫千军之势头，当然，新兴领域如电动汽车、可再生能源和生物技术公司也相继崛起，如特斯拉（Tesla）、美国生物技术公司（Moderna Inc.）市值的快速增长等。

或许有人会问，美股很多公司市值年复一年的持续增长是怎么发生的？为何在熟悉的中国A股市场，我们很少能享受到这样大部分年份收阳的年K线？我以科技公司为例来聊聊这个过程，科技公司因为创新带来效率提升，进而带来营收和利润的不断增加，因为利润可以支持较大的研发投入；当研发踩中正确的方向时，便会再次带来创新，进而带来效率的进一步提升，产生更有竞争力的产品；随之逐渐开始有利润的累积，由此进入良性循环，此时如果运气好，产生了爆款产品（如Windows、iPhone、ChatGPT、抖音、拼多多等），即有机会诞生世界级的公司。企业的效率提升，带来了这些公司估值的不断提高，能够完全覆盖衰退周期中的拖累，进而推动指数的上行，而这个过程是一直持续的。过去50年，美国不断涌现出一批又一批的高效率公司，华尔街投行及浸淫其中的各路资本也因此赚得盆满钵满,他们在美国社会也自然形成了更大的话语权。因为游戏规则较为清晰合理,美国股市不断创新高,长期趋势向上,拥有时代贝塔的美股便有了价值投资的意义。

图3-1～图3-3分别为可口可乐、微软、苹果三家公司从20世纪80年代至今的年线。

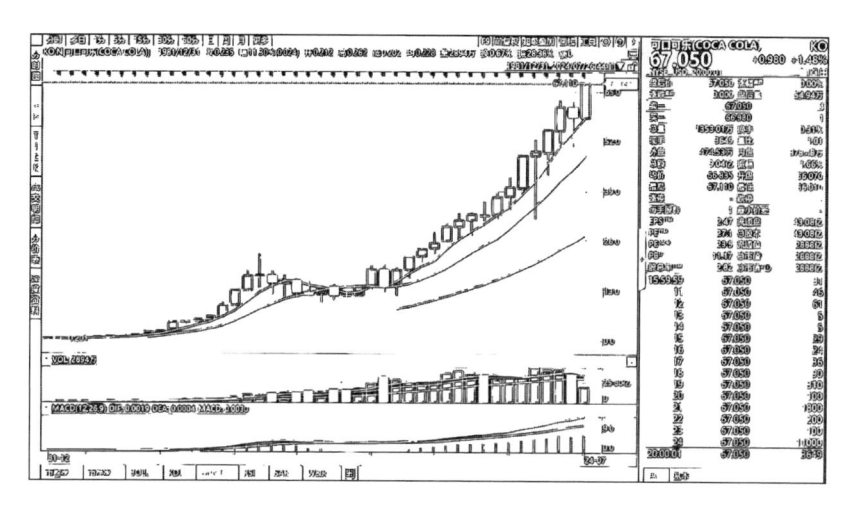

资料来源:wind数据。

图3-1 可口可乐从20世纪80年代至今的年线

当然,美国的市场也经历了较长的粗放年代,后逐步在各方利益的博弈中形成今天的局面。如果你读过《伟大的博弈》,便知我在说什么,作者以编年体的形式带我们领略了1653年到21世纪初人性的丑恶与贪婪,在任何一个国度或市场,每一天每一秒都在发生的过程,其中的描述令人拍案叫绝。

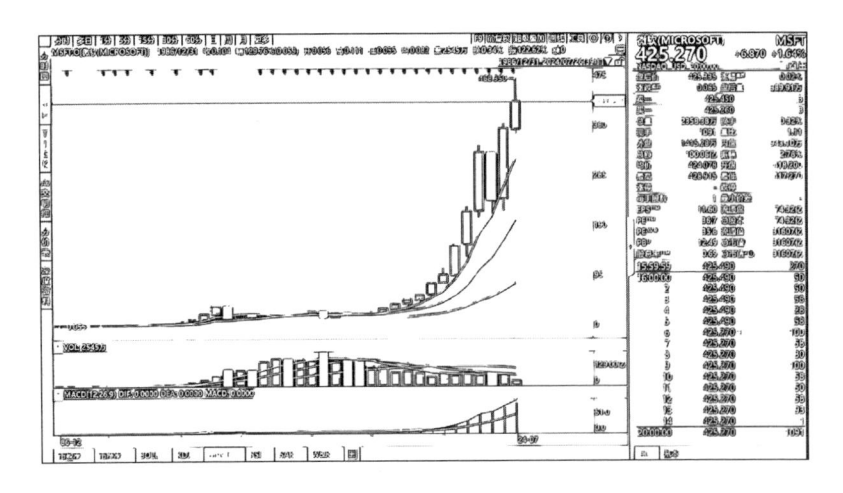

资料来源：wind 数据。

图 3—2　微软从 20 世纪 80 年代至今的年线

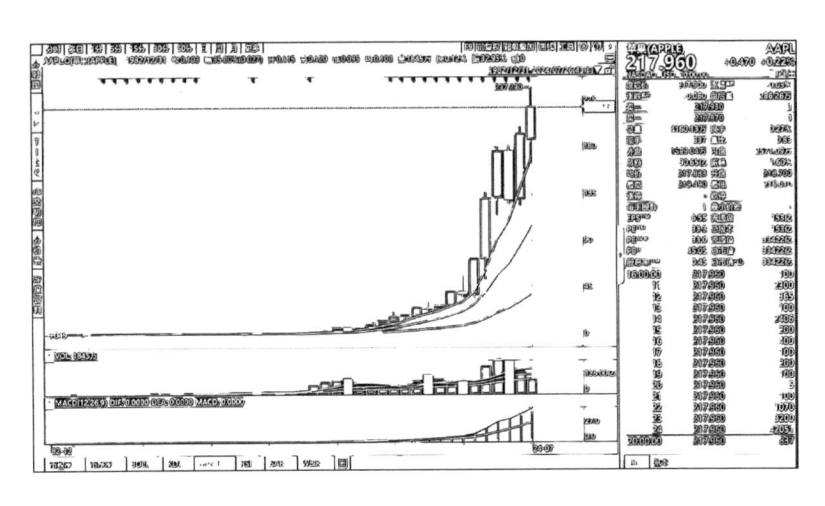

资料来源：wind 数据。

图 3—3　苹果公司从 20 世纪 80 年代至今的年线

《伟大的博弈》中揭露了诸多华尔街资本的丑恶行为,其中最鲜明的例子是19世纪的铁路巨头们为了争夺市场和资源而不择手段的竞争。这些铁路巨头通过各种手段操控市场、压榨工人,甚至参与政治腐败,以获取更多的私利。

　　铁路公司在建设过程中,为获得更多的政府补贴和土地,常常向政府官员行贿,并通过媒体操纵公众舆论。为了降低成本,铁路公司雇用了大量的移民劳工,却在工资和工作条件上进行苛刻的压榨。劳工在极其恶劣的环境中工作,缺乏基本的劳动保障,导致事故频发,大量工人伤亡。各大铁路公司之间为了争夺市场份额,不惜发起价格战,这种恶性竞争不仅使许多小公司破产,也严重破坏市场秩序。虽然短期内价格战让消费者受益,但长期来看却损害了整个铁路行业的健康发展。

　　此外,这些铁路公司在金融市场上进行大量的投机活动,通过股票逼空、市场囤积等手段操纵股价,进一步加剧市场的动荡和不确定性。一些著名的股票分析师利用虚假的股票等级评定和分析报告非法获利数千万美元,误导大量中小投资者。彼时的金融大V通过发布虚假的分析报告,误导投资者购买某些公司的股票,其实这些报告是受雇主与这些公司之间的交易利益驱动的。由于监管制度的缺失,在那个粗放的年代,在大鳄面前,小鱼小虾最终大多难逃沦为盘中餐的宿命。

二、中国的效率游戏元年

　　过去十多年,一些优秀的牛散或基金经理大致这样建立资产配置方案:他们以时间作为维度,用周期模型进行资产配置,也可以理解为均值复归模型,即适当分散投资,高位兑现一部分,到底部再稍微放大风险偏好。一般情况下,一个上升或者下降周期至少2～3年,一轮较完整的经济周期大概是5～8年的维度,用周期模型的方法进行资产配置,在过去十多年来,效果是不错的。

从2008年以后,中国A股股市经历了几十次3 000点保卫战,十多年一直在围绕3 000点做大箱体震荡波动,这是因为中国经济最近十多年一直在玩着房地产这个周期游戏,这个游戏并没有什么效率,全社会加杠杆,增加负债,推动经济增长,但增长越来越缓,最终走向下行;故映射到股市,就是股市随房地产周期而大箱体震荡波动。过去房地产是经济周期之母,也主要是基于这个原因。这里必须补充一下互联网和移动互联网带来的效率,中国其实也在互联网大潮中享受到了红利和效率,但这些互联网巨头公司都没有在中国A股上市,对于中国A股的贡献几乎为零。

从20世纪80年代到2008年近三十年,中国经济其实是有三次效率推动发展的阶段,也带来过中国股市三大波的上涨(见图3-4)。但2008年后效率对经济的推动作用就很弱了,股市也因此长期在3 000点震荡。

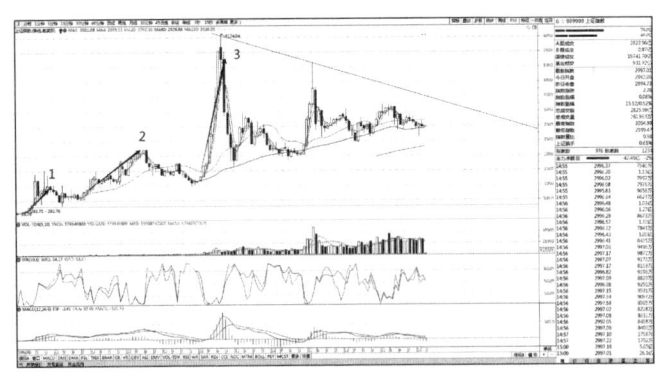

图3-4 上证指数三次效率推动的牛市

从社会经济发展阶段看,全球新一轮技术革命正在推动经济进入新周期。我们观察到,决策者们大概率正在放弃房地产这个周期游戏,转为引导社会开启技术推动的效率游戏,发展新质生产力使经济的驱动力重新回到效率驱动,但目前还在效率驱动新周期的酝酿期,效率还主要体现在价值链上游的部分企业。未来三五年内就有可能出现因效率游戏的爆发而带来的巨大红利。

用上一章提到的盲盒思维抓住效率游戏的特征,我们有机会提前打开盲盒观察和审视产业效率,选好未来最有效率的产业赛道,根据价值链的延伸,物色"戴维斯双击"的股票,在下注前就能窥视到在盲盒中深藏的未来的馈赠,获得 Tenbagger(十倍股),甚至获得更长周期的更大回报。站在哲学投资的维度,提前打开盲盒观察审视产业效率,玩好效率游戏,就可以拒绝因为价值投资被时间盲盒所囹圄。

三、技术、制度、文化

人类有一种倾向,即花相对少的时间做更多的事,这写在你我的基因中,是进化留给我们的引擎。有位哲人说,看懂一个社会要从三个方面入手:技术、制度、文化。正是人类渴望提升效率这个引擎,带来了技术变革,而技术变革进而推动了制度变革和文化创新。

18 世纪,英国资本家为了提高煤矿的抽水效率,投资于蒸汽机的研究和开发。詹姆斯·瓦特改进的蒸汽机极大地提升了工业生产的效率,标志着第一次工业革命的开始。20 世纪初,亨利·福特通过资本投资,建立了世界上第一条汽车流水线,这一创新大幅降低了生产成本,提高了生产效率,使汽车成为大众消费品。20 世纪后半叶,风险资本家投资于硅谷的高科技公司,推动了计算机、互联网和通信技术的发展,这些技术革新极大地提高了信息处理和传递的效率。17世纪,荷兰东印度公司通过资本的集中和股份制的创新,建立了世界上第一个跨国公司,这一制度变革促进了全球贸易的发展。为了适应资本的全球化流动,现代公司治理结构逐渐形成,包括董事会、股东大会等,这些制度变革提高了企业的透明度和运营效率。在消费端,当资本家积累了财富之后,也通过赞助和控制媒体等手段,引领和改变人们的消费观念和生活方式,增加了消费的效率。

从人类历史上看,每一次工业革命都是效率游戏的一个新阶段,通过技术创新极大地提高了生产效率,改变了经济结构和社会生活方式。放眼古今中外,资本有一条不变的特性——追逐利益。越是精明的资本,越是要求利润最大化、成本最小化、效率最优化。某种程度上,人类一代代的技术革新、制度变革以及文化创新,无不源自于此。

当我们讨论效率游戏的时候,我们看中的是通过识别和投资那些能够显著提高生产效率、运营效率和创新效率的产业或公司,以期在较长的时间内获得超额回报。这需要有对产业发展趋势的前瞻性判断,以及对企业效率提升潜力的深入评估。效率游戏的核心在于利用技术进步来推动经济增长和公司价值的提升。那么如何去寻找这样的产业或公司?答案写在人类技术革命飞奔而来的列车上,在每一次效率大幅提升的转折点,沿着那些提升效率的方向都蕴含着巨大的机会。

第一次工业革命(约1760—1840年)。以蒸汽机的发明为标志,机械化生产取代了手工劳动,大幅提高了生产效率,促进了工业化和城市化。

第二次工业革命(约1870—1914年)。电力和内燃机的广泛应用,使得生产进一步自动化和规模化,同时带来了新的交通和通信方式,如电话和汽车。

第三次工业革命(20世纪后半叶)。计算机和信息技术的发展,使得信息处理和通信速度大幅提升,促进了全球化和知识经济的兴起。

当前我们或许正处于第四次工业革命,也被称为人工智能技术革命。这一革命的核心是人工智能(AI)、大数据分析、物联网和自动化等技术推动效率提升。

四、新机遇

每一次技术革命都会带来赢家通吃现象,产生一些明星公司,比如前文提到的福特、苹果,还比如AI技术革命中,算力领域的英伟达,又比如通用电气、标准石油,曾经几乎垄断了其所在行业的大部分利润。当然,我们同时也要看到,技术革新会催生一系列互补产业的发展,提供新的机遇。

AI技术革命对信息产业的影响主要体现在智能化和自动化方面,它极大地提高了信息处理和决策的效率。在医药研发和生命科学领域,AI的应用可以加速新药的发现和疾病治疗的研究,提高研发效率。例如,Atomwise公司使用AI来筛选潜在的药物候选分子,这可以显著减少药物研发的时间和成本。又如,通过分析医学图像(如MRI或CT扫描),AI可以帮助医生更准确地诊断疾病,Google Health就使用深度学习模型在乳腺癌筛查中取得与放射科医生相当的准确性。

另外,随着AI技术的发展,人们对于个性化和高质量的体验需求将增加,体验经济、心灵成长和社群服务等将成为重要的互补产业。

如 Talkspace 和 BetterHelp,它们提供在线心理咨询服务;使用 AI 技术来匹配用户和合适的心理咨询师,再如 Nextdoor,它允许邻居之间分享信息、组织活动,并提供社区安全提示,增强社区联系。

AI 技术的发展要求人们不断学习、适应新技术以及快速了解全球市场,创新教育、跨境出海等领域将成为重要产业。Coursera 和 Khan Academy 提供大量的在线课程,使用 AI 技术来个性化学习计划,适应不同学生的学习速度和风格。另外,Google 翻译、讯飞听见等工具使用 AI 技术,提供高质量的即时语言翻译服务,帮助人们跨越语言障碍进行沟通,大大增强了学习成本和沟通效率。

当然,以上只是笔者创作时期涌现出的一些比较有想象的方向和企业,在 AI 应用发展的早期,判断谁会成为伟大的公司为时尚早。这些企业是否会迎来指数级增长的机会,除了历史机遇,也要看其自身盈利能力、创始人格局、用户的喜爱程度、是否有不断突破和创新的文化来适应市场变化和技术革新等方面的综合表现,如果变革跟不上时代的步伐,最终仍将会被淘汰。总之,AI 技术革命将对社会产生深远影响,我们应该提前观察和布局 AI 技术革命中互补产业的这些领域。

第二节 效率的加速度

20 亿年前,我们的祖先是微生物;5 亿年前,是鱼类;1 亿年前,是类似于哺乳动物的生物;1 000 万年前,是类人猿;100 万年前,原始人类经过苦苦探索后驯服了火。我们演化进程的典型特征是把握变化,如今变化的节奏正在加快。

———卡尔·萨根

技术的不断加速是加速回报定律的内涵和必然结果,这个定律描述了进化节奏的加快,以及进化过程中产物的指数增长。这些产物包括计算的信息承载技术,其加速度实质上已经超过了摩尔定律做出的预测。

———库兹韦尔

一、创新缘何越来越快?

要弄清楚技术发展和创新为什么越来越快,就不得不说一个人和他的理论,这个人就是谷歌的技术总监、奇点大学校长,著名的未来学家和加速回报法则的提出者——雷·兹韦尔(Ray Kurzweil)。

加速回报法则(Law of Accelerating Returns,LAWR)描述了技术进步和创新速度随着时间而加快的现象。这条法则是由雷·库兹韦尔等未来学家和思想家提出和推广的。他们认为,随着技术的发展,人类能够创造更先进的技术,而且这种创新的速度会呈指数级增长。加速回报法则的大致意思如图3—5所示。

根据库兹韦尔的思想,在技术的早期阶段,如轮子、火和石器的使用等,这些技术进展缓慢并且普及需要数万年的时间。相对而言,大约一千年前的印刷术这样的重大革新,也需耗费近一个世纪才得以广泛采用。然而到了今天,像移动电话和互联网这样的技术变革,只需几年时间便已全面融入我们的生活。在19世纪,一百年间的技术进

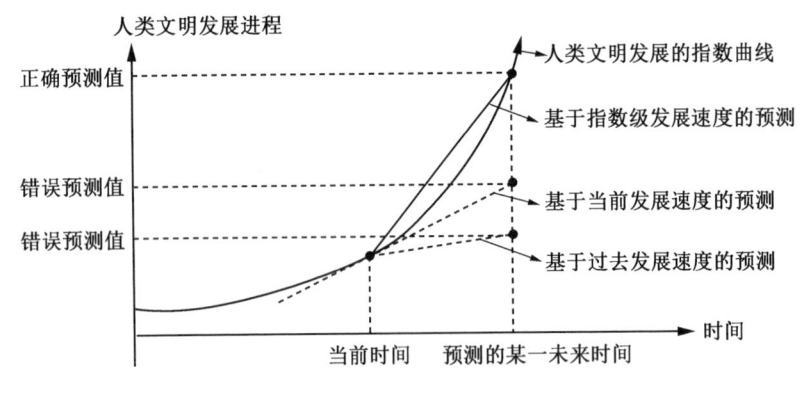

图 3-5　加速回报法则①

步超越了之前900年的累积变化。而在接下来的20世纪前二十多年里,我们所见的科技发展又超越了整个19世纪的总和。

为何会产生这种现象?根据库兹韦尔的理论,有以下几个方面原因:

第一,每一个进化阶段产生的更优解决方案都为下一阶段的进展奠定了基础,每个后续的进化都是以前一阶段的成果为基石,从而使得发展速度加快。在这个进程中,进化扮演了间接的角色,进化产生了人类,人类进而发明技术,这些技术再被应用于创造更新一代的技术。

第二,进化过程并非封闭系统,它在更广阔的系统中引发变化,从而增加多样性选择。因为进化建立在不断增长的秩序之上,其过程中的秩序也因此呈指数增长。

第三,进化过程中的"回报"(包括速度、效率、功耗和整体进程能力)总是指数级增长。就像摩尔定律所指出的,与前一代相比,新一代

---

① 此图根据雷·库兹韦尔加速回报理论整理,参见雷·库兹韦尔:《奇点临近》,机械工业出版社2011年版。

电脑芯片在单位成本下可以生产出两倍的组件,且处理速度显著提升(因为电子部件内部及其与其他组件的通信距离缩短)。性能和成本效益等方面不仅在计算机行业以指数速度进步,其他信息技术领域(包括人类知识库)同样如此。需要强调的是,信息技术具有极大的包容性,随着时间推移,它将渗透到经济活动和文化事业的各个方面。

第四,一个进化的成果越卓越,就会为该过程的后续发展分配越多资源。这导致了第二层指数级增长,即指数级增长率本身也呈指数级增长。例如,在20世纪初,计算性能翻倍需要3年时间,到了世纪中叶仅需两年,而现在只需一年。每个芯片在相同成本下的效能每年翻倍,同时芯片的产量也在指数级增长。因此,数十年来计算机研发预算也显著增加。库兹韦尔还将这一分析应用于其他关键技术指标,如晶体管成本降低、微处理器时钟频率增加以及动态RAM价格下降等。他还探讨了生物技术和其他领域的发展趋势,比如DNA测序和无线数据服务成本降低,以及互联网主机和纳米技术专利数量增加等。在这些领域中,库兹韦尔发现了相同的模式:技术以指数方式加速发展。

第五,任何增长模式都在应用传播中呈指数级增长,直到其潜能被完全挖掘。此时,模式将转移,从而在整体上确保指数级增长的持续。每个模式的发展都分为三个阶段:(1)初始的缓慢增长期(指数级增长的早期);(2)迅速增长期(随后的爆炸性指数增长);(3)成熟期的平稳阶段。三个阶段连起来,类似S形曲线,如图3-6所示。

该S形曲线图显示了当前的指数趋势是如何由级联的S形曲线组成的。每个后继的S形曲线比前一个S形曲线更快(花更少的时

图 3-6　加速回报现象[①]

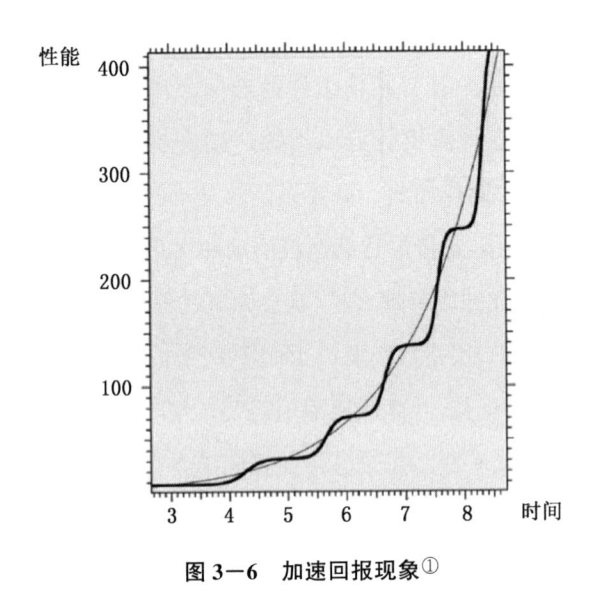

间,如 X 轴所示)和更高(性能更高,如 Y 轴所示)。

二、第四次工业革命

从人类历史上的前三次技术革命到当前的人工智能技术革命,每一次技术革新都为效率的大幅提升带来了机遇。其中,第一次工业革命是人类历史上一个转折点,它不仅改变了生产方式,还重塑了社会结构、经济模式和人类生活方式。在我看来,人类历史上可能只有第一次工业革命可以跟我们现在遇到的这一轮革命带来的变革相提并论。我从生产方式、人口结构、社会阶层、经济模式、社会治理等方面来分解。

[①] 摘自雷·库兹韦尔著:《奇点临近》,机械工业出版社 2011 年版,第 65—70 页。

（一）生产方式的变革

第一次工业革命时期，机械化生产取代了手工劳动，生产效率的极大提高，使得商品生产规模化、标准化成为可能。同样的道理，当前的 AI 技术革命，随着颠覆式创新技术的不断发展和迭代，AI 助手、机器人管家、无人驾驶、脑机接口等不再遥不可及，这为社会带来第一次工业革命时期类似的颠覆式变革。

（二）人口结构会发生变化

18 世纪，随着工业化的推进，大量农村人口迁移到城市，成为工人阶级，城市化进程加速。而当前，随着技术的发展，教育和培训体系需要适应新的技能需求，终身学习和在线教育变得更加重要。如果我们不再更新认知，按照部分 AI 科学家的观点，当前人类的很多劳动可以完全由机器人代替，被替代的人该向何处去？或出现"无用阶级"。

（三）社会阶层开始重塑

工业化带来的社会阶层，如资本家、工人阶级和中产阶级，这些阶层的出现重新定义了社会结构。当前技术革命可能催生新的社会阶层，如数据科学家、AI 工程师等，同时也会重新定义传统职业，进而推动社会结构的改革。

（四）经济模式悄然转变

彼时工业经济逐渐取代了传统的农业经济，成为主导经济模式。此时共享经济、平台经济等新型经济模式可能会进一步发展，改变传统的生产和消费关系。

（五）社会治理或将迎来创新

工业革命时期，工业化需要统一的市场和法律体系，促进了现代国家的形成和民主国家的兴起。而如今，人工智能时代人类面对的很多问题往往是跨国界、跨学科、跨物种的，社会治理模式必然随之创新，以适应新的社会需求和挑战。

三、将推动哪些变革

过去这些年，计算机处理速度得到显著提升，从而加快了决策过程和提高了决策质量。随着处理器速度的增快以及多核处理器的普及，计算机能够更快地处理复杂的运算和数据分析任务，使得企业和科研机构能够在更短的时间内从海量数据中提取出有价值的信息，加速了创新和知识产出的速度。

如今，随着算力的逐步增加，高级算法与人工智能的发展优化了信息筛选和分析流程，使企业和个人能够从大量数据中迅速获得有价值的洞见。机器学习和深度学习等技术的应用，使得计算机不仅能处理数据，还能从中学习和预测未来趋势，这对于金融市场分析、消费者行为研究等领域具有重要意义。云计算技术的应用让信息存储和处理更加灵活高效，降低了成本并提高了可访问性。通过云端服务，企业无须投资昂贵的硬件设施即可获得强大的计算能力和存储空间，同时也能更高效地进行数据管理和灾备，保证了业务的连续性和数据的安全性。

信息处理能力的加强大幅提高了信息传递的速度，互联网和移动通信技术的发展使得信息的流通速度指数级增加，人们之间交换信息所需时间越来越短。高速宽带网络和 4G/5G 移动通信技术的普及，使得信息几乎可以实时传输到世界任何角落。社交媒体平台的兴起实现了信息的即时共享，任何人可实时获取全球各地发生的事件。平台如微博、微信和抖音等成为信息传播的重要渠道，用户生成的内容可以迅速吸引大量关注并引发讨论，这种互动性也改变了新闻传播和公众舆论的形成方式。数字化媒体内容易于复制和传播，促进了文化产品如电影、音乐及书籍的快速流传。数字版权管理技术和网络分销渠道的发展，使得艺术作品能够以数字形式安全地传播，并为广大消费者提供便捷地获取途径，这促进了全球文化的交流和融合。

这些技术的普及和改变，极大地推动了制度变革。首先，政府运作模式在悄然变革，电子政务让公共服务变得更加透明和便捷。在线服务平台使得公民可以更方便地获取政府信息、申请服务和参与治理，这不仅提高了行政效率，也增强了政府的公信力和互动性。数字时代的监管需求催生了新的法律法规，例如针对网络隐私和数据保护的法律。随着个人数据的激增和网络犯罪的增加，各国政府纷纷出台了相关法律来规范数据的收集、使用和保护，以维护网络空间的秩序和公民的权利。企业为适应数字化转型，推行远程工作和灵活工时等新型劳动制度。这些新制度利用技术手段打破了地理限制，提高了工作的灵活性和效率，同时也对企业管理和员工福祉提出了新的挑战。

技术的进步和制度的改变也促进了文化创新。科技工具如图像和视频编辑软件使得创意内容的制作更为便捷，降低了创作门槛。这使得更多的个人能够参与到文化创作中来，推动了草根文化的繁荣和多样性。跨文化交流变得频繁，多元文化融合孕育出新的艺术形式和表达方式。网络平台提供了一个展示和交流不同文化的舞台，促进了不同文化背景的人们相互理解和合作，激发了新的创意和表现形式。

教育技术的进步,如在线课程和虚拟现实教学,正在重塑传统的学习和教育模式。这些技术提供了个性化和沉浸式的学习体验,使学习变得更加高效和有趣,同时也在扩大教育资源的覆盖范围,减少了地域和经济条件对教育机会的限制。

在这一次人工智能革命中,技术革新通过提高信息处理的效率以及信息传递的速度,直接推动了社会制度和文化的变革。这些变化不仅体现在结构和机制上,还深刻影响着人类行为和社会互动的方式。随着技术的不断进步,我们将继续见证其在塑造未来社会中的关键作用。

技术进步推动制度变革和文化创新是一种偶然,也是一种历史的必然。举个例子,苹果公司将产业链搬到中国是一个逐步的过程,这一过程主要发生在20世纪90年代末至21世纪初。当时正值亚洲金融危机,整个亚洲经济一片萧条,中国经济何去何从?这是社会从上到下都在思考的灵魂拷问。深圳人也出了灵魂之问:"深圳将去向何方?"而在此期间,大洋彼岸的苹果公司在效率游戏的推动下,开始寻求更高效的生产方式,并在全球范围内进行供应链的优化。彼时的中国急需这样的机遇,而深圳因其在电子制造领域的突出优势,成为苹果供应链转移的重要目的地。

在独特的地理优势、相对健全的产业链、丰富的人才资源以及政府的政策支持等多方面因素的综合作用下,苹果的供应商如富士康、和硕等大型制造企业在深圳建立了庞大的生产基地。这些企业不仅为苹果提供组装服务,还涉及零部件的生产,如电路板、显示器、电池等。随着苹果产品,尤其是iPhone的销量激增,这些位于深圳的制造基地的规模也迅速扩大,带动了整个产业链的发展。

苹果产业链对深圳经济的贡献是显著的，将深圳经济从泥潭中一点点带向腾飞，深圳由此获得了持续二十年的智能手机和消费电子的效率红利。苹果的主要供应商在深圳雇用了数十万名员工。这些制造业岗位不仅为当地提供了大量就业机会，还促进了相关服务业的发展，如餐饮、零售等。苹果产品的生产和出口对深圳的出口贸易贡献巨大。富士康深圳工厂每年出口的苹果产品价值高达数百亿美元，极大地提升了深圳的外贸出口额。尤为关键的是，苹果对高质量组件的需求推动了深圳及周边地区相关技术的研发与创新。许多供应商为了进入"果链"，不断引入新技术、新工艺，以符合苹果的高标准。苹果供应链的成功故事吸引了更多外资企业来深圳投资。这些外资企业带来了资金、技术和管理经验，进一步促进了深圳的经济增长。深圳的崛起是师夷长技以自强的典型代表，输入性的技术带来了创新动力，推动了制度变革并潜移默化地影响人们的思维方式，进而带来文化的创新。

第三节 深谙效率游戏之道的投资机构

一、百年老店

在英国北部的苏格兰，有一座雄踞于延绵火山灰和岩石峭壁上的城市——爱丁堡，这里是 J. K. 罗琳笔下的《哈利·波特》魔法城堡故事发生的地方，是周杰伦经典歌曲拍摄 MV 的取景地，是一个浪漫主义和现实主义共存的地方。创立于 20 世纪初的柏基基金（Baillie Gifford，以下简称"柏基"）诞生于此，这是一家拥有逾百年历史的投资管理合伙公司，截至 2024 年一季度，管理规模超 2 000 亿美元。2020年，因其旗下基金自 2013 年买入特斯拉以来，长期持有其股权并成为仅次于马斯克的第二大股东，在特斯拉股价高歌猛进之时，对特斯拉的投资浮盈超过了 200 亿美元而被越来越多的投资者发现。

仔细审视这家基金管理人的投资哲学，发现这家百年老店的确不简单，他们深谙效率游戏，懂得加速回报定律的道理，寻找的标的通常是处于颠覆性创新时期且可能会为未来全人类的生活和生产效率带来指数级提升的伟大企业。他们的投资哲学定位的是时间，是指数级上升的那段时间，而投资标的是一个个承载这个时间和其投资理念的载体。

我们认为，柏基是离"投资成功之道"最近的一家投资公司，站在效率游戏的维度上，可以说有更大的学习价值。从柏基基金官网看，他们是这样描述自己的：

> 自 1908 年以来，柏基一直在寻找和投资世界拥有伟大的增长机会，最初，这意味着为新兴的大规模汽车工业提供材料。一百多年后的今天，这意味着为基因学和创新医疗、数字网络以及后碳世界投资。共同点在于，我们寻找能够从长期深刻变化中受益的公司。我们是雄心勃勃的增长型投资者，无论它们身在何处，都在寻找有机会增长至当前规模数倍的公司。我们会问一个公司在 5 年或 10 年后能成为什么，以及需要发生什么才能使这段旅程展开。我们与公司建设性地互动，鼓励长期思考和为增长投资，即使面对市场不断的短期主义。最成功的公司是那些负责任地满足社会重大需求和愿望的公司，推动生产力的提升，从而提高生活水平。对我们来说，投资

不是市场分析、股市指数和会计的游戏；这是一种需要想象力、开放心态、创造力和持续好奇心的职业。

我们的投资团队在国籍、认知和文化上是多样化的，这导致在强大共同目标的框架内产生热烈的辩论。我们更喜欢与企业家和学者为伍，而不是经纪人和金融评论员。真正的长期投资并不容易。抵制外部压力可能很困难，因此我们的公司作为一家多代私人合伙企业运营也就不足为奇了。公司的拥有者全职工作并拥有无限责任，所以你可以放心，你的利益与我们的利益是一致的。我们不以管理资产或盈利能力来衡量成功或设定目标，我们通过为客户交付有意义的、成本后的超额回报来衡量它。

重大的财富创造一直是并且永远是少数拥有无限机会和鼓舞人心的领导力的公司的专利。对我们来说，不是寻求"市场覆盖"或固守股价。随着技术和商业模式的发展，我们寻找现实世界的机会。这意味着我们不仅仅是积极的投资者。我们是真正的投资者，重视不断学习、耐心和坚韧。我们很幸运，因为我们有一个与我们价值观相同的客户群。[①]

二、柏基 VS. 巴菲特

柏基是一个什么样的机构，他的投资哲学是什么？他们寻找的公司具有什么特点？如何锁定这些公司？柏基的投资哲学和巴菲特的

---

① 摘自柏基基金官网链接：media. bailliegifford. com/mws/dxnaossj/2024021151357_bailligifford-introduction_transcript. pdf.

价值投资理论有何异同？以下我从投资哲学&选股逻辑、持仓周期、持仓集中度、组织结构、风险控制、业绩表现几个方面一一拆解。

(一)投资哲学&选股逻辑

伯克希尔的投资哲学受到格雷厄姆和费雪两派的影响，属于混合派，他们注重企业内在价值，策略更为多元和复杂，涉及广泛的行业和企业。我认为伯克希尔的选股逻辑由两部分组成：第一部分有格雷厄姆思想的影子，即收购各行各业的性价比高的公司并持续经营，改善公司基本面，获取现金流；第二部分则是受到芒格先生和费雪派的成长股思路的影响，即通过投资少数优秀公司的部分股权来达到资产增值的目的。

关于选股逻辑的第一部分，巴菲特吸收了老师格雷厄姆的"捡烟蒂"思路：买入那些估值明显低于内在价值的股票，尽管这些公司价格的暴跌往往都有其原罪，如他们通常伴随着诉讼、债务纠纷，面临行业衰退、工会反抗，或者有组织管理、盈利能力等各方面的问题，由于多方因素以致买入价格看起来明显低于内在价值甚至低于账面价值。但股神之名绝非虚传，巴菲特就是具有变废为宝的能力：通过大幅举牌收购，控制公司后，改组董事会，接管公司经营，再经过一系列的改革手腕重新让公司踏上正轨并稳定盈利，企业各方面数据大幅改善之后，资本市场将会给予其新的定价，标的公司的股价也会重新回到甚至超越其内在价值。20世纪六七十年代对桑伯恩地图公司、邓普斯特制造公司和彼时的"伯克希尔·哈撒韦公司"(曾是一家纺织公司)的投资，都是基于这种思路。当然，股神也有大意的时候，我们如今看到巴菲特所有的投资版图都是以伯克希尔作为投资主体，其实也有着些许无奈,是因为当年收购之后,彼时伯克希尔的纺织业务一直无法走出泥潭,高昂的运营成本和激烈的外部竞争导致纺织业务的亏损持续增加,公司业绩持续下滑。不过大佬和普通人的区别就体现在这个时候:面对纺织业务的困境,巴菲特开始寻求业务多元化,以减少对纺织业务的依赖。他首先进入保险业,购买了盖可保险(Government Employees Insurance Company,GEICO)等几家保险公司,利用保险产生的浮存金进行投资,逐步构建一个庞大的投资组合。随后,伯克希尔进一步拓展到其他领域,如公共事业、铁路和食品制造等,形成一个稳固多元的商业帝国,最终形成了我们今天看到的局面。其实,通俗点理解,当时的情况同我们很多人戏谑自己"炒股炒成大股东"是一个道理:既然退不出,那就索性不退了。经此一役,巴菲特的投资哲学有了重大转变,开始重视企业质量而非仅仅关注价格。

关于选股逻辑的第二部分,要从1957年的一场晚宴说起。那时,巴菲特已经在投资领域开始崭露头角,而芒格则在加州从事法律工作并逐渐涉足投资。两人在奥马哈的一个投资者小组会议上首次相遇,芒格的投资哲学和方法给巴菲特留下了深刻的印象,特别是在对价值投资的认同上。芒格的批判性思维和对复杂问题的深入分析能力,使得巴菲特视他为伙伴和导师。1972年,在芒格的建议下,巴菲特开始了对喜诗糖果的投资,那时的美国正在经历经济和社会的快速变化。巴菲特和芒格认为,投资于具有持久竞争优势的品牌将带来长期稳定的回报。喜诗糖果以其高品质的产品和强大的品牌忠诚度在美国西部享有盛誉,这符合巴菲特和芒格寻找具有深护城河企业的投资策略。尽管最初对糖果业务持保留态度,巴菲特还是被其显著的盈利能力和品牌价值所吸引。最终,喜诗糖果的投资不仅为伯克希尔带来了持续的盈利,还极大地丰富了巴菲特的投资理念。1975年,芒格将自己的资本注入伯克希尔·哈撒韦,并随后成为伯克希尔的核心人物。随着芒格先生的加入以及喜诗糖果的成功,巴菲特认识到了拥有强大品牌和消费者忠诚度的企业能够持续创造巨大价值的重要性,这种认识后来影响了他对可口可乐等品牌投资的决策。投资喜诗糖果的成功使得巴菲特从最初的"捡烟蒂投资"转向更加注重企业质量与成长性的投资策略,强调寻找那些能够具有产品定价能力且在行业内占据主导地位的企业。

作为百年基金管理人,柏基的发展也经历了风风雨雨,一个多世纪的打磨使他们最终形成了一套卓有成效的选股策略:在全球范围内挖掘并长期投资于最具竞争力、创新性和成长效率的优质企业。柏基强调以开放的心态追求成长,支持和鼓励雄心壮志,尤其是鼓励和支持那些追求新的商业模式和技术创新的企业家。柏基采用自下而上的驱动方式,注重对基本面的深入研究,从5年甚至更长的时间维度探索投资机会。乐观主义是他们的价值观:他们本着积极的态度,更关注企业未来是如何赚钱的,即使现在还未盈利。他们有着"先正面思考、后负面批判"的文化。

在柏基内部,所有拟投资标的在决策之前必须经过充分的调研,回答下面这十个问题,通过这些问题的整理来进行前瞻性思考,并不断对拟投公司的企业文化、竞争优势、用户认可度、社会价值等定性因素进行研究,评估公司的长期成长空间。

(1)公司销售额在未来五年是否至少会翻倍?

(2)公司在十年及以后会发生什么变化?
(3)公司的竞争优势是什么?
(4)公司的文化是否有显著差异性?是否具备适应性?
(5)用户为什么喜欢这个公司?公司为社会做出了什么贡献?
(6)公司的盈利是否可观?
(7)公司利润率能否提高?
(8)公司如何运用资金?
(9)公司价值能够增长至少五倍吗?
(10)市场为何低估了公司价值?[1]

从尽调十问中也可以窥见柏基希望发掘的潜力公司的画像:有强劲的增长动力和市场潜力,收入可以在五年内翻倍是最低要求。同时,公司在十年内及以后能够适应市场变化和技术革新、持续成长和发展。此外,公司拥有清晰的竞争优势,如专利技术、品牌影响力、规模效应或独特的商业模式,能够吸引和保留人才,赢得用户的喜爱,提供卓越的产品或服务,并通过社会责任活动为社会做出贡献。公司的盈利可观,财务状况稳健,能够持续产生利润。公司有能力通过提高效率、降低成本或增加高价值产品和服务来提高利润率,能有效运用资金进行投资、研发、市场扩张或并购,以推动增长和创新。公司的长期价值有望增长至少 5 倍,市场可能因为某些原因(如短期挑战、市场误解或宏观经济因素)而低估了公司的真实价值。

(二)持仓周期

根据公开信息,以 2024 年视角来看,伯克希尔目前的前五大持仓

---

[1] 摘自柏基基金宣传材料。

买入时间如下：

1. 苹果

伯克希尔对苹果的投资开始于 2016 年 1 季度，这几年几乎一直在增持，在 2020 年苹果股票进行了拆股，其间有过少量的减持，至今为止已经持有高达 9 亿多股，市值超过 1 700 亿美元，为第一大持仓，持股约 8 年。

2. 美国银行

从 2007 年开始投资美国银行，并在 2010 年年末清仓，之后又于 2017 年开始买入 6 亿多股，并在随后的几年内数次增持，至今已持有 10 亿多股，市值近 350 亿美元，为第二大持仓，从 2017 年再次买入来计算，持股约 7 年。

3. 美国运通

自 1994 年开始投资美国运通，这是巴菲特早期的投资之一，2000 年之后几乎没有增减持，这笔投资已经近 30 年，市值超过 280 亿美元，为第三大持仓。

4. 可口可乐

伯克希尔于 1988 年开始购入可口可乐的股票，增持至 1 亿股后持有至今，从未卖出过，于 1996 年和 2012 年经历了两次拆股，截至目前，持有 4 亿股，市值超 200 亿美元，为第四大持仓，持股约 36 年。

5. 雪佛龙能源

2020 年 3 季度开始买入，2023 年开始减持，持仓不足 5 年，持仓市值超 180 亿美元。

柏基旗下拥有各个主题策略基金，我们选取柏基旗下具有代表性的旗舰产品之一——苏格兰抵押贷款信托(Baillie Gifford, Scottish Mortgage Investment Trust PLC, SMT)作为代表来分析其持仓周期。

SMT对于股票的持仓周期直接统计在了其业绩报告中,如表3-1、表3-2显示了SMT截至2024年3月的业绩报告关于持股时间的部分。从中我们可以看到,持有5年以上的股票约占63.9%,持有2~5年的股票约占29.5%,不足2年的股票不到6%。我手动统计了持仓超过10年的股票,它们是ASML、亚马逊、特斯拉、开云集团(Gucci的母公司)、腾讯、阿特拉斯·科普柯集团、Kinnevik、创新工场开发基金、WI Harper基金、全球人工智能机遇基金、Illumina等。经过计算,持仓超10年的股票合计占比约20.4%。

表3-1　　　　　柏基旗下SMT持仓情况(持有5年以上)

Name	% of total assets	Name	% of total assets	Name	% of total assets
NVIDIA	8.0	Affirm Holdings Inc	0.9	Zocdoc Inc	0.2
ASML	8.0	Atlas Copco	0.8	Bolt Threads Inc	0.1
Amazon	5.4	Denali Therapeutics	0.7	Sinovation Fund III	0.1
Space Exploration Technologies	4.0	HDFC Bank	0.7	WI Harper Fund VIII	0.1
Pinduoduo Inc	3.3	Ant International Ltd	0.6	ARCH Ventures Fund IX	0.1
Ferrari	3.3	Ginkgo Bioworks Inc	0.6	ARCH Ventures Fund X Overage	0.1
Tesla Inc	3.0	Zalando	0.5	ARCH Ventures Fund X	0.1
Spotify Technology SA	2.4	The Production Board	0.5	Innovation Works Development Fund	0.1
Wise Plc	2.4	NIO Inc	0.5	WI Harper Fund VII	0.1
The Brandtech Group	2.1	Tanium Inc	0.4	Global AI Opportunities Fund	<0.1
Meituan Dianping	2.1	Thumbtack Inc	0.4	Indigo Agriculture Inc	<0.1
Kering	1.5	Sana Biotechnology Inc	0.4	Uptake Technologies Inc	<0.1
Tempus	1.5	Warby Parker Inc	0.3	Illumina	<0.1
Zipline International Inc	1.4	Carbon Inc	0.3	Udacity Inc	<0.1
Shopify	1.4	Kinnevik	0.3	Intarcia Therapeutics	-
Netflix	1.3	Vir Biotechnology Inc	0.2		
Delivery Hero	1.1	Lumeris Group Holdings	0.2		
Tencent Holdings	1.0	KSQ Therapeutics	0.2		
Recursion Pharmaceuticals Inc	0.9	Heartflow Inc	0.2	Total	63.9
		HelloFresh	0.2		

表 3－2　　　柏基旗下 SMT 持仓情况(持有 2～5 年上)

2–5 years Name	% of total assets	Name		% of total assets	Less than 2 years Name		% of total assets
Moderna	5.4	Rappi Inc	ⓘ	0.4			
MercadoLibre	4.7	10x Genomics		0.3			
Northvolt AB	ⓘ 2.6	Nuro Inc	ⓘ	0.3	Meta Platforms		1.3
ByteDance Ltd	ⓘ 2.3	Jiangxiaobai Holdings Ltd	ⓘ	0.3	Cloudflare		1.2
Adyen	2.0	JRSK Inc	ⓘ	0.3	Roblox		0.9
Stripe Inc	ⓘ 1.8	Honor Technology Inc	ⓘ	0.2	Oddity	ⓘ	0.7
Snowflake Inc	1.1	Joby Aviation Inc		0.2	Coupang		0.5
Epic Games Inc	ⓘ 0.7	Teya Services Ltd	ⓘ	0.2	Sea		0.3
DoorDash	0.7	Workrise Technologies Inc	ⓘ	0.2	Climeworks AG	ⓘ	0.3
Redwood Materials Inc	ⓘ 0.7	Zoom		0.2	Insulet		0.2
Databricks Inc	ⓘ 0.7	GoPuff Inc (GoBrands)	ⓘ	0.2	UPSIDE Foods Inc	ⓘ	0.1
Relativity Space Inc	ⓘ 0.6	Capsule	ⓘ	0.2	ARCH Ventures Fund XII		<0.1
Aurora Innovation	ⓘ 0.6	PsiQuantum	ⓘ	0.1	Total		5.5
Wayfair	0.5	Clear Secure Inc		0.1			
Ocado	0.5	ARCH Ventures Fund XI		0.1			
Blockchain.com	ⓘ 0.5	Blockstream	ⓘ	0.1			
Horizon Robotics	ⓘ 0.4	Antler East Africa Fund 1 LP		<0.1			
Solugen	ⓘ 0.4	Total		29.5			

ⓘ Denotes unlisted (private company) security.
ⓘ Denotes listed security previously held in the portfolio as an unlisted (private company) security.
ⓘ Denotes security held for more than 10 years.
Net liquid assets represent 1.1% of total assets. See Glossary of terms and Alternative Performance Measures at the end of this announcement.

(三)持仓集中度

表 3－3 显示了伯克希尔公司 2023 年度报告中关于证券投资部分的统计。从中我们可以看到,在 ＊ 号下面的备注中,公司披露其前五大持仓占据其证券资产总持仓的近 79%,可见持仓集中度非比寻常。

表 3－3　　伯克希尔公司 2023 年度报告中关于证券投资部分的统计

Investments in equity securities are summarized as follows (in millions).

December 31, 2023 *	Cost Basis	Net Unrealized Gains	Fair Value
Banks, insurance and finance	$ 27,136	$ 51,176	$ 78,312
Consumer products	34,248	166,895	201,143
Commercial, industrial and other	48,032	26,355	74,387
	$ 109,416	$ 244,426	$ 353,842

* Approximately 79% of the aggregate fair value was concentrated in five companies (American Express Company – $28.4 billion; Apple Inc. – $174.3 billion; Bank of America Corporation – $34.8 billion; The Coca-Cola Company – $23.6 billion and Chevron Corporation – $18.8 billion).

根据年度报告,截至 2023 年 12 月 31 日,伯克希尔前五大持仓分别是:苹果,1 743 亿美元(如以证券资产总持仓公允价值 353 842 000 000

美元作为分母,其占比约49.3%);美国银行,348亿美元(占比约9.8%);美国运通,284亿美元(占比约8.0%);可口可乐,236亿美元(占比约6.7%);以及雪佛龙能源,188亿美元(占比约5.3%)。

表3-4、表3-5是SMT截至2024年3月的业绩快报中披露的持仓。我截取了前十大持仓呈现在这里,从中可以看到,最大持仓英伟达占比仅为8%,前5大持仓加总占比约为31.5%,相比于伯克希尔,柏基持仓较为分散。在个股主要业绩贡献统计中,我们看到,涨幅较大的英伟达对SMT总体的业绩贡献为8.2%,ASML为3.3%,2023年以来业绩表现欠佳的Moderna,因为柏基持仓较为分散,其对整体净值的拖累也控制在了4%水平以内。

表3-4　　　　　　　　柏基旗下SMT持仓情况

Name	Business	Fair value 31 March 2024 £'000	% of total assets	Absolute performance %	Fair value 31 March 2023 £'000
NVIDIA	Semiconductor company that designs and sells advanced chips	1,142,723	8.0	219.1	403,690
ASML	Lithography	1,139,040	8.0	40.1	1,061,247
Moderna	Clinical stage biotechnology company	776,316	5.4	(32.1)	1,143,046
Amazon	Online retailer and cloud computing	765,083	5.4	70.9	337,992
MercadoLibre	Latin American e-commerce platform	674,162	4.7	12.3	600,687
Space Exploration Technologies †	Designs, manufactures and launches rockets and spacecraft	573,837	4.0	23.3	465,394
Pinduoduo Inc	Chinese e-commerce	468,613	3.3	49.8	286,399
Ferrari	Luxury automobiles	468,557	3.3	58.6	297,770
Tesla Inc	Electric cars, autonomous driving and solar energy	429,998	3.0	(16.8)	686,200
Northvolt AB †	Battery developer and manufacturer, specialised in lithium-ion technology for electric vehicles	375,416	2.6	(13.4)	440,521

表3-5　　　　　　　　柏基旗下SMT持仓情况

Key contributors and detractors to performance – year to 31 March 2024

Contributors	Contribution to absolute performance %	Absolute performance % †	Detractors	Contribution to absolute performance %	Absolute performance % †
NVIDIA	8.2	219.1	Moderna	(4.0)	(32.1)
ASML	3.3	40.1	Kering	(1.5)	(38.9)
Amazon	2.8	70.9	Meituan ®	(1.4)	(33.7)
Pinduoduo Inc	1.8	49.8	Illumina	(1.0)	(84.9)
Ferrari	1.7	58.6	NIO Inc ®	(0.8)	(58.4)

* Contribution to absolute performance (in sterling terms) has been calculated to illustrate how an individual stock has contributed to the overall return. It is influenced by both share price movement and the weighting of the stock in the portfolio, taking account of any purchases or sales over the period.
† Absolute performance (in sterling terms) has been calculated on a total return basis over the period 1 April 2023 to 31 March 2024. For the definition of total return see Glossary of terms and Alternative Performance Measures at the end of this announcement.
® Denotes listed security previously held in the portfolio as an unlisted (private company) security.

(四)组织结构

伯克希尔拥有多样化的业务板块,包括保险、能源、制造业等,形成了一个庞大的企业集团。

保险业务是其资金获取的主要渠道,通过旗下的 GEICO、General Re(通用再保险)等公司,伯克希尔在汽车保险和再保险领域占据重要地位。保险浮存金为伯克希尔提供了近乎零成本的资金,这些资金被用于投资和其他业务,从而实现增值。铁路运输和能源方面,伯克希尔的 Burlington Northern Santa Fe 铁路公司是美国最大的铁路运输公司之一,而其能源子公司则提供电力和天然气供应。此外,伯克希尔还通过其子公司提供房地产经纪、房屋抵押贷款和消费信贷等服务。

伯克希尔倾向于使用自有资金进行投资和收购,而不是依赖外部融资,这样可以降低成本并提高灵活性。每个子公司都享有高度的自治权,能够独立做出决策,这种分权模式鼓励了创新和快速响应市场变化。当然,在投资决策过程中,巴菲特的个人影响力无疑起到了决定性的作用。

相比之下,柏基更像一家传统的基金管理公司,它不要求分析师覆盖固定的行业,强调跨界研究的重要性,鼓励开放和创新的投资辩论。他们在选拔投资人才时,通常会倾向选择在人文历史、哲学方面有造诣的博士,比如他们会鼓励研究员去研究哔哩哔哩和二次元文化。总之,柏基希望避免的是投资团队思维的固化,并且避免个别团队成员在某一个领域或行业形成毋庸置疑的话语权。"避免共识"是柏基在投研中的一个原则,公司甚至并未设立投委会,公司鼓励激烈而开放的投资辩论,但即便是一个新手分析师也有权运用公司分配的种子基金对自己的投资观点进行市场验证。这样的开放式投研体系确保了源源不断的优秀投资标的流入到投资组合中。

他们似乎不关心宏观、利率或政治问题,公司的使命是真正地长期投资与全球化,并且减少对股票市场指数的关心。

合伙人文化是柏基最独特的地方,通过巧妙的激励机制,投资经理可以分享投资的成果。他们奉行的理念是:你觉得如果你拥有这家公司,你会出于本能地去把事情做对。

柏基不怕投资经理犯错,他们鼓励尝试和辩论,比起投错一家公司,他们更惧怕的是错过一家伟大的企业。正如 SMT 的管理者之一汤姆·斯莱特(Tom Slater)说:"如果你能击中一两家真正推动市场长期发展的杰出公司,那么它们就会为不可避免的其他错误买单。"

(五)风险控制

1. 伯克希尔的风控机制

伯克希尔公司的风控机制主要包括出色的财务策略、内部资本的配置、分权管理模式以及巴菲特的核心影响力等方面。

(1)伯克希尔公司倾向于使用自有资金进行投资和收购,而不是通过外部债务或市场融资。通过这种方式,公司能够有效控制财务成本和风险,同时保持高度的运营自主性和灵活性。

(2)伯克希尔作为一个大型企业集团,能够在其子公司之间自由配置资本,从而将资本投入回报率最高的业务中。这种内部资本再配置的策略不仅优化了资本的效率,还减少了与外部融资相关的摩擦成本和限制。

(3)伯克希尔实行的是一种分权管理模式,各子公司在保持较大自主性的同时,也承担相应的责任。这种模式提高了业务的灵活性和响应速度,使得各个业务单元能够快速适应市场变化,有效实施风险管理。

(4)作为伯克希尔核心人物,巴菲特对风险管理有着深刻的认识。他认为,虽然过度保守可能会在大多数时间里限制回报,但这种策略能够确保公司的生存和持续发展。

2.BG 的风控机制

与伯克希尔略有不同,柏基的风险控制机制主要包括无限责任制度、长期业绩奖金发放体系,以及分布式决策机制等。

(1)通过实施无限责任制度,柏基确保了核心股东的利益与公司的整体利益和受托责任长期保持一致。这种制度要求股东和管理层在面对风险时必须承担相应的责任,从而鼓励更加审慎和负责任的决策过程。

(2)柏基的员工奖金是基于过去五年的长期业绩表现来计算的,部分奖金通过再投资回自身基金中的方式延迟发放。这种机制促使员工关注长期的投资回报而非短期的业绩,从而支持公司的长期投资策略和风险管理目标。长期投资策略使得公司能够穿越市场的短期波动,专注于投资标的的长期增长潜力,从而有效地管理和分散风险。

(3)柏基采用分布式决策机制,没有单一的领导核心,而是依赖群体的智慧和多层次的投资研究体系进行决策。这种机制有助于广泛收集信息和观点,减少单一决策者可能带来的风险集中问题。此外,柏基在投资研究中不区分一级市场和二级市场,而是将两者视为互补。这种投研体系加强了对投资机会的全面评估,提高了资产选择的准确性,从而更好地控制投资风险。

作为补充,除了知名的尽调十问,柏基还设计了风险六问:

(1)我们的投资组合错过了世界上哪些重大的机遇和变化?

(2)我们该如何在投资组合中反映这些机遇和变化？

(3)哪些变化是我们已经投资但不够充分的？

(4)我们还没有拥有哪些表现最好的公司？

(5)为什么我们没有拥有这些公司？应该投资它们吗？如何确保未来不再错过类似的机会？

(6)如何改进研究步骤和决策流程？

从风险六问中，我们可以看到，柏基会审视其投资组合，确保没有错过任何重大的市场机遇和变化。这包括对新兴行业、技术革新、市场趋势以及全球经济变动的持续关注。为了反映这些机遇和变化，他们可能会调整其投资组合配置，增加那些能够从新趋势中受益的资产类别。此外，他们会对已有的投资进行评估，识别哪些领域的投资不足，并考虑是否需要增加对这些领域的投资力度，以确保不会错过潜在的增长机会。柏基会分析哪些表现最好的公司还未被纳入组合中，并探究原因。这可能涉及对这些公司的进一步研究和分析，以确定它们是否值得投资。为了确保未来不再错过类似的机会，柏基可能会改进其研究步骤和决策流程，包括加强对市场动态的监控、提高决策效率以及优化投资策略。最后，他们通过反思过去的经验和教训，寻求改进其投资流程，以便更好地捕捉市场机遇并管理风险。

(六)业绩表现

根据2023年的年度报告，伯克希尔1965—2023年的年化复合回报率为19.8%，对比同期标准普尔500指数包含红利的总回报复合年化收益率为10.2%，伯克希尔的业绩表现可谓非常出色。表3-6是伯克希尔公司年报中对外披露的口径。

表 3－6　　　　　　　伯克希尔 2023 财年年度报告

（1965－2023 年业绩表现：伯克希尔 VS. 标准普尔 500 指数）

Berkshire's Performance vs. the S&P 500

Year	Annual Percentage Change in Per-Share Market Value of Berkshire	in S&P 500 with Dividends Included
1965	49.5	10.0
1966	(3.4)	(11.7)
1967	13.3	30.9
1968	77.8	11.0
1969	19.4	(8.4)
1970	(4.6)	3.9
1971	80.5	14.6
1972	8.1	18.9
1973	(2.5)	(14.8)
1974	(48.7)	(26.4)
1975	2.5	37.2
1976	129.3	23.6
1977	46.8	(7.4)
1978	14.5	6.4
1979	102.5	18.2
1980	32.8	32.3
1981	31.8	(5.0)
1982	38.4	21.4
1983	69.0	22.4
1984	(2.7)	6.1
1985	93.7	31.6
1986	14.2	18.6
1987	4.6	5.1
1988	59.3	16.6
1989	84.6	31.7
1990	(23.1)	(3.1)
1991	35.6	30.5
1992	29.8	7.6
1993	38.9	10.1
1994	25.0	1.3
1995	57.4	37.6
1996	6.2	23.0
1997	34.9	33.4
1998	52.2	28.6
1999	(19.9)	21.0
2000	26.6	(9.1)
2001	6.5	(11.9)
2002	(3.8)	(22.1)
2003	15.8	28.7
2004	4.3	10.9
2005	0.8	4.9
2006	24.1	15.8
2007	28.7	5.5
2008	(31.8)	(37.0)
2009	2.7	26.5
2010	21.4	15.1
2011	(4.7)	2.1
2012	16.8	16.0
2013	32.7	32.4
2014	27.0	13.7
2015	(12.5)	1.4
2016	23.4	12.0
2017	21.9	21.8
2018	2.8	(4.4)
2019	11.0	31.5
2020	2.4	18.4
2021	29.6	28.7
2022	4.0	(18.1)
2023	15.8	26.3
Compounded Annual Gain – 1965-2023	19.8%	10.2%
Overall Gain – 1964-2023	4,384,748%	31,223%

Note: Data are for calendar years with these exceptions: 1965 and 1966, year ended 9/30; 1967, 15 months ended 12/31.

作为对比,表 3-7 根据截至 2024 年 3 月的年度报告,柏基旗下 SMT 近十年的复合年化总收益回报约 17.1%。

表 3-7　　　　SMT 截至 2024 年 3 月的财年年报

(2014 年 4 月-2024 年 3 月综合业绩表现)

At 31 March	Net asset value per share* (fair)	Net asset value total return* (fair)	FTSE All-World Index†	FTSE All-World Index† total return	Share price	Share price total return	Revenue earnings per ordinary share	Dividend paid and proposed per ordinary share (net)	Retail price index
2014	100	100	100	100	100	100	100	100	100
2015	126	128	116	119	128	130	92	101	101
2016	125	128	113	119	126	129	68	102	102
2017	170	177	146	158	175	181	44	103	106
2018	212	221	147	162	212	221	49	106	109
2019	239	251	159	180	245	257	68	108	112
2020	272	287	145	169	275	290	64	112	115
2021	566	600	198	235	545	577	26	118	117
2022	496	527	219	265	491	522	48	124	127
2023	406	434	213	263	325	347	119	141	144
2024	**450**	**483**	**252**	**318**	**428**	**459**	**96**	**146**	**150**
Compound annual returns (%)									
5 year	13.5	14.0	9.7	12.1	11.8	12.3	7.3	6.3	6.1
10 year	16.2	17.1	9.7	12.1	15.7	16.5	(0.4)	3.9	4.2

Source: LSEG/Baillie Gifford and relevant underlying index providers. See disclaimer on page 113.
* See Glossary of terms and Alternative Performance Measures on pages 115 to 177.
† In sterling terms.
All per share figures have been restated for the five for one share split on 30 June 2014.
Past performance is not a guide to future performance.

因为柏基财报中仅披露了截至 2024 年 3 月近十年的年化复合回报率,而伯克希尔在年报中的数据时间为 1965—2023 年,为方便进行近似比较,我根据年报数据计算出了近十年(2014—2023 年)伯克希尔的年化复合回报率为 11.8%,这与柏基旗下 SMT 过去十年年化复合总收益 17.1%相比,似乎略逊一筹。这或许与近十年来,技术变革速度较之前越来越快,而柏基抓住了效率游戏中的命门——投资于技术革命爆发前——可能会带来指数增长这个金融时间有关。

三、对效率的诠释

投资界存在一个事后看特别显著,但事前却不容易看到的现象:尽管市场上有成千上万家公司,真正能够显著改变世界并带来巨大投资回报的公司却是凤毛麟角,我们站在今天的时间点,可以显而易见地看到福特汽车公司推动了汽车行业的规模化生产,苹果公司则彻底改变了智能手机行业等。这些公司不仅革新了各自领域,也为早期相信它们可以改变世界的投资者创造了巨大的财富。

事实上,在长达近百年的时间里,虽然股市的整体表现优于美国国债,但绝大多数股票的表现实际上并不如国债,市场的长期财富增值主要由那些表现卓越的公司驱动,它们通过重塑行业格局和创造新的市场机会获得高额利润。根据柏基的研究,从1926年到2016年,尽管美国股票市场创造了35万亿美元的财富,但其中一半以上的财富是由仅90家公司贡献的。这一发现凸显了一个重要观点:投资的成功往往依赖于识别和支持那些最终成为行业领头羊的杰出公司。在这种背景下,积极的基金管理应该致力于寻找和支持那些能够推动长期股票回报的卓越公司。

然而,真正的市场领导者并不是一夜之间成就的。伟大的公司需要时间来发展其业务并抓住巨大的市场机遇。以亚马逊为例,它并没有在一年内达到5 000亿美元的市值;投资者必须在看到其持续创新的潜力之后,用时间来绑定效率游戏,长期持有其股票,并在市场动荡期间保持坚定,才能从这种巨大的增长中获益。

分析企业并预测其未来十年的表现是充满挑战的,因为当前的收益和市盈率并不能很好地反映一个公司的未来潜力。因此,需要使用创造性的思维来分析公司,寻求地理上和心理上的多样性信息来源,与学术界和其他领域的专家合作,以获取新的视角和洞察,这对理解企业如何改变自己和世界至关重要。

柏基的投资决策理念颠覆了传统观点,甚至挑战了曾经金融市场的基石——资本资产定价模型(CAPM)。柏基认为,CAPM的复杂假设和所谓"均值回归"的理论会误导投资者,阻碍他们探索未来的长期机会。因为CAPM未能捕捉现实中的变化,尤其是在加速回报法则的作用下,在当今这个技术迭代越来越快、颠覆式创新越来越多的时代,效率游戏一旦开启,就会持续带来指数形式的增长。投资不仅是一门科学,更是一种艺术,需要创造性地预见企业、行业和人类社会的变化,并理解这些变化的驱动因素以及人们的适应方式。

长期视角的投资充满不确定性,柏基投资的成功源自非对称性的回报——收益可能是巨大的,而损失仅限于初期投资。为降低不确定性,柏基并不依赖CAPM等模型,而是努力理解企业面临的机遇,如技术飞跃和新商业模式,并通过与管理层对话评估企业把握机会的能力,一旦选定,就会投入时间,把握指数级上涨的成长阶段。

柏基核心投资理念是寻找能够持续数十年发展的企业。他们的投资决策基于对拟投标的未来潜力的积极评估,而不是过分担心可能出现的问题。通过尽调,积极识别那些即使只有10%的机会实现100倍回报的公司,因为这种不对称的投资回报特性意味着,即使多数投资可能失败,少数成功的例子足以弥补其他损失并提供总体的正回报。他们认为,重要的考量因素包括机会的大小、管理层的适应性和能力等,所以他们极为重视与创始人的面对面沟通。此外,他们专注于判断公司是否具备持久竞争优势,如果这些优势清晰可见,就无须过分关注短期业绩波动。如果说这是一种特别的直觉,柏基的直觉泵就是,他们坚信发现并追随重大变革远比频繁猜测市场走向要来得容易。

柏基的投资哲学值得我们思考,表3-8和图3-7是柏基的旗舰基金SMT近十年来的总回报表现,值得我们关注的是2020—2021年,因为新冠疫情原因,美联储在2020年3月紧急将联邦基金利率下调至最低值,成长股在天量的货币超发中受益,彼时,被称为"成长股猎手"的柏基旗下多只基金2020年回报大幅上涨,以SMT为例,基金根据公允价值计量的基金净值(Net Asset Value Per Share)2021年较2020年增长了约110.4%,欢呼和掌声响彻天空;而与之对应的是,2022年以来,随着加息进程的快速推进,2023年SMT基金净值较2022年回撤18.1%,柏基旗下多只基金净值缩水严重,市场一片唏嘘。

表3-8　　　　　　　SMT近十年来的总回报表现(数据)

At 31 March	Total assets* £'000	Borrowings £'000	Shareholders' funds* £'000	Net asset value per share (book)† p	Net asset value per share† (fair) p	Net asset value per share† (par) p	Share price p	Premium/ (discount)# (fair) %	Premium/ (discount)# (par) %
2014	2,986,580	388,867	2,597,713	211.8	208.0	212.2	208.8	0.4	(1.6)
2015	3,820,439	487,221	3,333,218	267.6	262.4	268.0	267.2	1.8	(0.3)
2016	3,955,398	497,954	3,457,444	263.4	259.2	263.8	262.5	1.3	(0.5)
2017	5,383,157	509,566	4,873,591	358.7	354.6	359.0	366.1	3.2	2.0
2018	6,673,471	485,715	6,187,756	443.5	439.9	443.7	442.2	0.5	(0.3)
2019	8,133,391	703,461	7,429,930	504.0	500.8	504.2	512.0	2.2	1.5
2020	9,151,409	906,775	8,244,634	567.3	565.7	567.5	573.5	1.4	1.1
2021	18,229,261	1,237,332	16,989,470	1,195.1	1,190.0	1,195.2	1,137.0	(4.5)	(4.9)
2022	16,888,759	2,131,588	14,755,999	1,021.8	1,030.8	1,021.9	1,026.0	(0.5)	0.4
2023	13,324,519	1,823,294	11,498,000	816.8	843.9	816.9	678.6	(19.6)	(16.9)
2024	14,281,529	1,644,356	12,629,814	911.3	936.6	911.3	894.0	(4.5)	(1.9)

Source: LSEG/Baillie Gifford. See additional note on page 113.
* See Glossary of terms and Alternative Performance Measures on pages 115 to 117.
† Net asset value per ordinary share has been calculated after deducting long term borrowings at either par, book or fair value (see note 19, page 105 and Glossary of terms and Alternative Performance Measures on pages 115 to 117).
# Premium/(discount) is the difference between the Company's quoted share price and its underlying net asset value with borrowings at either par value or fair value. See Glossary of terms and Alternative Performance Measures on pages 115 to 117.

Ten-year total return performance#
(figures rebased to 100 at 31 January 2014)

Source: LSEG/Baillie Gifford and relevant underlying index providers. See disclaimer on page 113.
● Share price total return#
● NAV (after deducting borrowings at fair value) total return#
○ FTSE All-World Index‡ total return

#See Glossary of terms and Alternative Performance Measures on pages 115 to 117.
‡ In sterling terms.

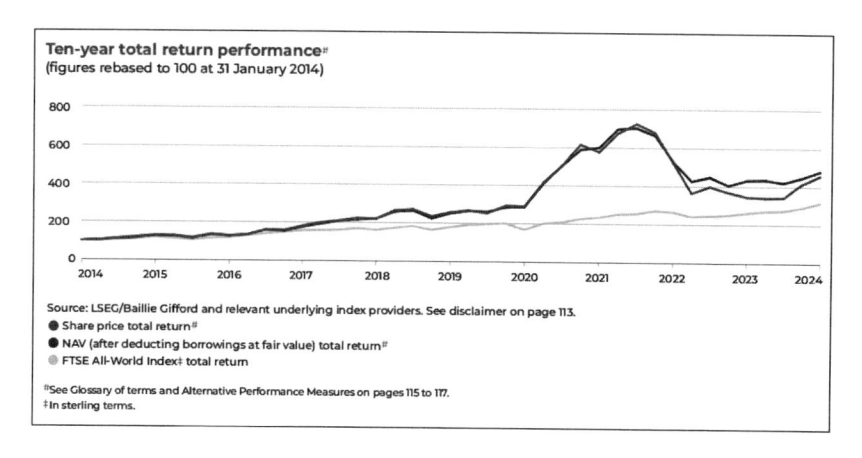

图3—7　SMT近十年来的总回报表现(折线)

当我们用发展的眼光、以10年以上的视角思考问题,会发现一个简单的道理:一切因果同源。因为政策带来的流动性泛滥和收紧,进而引发的成长股价格波动本身就不在柏基的投资哲学框架中。作为普通投资者,除了学习柏基对于颠覆性创新转折点的把握,是否可以在投资哲学中加入对宏观周期的判断,是值得我们深思的。当然,根据笔者近期与柏基的沟通,他们似乎也注意到了这个问题,是否享受时间价值的同时,也应结合市场情绪,适度调整仓位,避开那些有毒的时间。这在效率游戏中是否有更好的做法呢?柏基没有给我答案。

第四节　玩转效率的游戏

我们就拿近期比较流行的一款游戏举个例子:在王者荣耀的对战中,我们需要具备良好的游戏意识和微操技巧。意识指的是玩家对游戏局势的理解和把握,包括对敌友动态的观察、预测对手的行动和策略以及合理分配资源等。而微操则涉及玩家对英雄操作的技巧和细节处理,这往往决定了战斗中的胜负。本节旨在告诉读者,在面对纷繁复杂的金融市场,除了之前提到的游戏意识,我们该如何进行微操。

一、股票投资效率如何提升

买股票就是买公司,没有效率就没有效率游戏,也就没有伟大的公司。公司效率是企业在进行生产活动和内部管理时所表现出的效益与成本之间的比率,以及企业资源配置的优化程度。从细化的角度来看,公司效率主要包括生产效率、运营效率、财务效率和管理效率。生产效率是关注在最小的成本支出下实现最大的产出;运营效率涉及公司日常业务运作的流畅性及时间成本的节约;财务效率则侧重于资金的筹措、分配与运用,追求资金成本最小化和投资收益最大化;管理效率强调组织架构与决策流程的合理性,以提高决策速度和质量。

最近几十年,技术进步是推动公司效率提升的最关键动力。随着科技的不断发展,新技术的应用使企业能够在各个方面实现效率的飞跃。首先,在生产领域,自动化和智能化技术的应用极大地提高了生产效率。机器替代人工进行重复性高、劳动强度大的工作,不仅提高了生产速度,还降低了生产成本,同时减少了人为错误,提升了产品质量。其次,信息技术的进步优化了企业的运营效率。通过企业资源规划(ERP)系统、客户关系管理(CRM)系统等管理软件,企业能够实现数据的集中管理和分析,提高决策的速度与准确性。此外,技术进步还促进了企业内部的沟通协作,通过云计算、移动应用等工具,员工可以随时随地进行信息共享和协同工作,从而提高了工作效率。特别要强调的是,技术创新推动了企业产品和服务的创新,使企业能够开发新市场,满足消费者的个性化需求,增强竞争力,伟大的公司就是在技术进步中不断地涌现出来的。技术进步通过优化生产流程、提高运营管理效率、促进产品创新以及增强市场竞争力,全面推动了公司效率的提升。

公司效率的高低直接影响股票的表现,也决定了我们股票投资的效率,高效率的公司通常具有更强的盈利能力和市场竞争力,其股票往往更受投资者欢迎。相反,效率低下的公司可能面临较高的成本和较低的盈利能力,其股票表现可能较为疲软。

股票投资的效率要求投资者在股票市场中具有投资标的选择、资金配置、信息分析、交易执行及风险管理等方面的能力。这包括:信息效率,即投资者如何快速准确地处理市场信息并做出投资决策;交易效率,即在较低的交易成本和时间延误下完成买卖操作;投资组合效率,即在承担一定风险的条件下构建能带来最大收益的投资组合。

股票投资效率的提升也要求投资者能够准确评估公司的效率,投资者需要通过金融时间、财务分析、市场研究等手段来识别那些运营良好、管理有序的企业,以便做出明智的投资选择。价值投资就是在证券市场上选择那些有效率的公司,做预测、竞猜、下注、笃定和参与效率游戏。从本质上讲,没有效率的企业是不值得投资的,高效的公司通常具有更强的市场竞争力,通过技术进步带来的产品创新,优化资本配置和提高管理效率,能够在激烈的市场竞争中占据有利位置,因为只有高效的企业才能持续创造价值并实现资本增值。同时,高效率意味着公司在使用其资源时更加有效,从而能够产生更高的收益和更大的资本增值。另外,有效率的企业可以更好地应对市场波动和不确定性,减少潜在的风险。传统的价值投资理论讲了很多投资细节,但那些都是细枝末节,做价投一定要抓住效率这个本质,然后才可能在股票这个效率游戏中趋利避害,笔者更关注的是因技术进步带来的效率提升,特别是那些颠覆性技术带来的效率大幅提升,是关注的基点。

在股票投资中,效率和价值是密不可分的核心概念。效率与价值是相互作用的,高效的企业往往能以较低的成本实现更高的收益,从而提高其内在价值。市场对高效企业的认可通常会反映在较高的股价上,这进一步提升了企业的市场估值。

公司的效率是其创造财富和持续增长的关键因素。一个公司的效率体现在其运营流程、资本配置、管理团队的决策能力以及对未来趋势的适应力等多个方面。这些因素共同决定了公司是否能够以较低成本实现更高收益,从而提高其内在价值。

股票市场中的成功投资者都高度重视公司的效率。他们通过不同的方法和策略来评估和选择那些运营效率高、能够持续创造价值的公司。这种对效率的重视不仅帮助他们取得了卓越的投资业绩,也为其他投资者提供了宝贵的经验教训。与柏基基金和伯克希尔一样,李录、张磊、段永平等投资大师选择投资那些市场定位明确、具有长期竞争优势和高效率管理团队的公司,这种以效率为核心的投资策略使他们在中国和美国市场都取得了显著的成功。

二、效率与能量转换的比喻

效率即价值,投资效率就是投资价值,我们发现那些效率最高、持续性最好的公司,就拥有大的能量,有机会成为伟大的公司,大能量就会转换成不断增长的市值,最后就转换成为大的价格差。能量的转换比较抽象,可能没有比火山喷发更具象生动的了。

读者中可能很少有人亲历过火山喷发,但我想大多数读者都应该在电视上或手机上看到过火山喷发的图像。你假想一下,你站在美国黄石国家公园,矗立在距离火山口附近一千米的地方观看火山喷发的时候,一定会产生一些物理学和投资学的感悟。

火山喷发时,炽热的岩浆和火山灰伴随着震耳欲聋的轰鸣声从火山口冲天而起,巨大的能量喷涌而出,形成巨大的蘑菇云。四周大地为此颤动,火光映照天际,浓烟和灰尘遮天蔽日。熔岩河如同汹涌洪流,吞噬一切阻挡之物。这种自然力量的壮观场面既显示了大自然的壮丽,也警示人们敬畏自然之力,敬畏巨大的能量。

火山在地下积累了巨大的能量,这些能量主要来源于地壳板块的运动和地幔中岩浆的热能。当火山爆发时,它释放出巨大的能量,包括热能、动能以及化学能等。火山喷发时,会将大量的岩浆、火山灰、气体和其他物质抛向空中,同时释放出巨大的热量。

随着火山活动的持续,释放的能量可以导致周围环境的温度升高,火山灰和各种气体与空气中的水蒸气结合,可以形成大量的雾气,在火山灰和水蒸气混合的情况下,可以形成火山灰云,这种由微小的火山灰颗粒和水蒸气组成的混合物可以在大气中扩散,导致雾气越来越大。因此,火山是一个拥有大能量且能在一段时间内持续释放能量,并可能导致雾气增大的自然物体的例子。

当你在黄石国家公园眺望火山口,心中把那座火山想象成一只股票,想象成一家伟大的公司,因为从能量的角度来说道理是一样的,伟大公司都蕴含有巨大的能量。当那只股票喷发,股价的持续上涨如火山喷发一样壮观,那不就是投资者梦寐以求和渴望的主升浪吗?然后大能量就会转换成不断增长的市值。

当我们明白了能量转换的道理,那就让我们在效率选择中去准确地选到大能量的石头,参与量价时空的转换。在第四章我们还有"一石击水"的论述,会告诉读者一个法则:量价时空是一体的,以时间换空间,以大能量(高效率)换大价格差。价投成功的秘密就是在时代的贝塔里面去找大能量的石头(高效率的公司),做能量转换,以时间换空间,以大能量换大价格差。

三、如何用效率来选股

第五章会介绍"金双战法",这是一种"价时合一"的投资方法。先大胆假设,把预期中效率高的公司放进股票池,再小心求证。当某家公司出现了效率高、持续性好的时候,一定要重视,并把它放入投资组合中,这种机会很难得,可能出现"戴维斯双击",迎来大主升浪。如果出现板块效应,那就更好了,可以把它们中最优秀的几只纳入股票投资组合。简单的一句话,就是通过判断效率来参与游戏。

要提升效率判断的概率,就需要有强大的能力圈,判断效率的能力来自所谓的能力圈,作为一个价值投资者要具备的基本功,是只在自己的能力圈里下注,我们必须保持一定的能力圈,并且通过不断地学习,扩展能力圈的边界。

在衡量股票的效率的时候,我们还需引入利润的环比和同比的概念。我们通常理解,同比是速度,环比是加速度,当一只股票同时拥有两者的增长,就可能出现"戴维斯双击",迎来大主升浪。因此,效率不仅是速度,效率更是加速度,拥有加速度就意味着企业还在持续成长中,越跑越快,拥有美好的未来。只要加速度在,股价便还会继续上升。当你明白了这些道理,面对大牛股就不会再恐高。这便是提供的颠覆大部分散户思维的价值。

四、"野蛮人"视角下的效率游戏

Kohlberg Kravis Roberts & Co.(KKR)是一家著名的美国私募股权公司,成立于1976年,以杠杆收购(Leveraged Buyouts,LBOs)而闻名,这样的机构赖以生存的法宝一方面是资金实力,另一方面是对宏观经济、资金面以及行业趋势的准确判断。恰逢近期KKR的全球宏观、资产负债表和风险团队负责人,首席投资官亨利·麦克维(Henry H. McVey)前往中国,在经过一些调研以及和企业以及政策制定者的沟通后,他发表了一篇很有见地的报告,我通读了"野蛮人"在报告中的思考、对房地产行业和A股市场的看法,不得不佩服其视角的高度和思维的广度。其中,他们对于中国宏观趋势和相关行业的点评尤为精彩。当然,大部分观点是依托于屁股坐着的位置,KKR不是慈善机构,他们调研中国是为了寻找投资机会,其对于企业和政策制定者的建议是站在外国投资者的角度给出,但当笔者看到他们根据历史数据对效率和效率游戏的判断,不由得兴奋起来。

先补充一个背景知识,衡量经济体的效率,有一个常用指标是全要素生产率(Total Factor Productivity),这是一个经济体或企业在生产过程中所有投入要素的效率的指标,如果我们用 Y 代表总产出,L 代表劳动投入量,K 代表资本投入量,A 代表全要素生产率,那么它们有如下的等式关系。

$$Y=A \times L^a \times K^b$$

我们用通俗的话来理解,除了劳动力和资本的投入之外的全部其他投入都可以包含到 A 中,这个 A 即代表全要素生产率,这个指标全面地反映了包括技术进步、组织创新、教育水平提高等在内的多种因素对生产效率的影响。全要素生产率的增长意味着在生产过程中,每单位投入能产生更多的产出。较高的全要素生产率通常表明一个经济体具有更高的竞争力,因为它意味着能够以较低的成本生产出更多的产品和服务,或者能够在相同的成本下获得更高的产量。这对于提高生活水平、增加国家财富和推动经济发展至关重要。全要素生产率的增长率可以作为政策制定者评估其经济策略和业务表现的一个关键指标。提高全要素生产率通常需要投资于研发、教育培训、技术创新和管理改进等方面。

图3-8摘自KKR的报告[①],很好地诠释了经济体的效率和经济增长绝对数值的紧密关系,从图中我们看到自1978年以来中国的三次全要素生产率跃升,分别来自20世纪80年代双轨制价格体系的改革、20世纪90年代朱镕基总理的国有企业改革,以及21世纪初加入世贸组织带来的变革。当时的一次次阵痛或艰辛谈判换来了全社会的效率提升,较高的全要素生产率带来了经济的高速增长和GDP的腾飞。然而,图中显示,全要

---

① H. H. McVey,"Thoughts From the Road: China",KKR Global Macro and Asset Allocation Report,2024.

素生产率在2007年前后就见顶了,但中国经济的高速增长一直在持续,到2019年之前,GDP增速仍有超过6%的水平。那么在全要素生产率见顶之后,是什么推动着经济继续高速增长呢?

右边这条线代表杠杆水平,即总债务占GDP的比率,在全要素生产率较高的时候,我们看到杠杆水平的提升是较慢的,20世纪90年代到21世纪初这10多年,总债务占GDP的比率仅提升了约15%,而自2008年开始,我国的杠杆率快速攀升,同样是十几年,增幅达2.5倍以上。由此答案显而易见:2007年以后的经济高速增长是由杠杆的大幅攀升带来的。这些杠杆堆在了哪里?你我都是利益相关人,不难猜到,就在我们脚下的钢筋混凝土里。

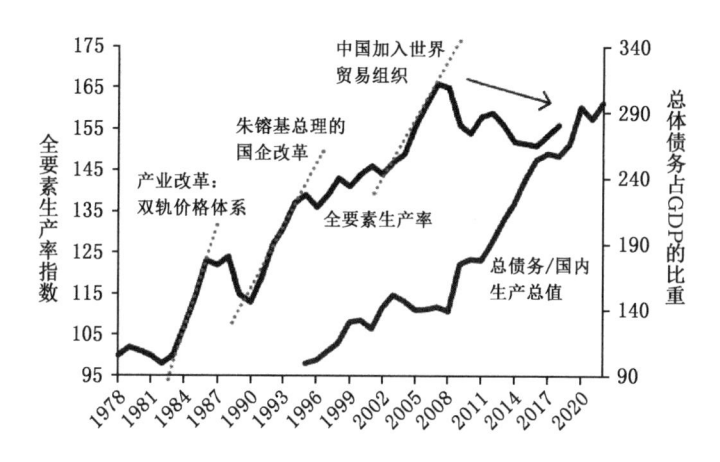

资料来源:Thoughts From the Road:China(在路上的思考:中国)。

图3—8 中国的全要素生产率 VS.债务累积

用杠杆的攀升带来的高速增长是不可持续的,因为斜率较大(超过45度)的右侧曲线代表两个意思:(1)债务增长的绝对值大于GDP的绝对值;(2)债务的增长速度甚至大于 GDP 的增长速度,这比第一点更为可怕。这或许也是决策者在面对房地产问题时的态度较为坚决的原因之一。

另外一个问题是消费者信心的低迷和储蓄率的持续增高,这件事从直观感受上,读者想必体会更真切,越来越多的人这两年不愿意花钱了,为什么? 疫情之后,信心发生了大幅改变,图 3-9 是消费者信心指数和储蓄率的曲线。[①] 可以看到信心指数的崩塌就发生在 2021 年 12 月到 2022 年 6 月这个阶段,疫情的疤痕效应开始显现,与之形成对比的是 2019 年 12 月到 2020 年 6 月这个阶段储蓄率的持续攀升。

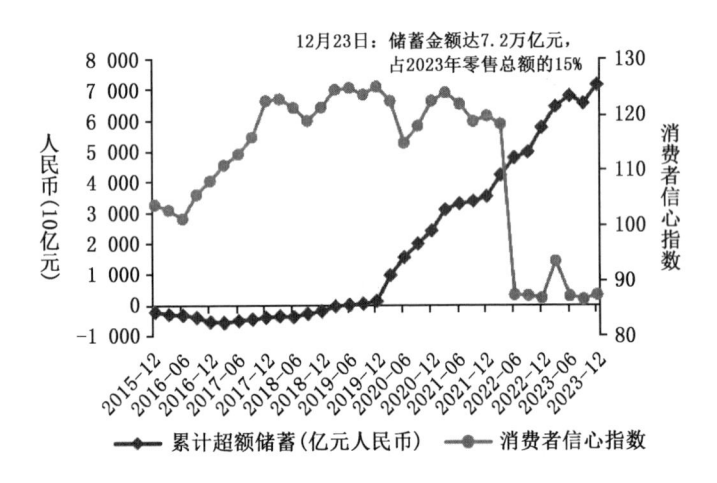

注:数据截止到 2023 年 12 月 31 日。

资料来源:中国国家统计局、Haver Analytics、KKR 全球宏观与资产配置分析。

图 3-9 中国的消费者信心 VS. 储蓄率

---

① 摘自 H. H. McVay,"Thoughts From the Road:China"(在路上的思考:中国),KKR Global Macro and Assef Allocation Report,2024。

如何解决这些问题？KKR给了一些建议，其中，房地产问题和消费者信心是两个关键。相对比日本的失去的三十年和美国不到五年的迅速复苏，房地产问题需要妥善和快速的解决才能使经济不再承受其拖累，这就需要政策制定者尽快释放更多更强的政策信号，像美国那样快速准确且凶狠，或许才有机会快速爬出泥潭，不至于走日本的老路。另外，针对过度储蓄消费者信心的重塑，政策可能要鼓励国内储蓄的多样化，从房地产、存款和黄金转向其他资产类别，包括中国股票，当所投资产收益越来越稳定，权益市场可以带来较固定收益的资产更有吸引力的回报时，金融消费者的信心就会逐渐恢复。当然，做好权益市场就需要继续推进供给侧改革，将更多资本投入民营企业，鼓励民营经济发展；允许中国的那些世界级的消费公司登陆本土资本市场，降低外资进入的门槛，以此吸引更多资本。

笔者也有一个观点，发展中遇到的问题一旦停滞不前，就会阵痛难耐，除了KKR给出的中肯建议之外，解决债务问题或许还是可以回到发展中来。当全要素生产率迎来新一轮爆炸式的增长时，全社会的劳动生产率将重新回到高速增长的快车道，届时大部分债务问题将迎刃而解。那么，何时全要素生产率会有新的爆炸式增长呢？我认为，答案就在人工智能带来的第四次技术革命，乐观一点估计，或许就在AGI可能会诞生的2027—2028年。

《门口的野蛮人》这本书详细描述了包括KKR在内的投资集团如何通过恶意收购控制其他公司，因而被冠以"野蛮人"的称号。其中最经典的案例便是KKR在1985年对RJR Nabisco公司进行的标志性收购。

RJR Nabisco 是一家历史悠久的消费品公司，成立于 1903 年，拥有多个知名品牌，包括七喜汽水、Hilton Hotels 以及其他食品和饮料品牌。在 20 世纪 70 年代和 80 年代初，RJR Nabisco 通过一系列并购迅速成长，但也积累了大量债务。到了 1985 年，公司面临财务困难，无法支付即将到期的巨额债务。

KKR 与一群金融机构合作，共同筹集了约 46 亿美元来完成这次收购。这笔资金中约有 25 亿美元来自银行贷款，其余的则来自 KKR 自己的资本。为了完成收购，KKR 需要获得 RJR Nabisco 股东的投票权多数，以便能够在公司的董事会中占据主导地位。KKR 通过私下协议获得了足够多的董事席位，并在随后的公司股东大会上成功控制了董事会。在接管过程中，KKR 对 RJR Nabisco 进行了重组，出售了一些非核心资产，并调整了公司的运营策略。

收购完成后，KKR 开始偿还债务并重新配置公司的资产。尽管短期内提高了利润，但长期来看，这种高杠杆的收购方式对公司的稳定性和持续增长造成了负面影响。这次收购引发了关于企业治理、金融监管和企业社会责任的广泛讨论。

五、不忘初心

从宏观角度来看，股市是一个效率游戏，在这个游戏中，财富往往会从效率较低的参与者转移到效率较高的参与者手中。这种效率不仅体现在交易策略和资金管理上，更在于对于投资标的的精准把握，掌握擒贼先擒王的"擒王策略"。因此，以效率为导向的思维模式显得至关重要，当你通过对"擒王策略"深入学习、感悟和实践，不管你以前基础如何，你或许能够逐步转变为成功的投资者，甚至成为卓越的基金经理。

在我们追求效率和财富的过程中，始终不应忘记我们的初心，参与股市的初心是通过效率游戏来实现资产增值，获得财富，提升个人的经济自由度和社会地位。当你能清晰地认知到用效率游戏可以提升社会地位，就要保持这一初衷，这有助于我们在市场的波动中保持稳定和清醒，避免因短期波动而做出冲动的决策。"他强任他强，清风拂山岗"，始终牢记我们为效率而战，笃定做好效率游戏，学习伟人的战斗经验，"你打你的，我打我的"。

市场环境和游戏规则是流变的，值得注意的是，游戏规则和玩法也是随着时间而流变的，随着时间的推移，市场结构、政策背景、投资者行为等都可能发生变化，这就要求我们必须具有高度的适应性和学习能力。我们预计在2027—2028年以后，中国A股市场将演化为技术进步推动的效率游戏，如果想在这一变革中抓住机遇，请提前理解并适应新的游戏规则，做好效率游戏的充分准备。通过做好效率游戏，让财富不断增值。

大势所趋，我们应通过持续学习和实践来提高自己的市场感知能力和保持做好效率游戏的战略定力。深度研究大数据和人工智能技术，提升模型系统的认知水平，夯实行动系统的执行能力，建立基于效率和效率游戏的投资组合，来分散风险和提高收益率。

第四章　观价值

—— 投资的思维模型

价值观即算法,更高级的算法能获得更好的投资收益;
思维模型是投资逻辑之源。
金融觉悟始于投资思维的训练。

第四章 观价值——投资的思维模型

只要一说价值观,像我这样的60后,像我这样从农耕文明快速进化到工商文明的大脑中,立刻会闪现出"社会文化价值观"以及"个人价值观"这样的词汇,指向道德方向。而价值观是普遍意义上的,是如何看待和认识事物的价值,就类似商道中"在商言商"的"言商"二字。股票投资也是一种商业,因此,具体到股票投资的价值观,就是在股票投资中怎么理解价值,选什么股票做投资和怎么做投资。本章应是价值观的哲学,但我担心被像我这样的人误读,故取名观价值。

最近几年,很多人玩自媒体,博主都梦想自己的号能突然火起来,拥有几百万的粉丝。的确,有一些自媒体突然就莫名其妙地火了,这背后是被平台算法选中的幸运,是很多自媒体博主梦寐以求的彩票中大奖。这些事儿就同2018—2019年的东方通信半年涨10倍一样,是一个算法选择的问题,东方通信的基本面平平,因为名字有"东方"二字,还有"通信"二字,在当时中美科技强博弈的场景条件下,资本的算法选择了东方通信,你说神奇不神奇?火,是现象,是大家津津乐道的谈资。如果要分析本质,驱动的能量来源于资本,背后的逻辑是算法。其实,这个世界上很多的幸运与不幸被算法所选中,搞懂算法的意义就明白了本章取名观价值的意义。

当我们明白了价值观是用场景、假设、前提等条件来做价值判断,我们就拥有了算法。本章讲观价值的哲学,其实就是在提供一些股票投资的优秀算法。算法这个东西不是只存于人工智能和科技领域,算法,千百年来一直在每个人的大脑中,也存在于人类社会的每一个阶层。在过去八年的时间里,我一直用GPT的方法训练自己的大脑,因此,有资格说比大多数人懂算法,也愿意把它讲出来。

先提出一个算法共振的概念,当我们的算法迭代和优化到一定段位,就有可能被社会的算法和资本的算法所选中,形成共振。大家经常说"命运的齿轮开始转动",但为啥转动就不知道了。其实命运的齿轮开始转动,往往就是被强大的资本或者权力的算法所选中。但我们就每天等待被选,无所事事吗?非也,我们要做的是算法迭代和优化,大量的成功是主客体合一。当到了一定段位,我们作为主体就有可能与资本的算法或权力的算法形成共振,然后被选中,获得财富和地位,这就是主观努力的价值。

从算力来讲,人与人的大脑区别很小,算力基本无差距。从知识也就是数据来讲,互联网时代获取知识也很容易,只要愿意学,差距也可能不会太大。而人与人之间的差距,一个家族与另外一个家族的差距主要体现在算法上。这次在农村写书,做了一次社会学的田园调查,对于算法的体会相当深刻。再回到我们股票投资,怎么做价值判断和做时间判断?依据什么样的条件做判断?怎么观价值和观时间?这些都是关于算法的问题。在大多数时候,算法的优劣决定投资的最终结果。希望我的读者,悟透本书的内容并实践,在实践中悟透中国股市的算法,或许你就有机会成为人中龙凤。

第一节 水

水作为生命之源、万物之本,吸引了无数哲人、伟人和牛人,并引发思考和追问。水能根据客体的形状塑形,是顺势而为的典范。水也是最具可观察性的物质,水有三种形态,固态、液态、气态,三种形态变化都是能量的聚集或者释放,这与股市的熊市、平衡市、牛市三种状态的变化非常相似,资金从其他地方流入股市或者从股市持续流出,就是能量的聚集或者释放。从可观察角度来讲,水是最接近道的东西。智者都用水来表达他们对生活、自然和哲学的思考。如果我告诉你,把水这个物质多多参悟一下,你在股票投资上的价值观或许可以提升,或许股票的观价值就比较到位了,这样的格物致知,你会信吗?

古希腊哲学家泰勒斯认为"水是万物的本原"。泰勒斯是仰望星空的哲学家,他提出了著名的"水本原说",认为水是宇宙万物的起源和归宿。泰勒斯的水本原说是他对自然界观察和思考的结果,反映了他试图寻找一个根本的原理来解释世界的多样性和变化。我亲爱的读者,如果我们试图寻找一个根本的原理来解释股票世界的多样性和变化,那我给的答案就是"股市是一个社会性的集体游戏"。

东周时期的中国哲学家老子认为,道就像小谷一样,是所有水的源头,道之于天下万物,犹如小谷之于江海。老子在《道德经》中将水比作道的源头,用以说明道是万物的起源和根本。水的自然属性,如柔和、顺应、清澈、深邃,揭示了自然界的法则。老子通过水的形象,传达了道的无形、无为而又无所不在的特性。道家是致力于本源和致力于按照规律办事的,我们的投资之道就是通过金融时间的研究,提前看透投资方向,并选择合适时机挥棒击球,更贴近于时代、更贴近于社会、更贴近于市场、更贴近于科学技术发展带来的加速回报法则,在这样的场景、假设、前提的条件下,提高选股的精准度和提升投资效率。

佛教对水有着深刻的理解和论述。在佛教中,水常常被用来比喻佛法的深远和流淌,以及洗净一切烦恼和污垢的清净之意。它意指涵盖了水的普遍性、流动性、清净性、滋养性、柔韧性、包容性。这在股票投资中,对于培养投资心态是何等重要。

古希腊哲学家赫拉克利特(Heraclitus)有一句著名的格言:"人不能两次踏入同一条河流。"强调了变化是生活中唯一恒定的规律。如果清楚了事物的流变,就不会相信有不被世界改变的公司。

在古代中国,庄子与惠子游于濠梁之上。庄子说:"你看这水中的鱼,它们出游从容,多么快乐啊!"惠子问:"你又不是鱼,怎么知道鱼的快乐呢?"庄子反问:"你又不是我,怎么知道我不知道鱼的快乐呢?"这个故事表达了庄子对于主观真实和客观真实的思考。关于投资与投机的区别,不就是主观真实与客观真实吗?

《孙子兵法》中提到了"兵无常势,水无常形",用水来比喻兵形的灵活性和适应性。孙子认为,用兵之道与水流动的自然规律相似,水能避开高处而趋向低处,同样地,用兵应避开敌人的强大之处,而攻击其薄弱环节。这样的思想强调了几个核心的军事策略:避实击虚、因敌变化、掌握主动权。传达了用兵之道的灵活性、适应性以及根据敌情变化制定战术的重要性。其实,股票市场与战场没啥区别,你带的兵就是你的本金,大牛股许多年以后可能被退市,一轮短暂牛市以后可以是漫漫熊途,盯住条件和条件的变化,才能既保持投资信仰,又具备了灵活性和适应性。

美国作家、哲学家梭罗在他的著作《瓦尔登湖》中描述了他在湖边的生活。他写道:"湖水是我最好的朋友,它总是那么安静、深邃和纯净。"梭罗认为,自然界的美和宁静可以启迪人的心灵,帮助人找回内心的平静和自由。他用湖泊来比喻人的内心世界,强调了自然与人类精神生活的紧密联系。这不就是巴芒组合两位老爷子在股市人生中的状态吗？

传说中达摩祖师一苇渡江,开创了中国禅宗哲学。六世禅宗慧能悟道故事中,当风吹旗帜,有人看到旗动,有人看到风动,这两者恰如普通股民;当风吹旗帜,也有人看到风带来的能量,能量转到旗帜产生旗动,这是晋阶的股民。股票投资中的一石击水哲学,本质就是把玩能量的转化,无论是投资还是投机,都是做能量的转化。

股票投资就是一石击水,这句话已经很有禅意了,至于从客体的风动、旗动到主体心动,那是作为人这个主体更高级的心态修行了。

传说在一座古老的禅寺里,有一个年轻的和尚,他心中总是充满疑问。一天,他看到一位老僧静静地坐在池塘边,轻轻地将一块小石头投入水中,水面上泛起了持续不断的层层涟漪。年轻和尚好奇地问:"师傅,这石头投入水中,为何能引起如此多的涟漪？"老僧微笑着回答:"一石击水,虽然只是一个小小的动作,如同我们的心灵,一点点的触动,就能引发无尽的变化。涟漪就像是我们的行为和言语,虽然看似微不足道,但它们会扩散开来,影响到他人,甚至是整个社群。"然后,年轻和尚默默地沉思起老僧的话语。这个故事不就是讲股票投资的"一石击水游戏"吗？

第二节 一石击水

股票投资就是"一石击水",做股票本质上是做能量的转化。

一、灵光一闪

因为爱水所以喜欢观水,此次闭关写本书,特意找了一个有山有水的地方,窗外湖光迤逦、水天一色。我期待从水的波动变化中得到一些写作灵感。

观水是我每天的必修课,每天都会眺望窗外。有时候波光粼粼,闪烁潋滟;有时候平静如镜,悠悠渺渺,如丝如梦,像一幅水墨画。每当快艇飞驰划过湖面,荡起波澜,水浪会重重拍打岸堤,发出闷响。

有一天,狂风掠过湖面,雨水倾泻而下,自然就想到"风吹水面千层浪,雨打沙滩万点空""树欲静而风不止"这些句子,然后联想起苏轼《念奴娇·赤壁怀古》的"卷起千堆雪",此时此刻犹如彼时彼刻,在脑中立马激发出历史上的那些熟悉的十倍股,以及它们的波澜壮阔。

突然灵光一闪,冒出一个词——"一石击水"。我感觉抓到了写作的要点,有了写作的灵感,这一节就叫"一石击水"。股票投资就是一石击水,做股票投资本质上是做能量的转化,把玩石头与水的主客体合一。可以用"一石击水"来告诉我的读者,如何从最底层和最本质去观股票的价值。

二、"一石击水"的游戏

各位看官,我们一起来体会一下,股票投资就是"一石击水",本质上是做能量的转化。

湖水泛起多大的波浪,取决于那块石头的能量,不管是游艇划过湖面还是风吹过湖面,亦如"一石击水",都是能量的传递和转化。

喜欢做技术分析的股民是在研究水,用放大镜研究价格的变化,沉浸于市场的水面。而喜欢做财务分析的股民是在研究石头,用显微镜研究公司基本面。几乎所有的投资者都一如既往,基于市场技术分析和公司基本面分析做研究,但是,因为他们没有掌握第一性原理,无法把水与石头"合一",也就看不到其中的本质。

大量股民在研究石头,也有大量股民在研究水,但不能把石头与水合在一起来观价值,就多半看不清楚价值,也就不会有太大的效率。就如同王阳明悟道之前也玩"格物致知",每天都认真观竹子,持续观了七天也没啥收获,感悟不到"合一",然后放弃了。

我们来看看成功的游资的玩法如何"合一",社会热点、政策热点、产业热点和产品热点等就是游资看中的那块石头,当石头投到股市的湖面,就会激起股价的浪花,游资会观察水面,观察是否出现板块赚钱效应和持续性。判定以后,游资会第一时间立马入场,选择主观认为有 30%~50% 向上空间的标的去博弈收益。当情绪出现退潮,则立马跟随而动,马上结束游戏,赚了多少与赚没赚都没那么重要,知止,然后再等待下一块石头,寻找下一次博弈机会。

成功的游资并不单独研究石头或单独研究水,而是观察那块石头击破水面之初产生涟漪或者浪花的过程,观察石头与水相互作用产生的物理反应细节,作为判断市场合力的依据决定进退,即进退有据。在中国 A 股成功的投机者往往是基于心理学和社会学,研究社会热点等各种信息,这块石头,当"一石击水",股市、股民情绪在股价上产生反应。石头的能量越大,能量转化后股价的波浪就越大,持续时间就可能越久。要注意的是,"一石击水"战法既要考虑板块效应,更要在契合时代的贝塔方向下注,才有更高的容错率,才更有持续性和空间。各位看官,悟到了股市的"一石击水",把玩石头与水的碰撞,这就能破解游资在股市赚钱的秘密。

炒股就是"一石击水",这句话已经很有禅意了。在禅宗悟道故事中,当风吹旗帜,有人看到旗动,有人看到风动,这两者如普通股民。风吹旗帜,也有人看到风带来的能量,能量转到旗帜产生旗动,这就是那些成功的游资,他们已经有了"一石击水"的哲学,反复把玩能量的转化。

现在大数据技术很发达,有些坐庄的资金,一查就出事,罚款的额度也很高。但有些大妖股,花费大量的人力和时间的确查不出坐庄的迹象,那就是因为市场合力。其实大多数股民理解不了合力。合力是一个很神奇的东西,超越了很多股民的思维,但游资非常重视合力,因为合力决定趋势、趋势的延续以及可能的趋势加速。

要懂合力,需要玩透两个模型:趋势模型和熵增模型。

趋势模型的书籍很多,我就不再赘述。紧扣本节能量转化的主题,这里简单讲熵增模型中的一个概念。游资的术语里面有一个词叫"加强"。他们盘后做功课,很重视"加强"这个参数,"加强"在熵增模型里面就是负熵增的概念,开放系统被外界再一次赋能,新的信息带来新的能量,维持原有趋势甚至导致更大角度上涨。

一线游资的交易模型是建立在物理学、心理学和社会学层面,研究人的心理导致的情绪变化带来的股价波动。股市利好、题材概念、各种热点等信息就如同一块石头,看似投入股市,其实投入的是人心。一线游资有一石击水的哲学,他们悟得人道、悟得人性,人性展现在多方循环与空方循环的时刻性和次序性中,呈现在游资思想中就是"炒股炒心"。一旦把一石击水的哲学和方法把玩好了,你就有机会称为一路游资。

而成功的价投的玩法,是一种大能量转换的玩法,寻找大能量石头。大能量石头必须具备两个特质:第一是具备大能量,第二是具备能量转换的长期可持续性。价投者认为时间是朋友,要从基本面选股,找到那块大能量的石头,然后坚持长期主义,等待石头长周期可持续的能量释放,用数月甚至数年的长时间持股来实现价值的增值和变现,收获的是内在价值。

我们必须清楚,价值投资不仅仅赚低估的钱,也赚成长的钱,更是赚泡沫的钱,公司内在价值被市场情绪化演绎出情绪价值,内在价值与情绪价值形成时间上大级别的共振。那时,石头与水的物理反应会掀起巨浪狂澜,长时间累积出巨大泡沫,就进入了价值投资的变现时刻,最大的和最终的收割可以实现了。恰如沃伦·巴菲特的股票退出方法论——"在别人贪婪的时候,我恐惧",内在价值与情绪价值形成大级别的时间共振并在狂澜巨浪的阶段退出,从而实现了数倍、数十倍的超额收益。

找大能量石头的能力,取决于认知能力,但也取决于信息系统的管道大小,而不仅仅是认知能力一个方面。

在中国 A 股市场,没有游资参与的股票很难起大波浪。因此,更高级的玩法可以站在比游资和机构量化更高的维度、更靠前的时间,先于他们发现石头并挖掘出来,就有机会先手吃后手。所谓"早知三天事,富贵几千年",这是让游资为我们打工的方法论,可以成全我们的"一石击水"游戏。

我们以三个法则做"一石击水"游戏研究,寻找那块还没有扔出来的石头:

法则1 研究出那块石头一定要带有大能量。

法则2 那块大石头一定会扔出来。

法则3 一旦扔出来,就可以让水面起大波浪。

为了读者更好地理解本书定义的"一石击水"游戏,做一下案例分析,那是我去年亲身经历过的事情,来解剖和诠释一下"一石击水"游戏的逻辑。

2023年年初那波行情,市场炒AI概念,我早早就预感中科信息要成妖股,但那时还没有"一石击水"游戏的方法论。出于安全考虑,选了盘子较大的AI股票组合,并未将中科信息这只股票放进来。其实,我从中科信息上市就开始跟踪,已经六年,中间参与了很多次都赚钱,去年那波炒AI反而没有参与其中,尽管我买的AI大盘子股票都翻倍了,但与中科信息6倍涨幅相比,着实扼腕。事后复盘,原因是在一个产业炒概念阶段,小盘股优于大盘股,当一个产业进入炒作题材和成长阶段的时候,就比谁更实实在在了,不断增长的业绩才是股价持续上涨的最主要动力。

2023年年初的中科信息,对标"一石击水"游戏三个法则:

法则1 这只股票六年前上市的时候一口气涨了11个涨停板,就被当时的市场贴上了人工智能人气龙头的标签,这样的AI基因,赋予了中科信息的大能量。

法则2 中科院控股有限公司是其大股东,为其科技属性做了背书,炒 AI 一定离不开国家队的逻辑,会被市场认同。

法则 3　尽管公司基本面非常一般,但市值小,股性活跃,弹性非常大,游资极其喜欢这样的载体,于是一口气有 6 倍涨幅。

我全面研究了效率最高的各种方法,就必然研究各路一线游资,把一线游资基本仔细地看了一遍,现在算法给我们学习知识提供了方便,只要看游资的视频,就会有更多游资的视频推送。我们要让投资高效率,可以走在高效率优秀游资的前面,让游资为我所用。在游资前面就看到了那块石头,在石头还没击水的时候就潜伏好,"一石击水"的时候加码。

"一石击水"是哲学,也充满禅意。水不仅是最具可观察的物质,也是能量传递的优秀介质,以石击水就是能量传递。其中,波浪大小就是空间的大小,成交量呈现出放量,就是能量转换映射在 K 线图表上。

三、巴芒组合的量价时空

当我们研究哲学通透以后,量价时空是一体的;当你参悟时间系统的时候,就可能把能量系统参悟了,以时间换空间,以大能量换大价格差。巴芒组合的选股,说到底就是在选大能量的公司,找大能量的石头,在长周期里等待价值的蜕变,等待"一石击水"的泡沫。能量是物质与周边环境相互作用时表现出的能力,是物质运动和变化的动力,大能量才能换来大价格差,获得超额收益。可是,人家让你听到的价投是找什么形状的石头,诸如雪道长、雪厚、拥有护城河之类的细节。如果你按照人家描述的形状去找石头,就不一定能找出大能量的石头,并容易产生刻舟求剑,因此,很多年轻的基金经理学不好巴芒组合,如果只盯住形状找,只有形而没有魂,当然学不到位。

按照形状找是从表象去找,并不是按照本质去找,人家会说必要条件,但不会对你说充分条件,这是商业。我想其实充分条件就是:价投成功的秘密是在时代的贝塔里面去找大能量的石头(高效率的公司),做能量转换,以时间换空间,以大能量换大价格差。巴芒组合可以玩转量价时空的转化,查理·芒格是一个哲学家,巴芒这个组合很懂"一石击水"。

有一次,在朋友圈聊到"一石击水"游戏,有人说:"我们可以运用时间游戏做择时,选出参与节点,但龙头的出现是市场在特定时间的情绪和热点题材以及各方合力的结果。提前埋伏的话有个矛盾,铺得多就摊薄仓位,铺得集中又会有漏掉龙头股的风险。"

我的回答是,解决你这个问题就是先把游戏看懂,看懂这一波大周期玩什么游戏,就能提前找到牛股板块中所谓的"中军"。2021年之前的十年,玩消费游戏就选茅台,玩房地产游戏就选保利发展、格力电器等。

时间游戏中,时间不仅仅用在择时,更要用在择股,接受价值投资概念的人在这里往往会误入歧途,都会把时间归结到时点上,只归结到择时的这一环节,这是极大地浪费了时间的价值。不仅仅时点才是时间,时代、时机、周期和时点都是时间,时间的外延很大。择时只是时间概念里非常小的部分。

时代、周期作为时间的内容,比时点重要得多,所以我们去理解时间,要从时代、时机、周期这些方向去做更多的研究。如果要再说细一点,时代与周期是产生大能量的地方,大能量隐藏在时代、时机、周期里。把时代与周期都搞明白了,我们才能选到大能量的那块石头。

时点仅是交易层面的事儿,是在交易系统里面的事儿,而在我们的模型系统里面,时代、时机、周期指引我们去准确地选到大能量的石头。

四、"一石击水"的升维

相声表演艺术家于谦先生,还身兼北京摇滚乐协会副会长,他在回顾中国摇滚史的时候说,因为有了《一无所有》,中国摇滚便不再一无所有;因为有了《无地自容》,中国摇滚便不再无地自容。他说这两首歌曲创作时间和过程都极其仓促,但很快流传开来成为经典。在20世纪八九十年代,《一无所有》和《无地自容》这两首歌如"一石击水",投进了当时的中国人的精神世界,击中了文化中"自强不息"的内核,从无到有,产生了极其强烈的精神共鸣。

当今天我们再回顾过去这40多年的发展,无论是物质财富还是精神财富,无论是企业和企业家还是企业家精神,都从一无所有和无地自容,走到了不再一无所有,也不再无地自容。尽管目前我们处于一轮康波周期的转型期,很多人在面对资产负债表衰退的痛苦,但机遇与风险一直并存。对于新康波周期,我们依然可以满怀期待,积极准备2028年以后参与新周期的效率游戏,先通过学习理解AI产业,搞明白这个产业的价值链,然后会有非常多的机会等着你。

目前,我们处在新一轮的康波周期的转型期,在这样的场景和条件下,运用一石击水的哲学,站在社会学角度,对投资方法再做一次升维,还可以有更高级的玩法。在股票投资中,把周期游戏升维到效率游戏,本书推出一种万物为我所用的玩法,寻找效率游戏中的那块大能量的石头,让未来新兴产业,让全要素生产率的提升,让股市中各种类型的资金,让股市的每一次大级别的俯仰都能为我所用,去寻求价值与时间的共振,在第六章的"金双战法"中会有详细论述。目前是一个转型期,孕育着非常好的财富机会,我借用狄更斯在《双城记》中的一句话,表达对于效率游戏的期待,提请大家树立信心,并表达建立反脆弱的价值所在。

> 这是最好的时代,这是最坏的时代;这是智慧的年代,这是愚蠢的年代;这是信仰的时期,这是怀疑的时期;这是光明的季节,这是黑暗的季节;这是希望之春,这是绝望之冬;我们的前途拥有一切,我们的前途一无所有;我们正走向天堂,我们也正直下地狱。
>
> ——《双城记》

第三节 多元思维模型

一、致敬查理·芒格

查理·芒格(Charlie Thomas Munger)是一位杰出的美国投资家,他以其深厚的投资智慧和与沃伦·巴菲特的长期合作关系而闻名世界。2023年,查理·芒格先生去世,享年99岁。我们的自媒体各路大神都出来蹭热点,芒格语录充斥屏幕,一方面说明了查理·芒格先生以其卓越的智慧,深受全球投资者的顶礼膜拜,大家纷纷发文、发视频表达哀悼,非常理解和支持。但另一方面,也呈现了一些自媒体博主的肤浅跟风,不懂不是错,不懂却硬要蹭热点,大谈特谈就显得很无趣。

我用了十多年时间深度研究芒格先生的思想,也用多元思维模型持续训练了自己8年,每天都以多元思维模型结合各学科知识做预训练,应该可以说是有资格来讲一讲查理·芒格。芒格先生的思维模型就是中国的基础科学与世界的差距,中国证券行业的路任重而道远。于是我出了一期短视频来讲我认知的芒格,以下是把我当时写的文字摘抄下来,放在书中,以飨读者。

二、认知

图4—1是邓宁—克鲁格心理效应(Dumming-Kruger Effect)。西方哲科思维对于认知的定义有四个层面:第一层,不知道自己不知道;第二层,知道自己不知道;第三层,知道自己知道;第四层,不知道自己知道。

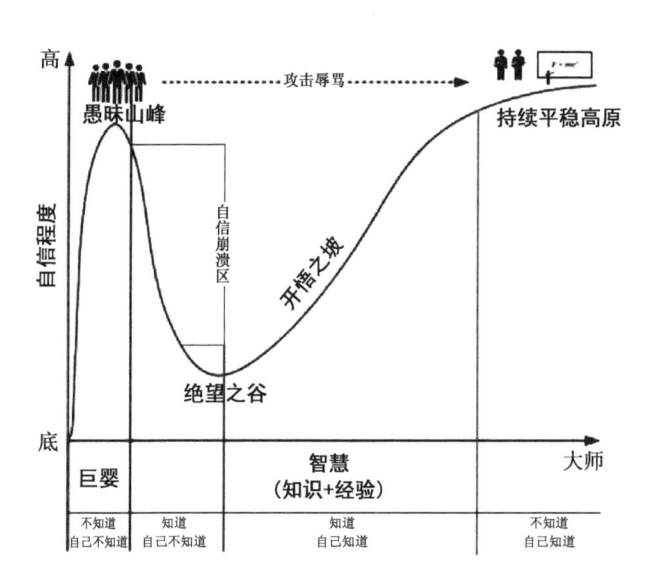

图4—1 邓宁—克鲁格心理效应

所有人的认知都是一层一层进化的,进化到第三层要付出很多的时间、精力,努力求学即能达到,第三层的"知道自己知道",往往是精英的一种标志和标配;再往上修,从第三层进化到第四层的确让很多人感叹"太难、太难了",或许众多精英中,有人还不懂什么叫"不知道自己知道"。认知第四层这个山峰很少有人去攀登,相信我的读者中有人会有这样的同感。

最近四十年中国金融行业出不来金融大师,在很多行业也是如此,个人认为主要就是思维这个致命缺陷。我们的精英进化到知道自己知道的第三层,就可以去挣钱养家和由此提升社会地位,所以大多数人放弃继续进化,或者只忙着提升社会地位了。

客观地说,国学中格物致知出来的那些东西,很多是从实践中观察和总结得来,经验科学造成迁移困难,比如中餐、中医、陶瓷的配方和制作,其他很多行业也都是如此。而西学的知是有底层逻辑的,有第一性原理,这对于现代科学和证券投资都有重大意义。

一些人的知,往往是建立在感性而非理性的知,是缺少底层逻辑的知,他们做事多凭感觉和经验,经验是归纳法,往往不靠谱。还有一些人虽然有逻辑,但缺少跨学科的知识结构,看问题往往从单一学科出发,缺少多元思维,单一学科出发有点类似瞎子摸象,很难有真知。

中国明朝的圣人王阳明强调真知,强调"知行合一"。心学本身是一个好东西,但客观地说,对于普罗大众而言,心学既不太好学也不太好用,其意义也是大打折扣。如果我们能够发展和进化一下,扩展王阳明的哲学思想,把"致良知"中的"良知"扩展为逻辑的话,那么中国传统文化或许又会向前跨越一步。

很多人知与行是割裂的,知道什么、说什么、做什么往往并不统一,知与说表现为被社会文化价值观所操控,而行又表现为被基因的本能所操控,知的底层与行的底层并未建立在同样的逻辑基础上。

现在我来讲讲西方哲科的知,讲讲查理·芒格先生的知,他的格栅理论、他的跨学科的知识结构和多元思维模型。如果查理·芒格先生的思想必须只讲一条的话,那就是多元思维模型。

互联网上一众"精英"基本没有哲科思维,也不太懂多元思维模型,更别说解读和运用了。如何从"知道自己知道"进化到"不知道自己知道",多元思维模型就在这个进化中起决定作用。

三、多元思维模型

中国文化习惯了归纳法,其实归纳法并不靠谱,你问什么是归纳法,亚洲的天鹅是白色的,欧洲的天鹅是白色的,非洲和美洲的天鹅也是白色的,你得出结论天鹅都是白色的,这就是归纳法。后来你在澳大利亚发现了黑色的天鹅,于是知道归纳法不靠谱。如同中国基金经理2023年做所谓的价投亏损累累,14年前价投是对的,10年前价投是对的,5年前价投是对的,2023年价投就失效了,出了黑天鹅。刻舟求剑般的失败,其底层原因是那些基金经理不懂条件的哲学,忽略了条件的变化,在康波周期的转型期,股市呈现出的特征与以前玩周期游戏有了完全的不同。

多元思维模型是运用不同学科的知识和原理,来构建更全面和深刻的认知框架,让投资投得更准、更稳和更有确定性,用多维度分析一项投资,规避维度太少而造成瞎子摸象的情况。

多元思维模型首先要求记住很多知识原理,类似记住很多围棋的定式是成为一个围棋高手的必修课一样。将学习过的或者经历过的大量事件抽象出底层逻辑,形成知识模型,单这一条就已经让缺乏逻辑思维的中国股民抓狂,更别说迁移解决问题。知识本身不具备很好的迁移性,只有把知识的底层逻辑抓出来,形成知识模型,才可以轻松地迁移。用自己过去所掌握的知识和经验,服务于现在解决问题,才不着相,才能把别人成功的案例迁移给自己。

四、高手与高人

高手是指技术或技能达到超凡水平的人。例如,武术高手、音乐高手、运动高手、互联网极客、商界高手、政坛高手等,高手通常具备扎实的技能基础和出色的实操能力,能够在其领域内展现出非凡的表现。比如古文《庖丁解牛》《卖油翁》中的人物,足球场上的C罗,篮球场上的乔丹,他们的技术、技能炉火纯青、游刃有余,能把自己的本事玩到登峰造极。要成为高手,必然是在自己的技术和技能领域,知道自己知道,处在认知的第三层。

高人是指那些内在修养深厚、拥有智慧的人,也称"智者"。高人往往拥有深邃的思考力和独到的见解,能够在复杂的问题中找到简单有效的解决方案。

高手这个概念很好理解,但高人的概念却不易体会,正如很多人不懂什么是"不知道自己知道"。高人一定是达到了认知的第四层,除了在自己的专业方向知道自己知道,能力很强,而且能够跨越领域,因为高人拥有极强的认知迁移能力,认知可以轻松跨越领域,甚至可以跨越时间觉知未来,这就是"不知道自己知道"所能达到的智慧。

第四节 守正出奇与饱和攻击

张磊在《价值》一书中有三个投资哲学,是股权投资和股票投资价值观中的高度概括。

一、守正出奇

"守正出奇"意指所有的商业逻辑都是守正出奇,投资也不例外,无论是股票投资还是股权投资,以正守,以奇出。

"正"不是正确的正,也不是正义的正,也不是常说的道德方向的正,而是正本清源的正,正念的正。

"正"是安顿好、照顾好,管理好自己的内心、意念和身体,其本质是以理性来控制我们的犯错程度。对系统性风险的大错误,我们要绝对避免;对非系统性风险的错误,我们要尽量避免。其实,人道就是不断犯错的一生,如果我们能少犯错误和不犯大错误,长期下来就一定是赢家。

出奇中的"奇"讲的就是奇思妙想的感性,以艺术化的、有技巧的、高效率的方式出击,如足球倒挂金钩破门那样的神来之笔,如战争中那些饱和攻击,摧枯拉朽、势如破竹,那就是出奇。

放到投资上面来讲,一是洞见金融时间的属性,把握好效率游戏,利用好"金双战法",捕捉时代的贝塔和阿尔法,让我们的股票投资不仅能够赚到低估的钱,还能赚到成长的钱,更能在人声鼎沸的时候赚到泡沫的钱,那就是出奇。二是玩转能量的转换,在"一石击水游戏"中,享受短周期形成的高效率复利,那就是出奇。三是捕捉"猛犸象拐点",在鱼多且大的时候,选择最具活力的龙头板块全力以赴,那就是出奇,若能够把控好轮动节奏,捕获大鱼和更多的大鱼,做到超额收益,那更是出奇。

守正出奇,其实是雌雄同体的另外一种说法,兼具理性与感性的智慧。

二、弱水三千,只取一瓢饮

"弱水三千,只取一瓢饮",意指一定要克制住不愿意错失任何好事的强烈愿望,同时又必须找到属于自己的机会。其本质是找到下一场"球赛"和下一个"球",这涉及怎么认识金融这个社会性的集体游戏。本书介绍了"猛犸象拐点""一石击水游戏""金双战法",这些都可以赋予我们"只取一瓢饮"的能力。

三、桃李不言,下自成蹊

"桃李不言,下自成蹊",是指不要在意短期创造的社会声誉或者价值,应在意的是长期创造了多少价值。张磊作为一个成功的投资人,他是懂社会学的,他把社会声誉与价值画上了等号,这很符合周洛华先生《估值原理》的观点,"估值是人的社会地位"[1]。有趣的灵魂是相通的,长期主义能带来估值的提升和社会地位的提高。在证券市场成功的大佬,大部分是长期主义拥趸,凭此实现人生价值。

---

[1] 周洛华著:《估值原理》,上海财经大学出版社 2022 年版,第 1—30 页。

第五节　白骨观与风月观

一、风月宝鉴

只要细心观察大Ａ股市周期,我们会发现两个普遍而有趣的现象:一个现象是牛市久了,投资者发现每次卖出都是错误的,频繁短线也没赚多少钱,在牛市尾声下定决心做长线,不再频繁买卖操作;另一个现象是熊市久了,每次抄底好像都错了,市场越来越低,到熊市尾声,彻底不敢抄底,完全怕了,甚至有股民恐惧到极端害怕跌没了,一刀割肉下去止损离场,一了百了……这样的时间观,明显是存在极大问题的,让投资者在股市周期轮回中迷失自我,缺少金融的觉悟。人的内心都有一个魔,这个魔叫惯性。其实,人不仅被社会文化价值观和个人价值观的模因所操控,也被基因的原始本能(贪婪和恐惧)所操控,同时,人也被惯性所囿圄。

在《红楼梦》中,跛脚道人给贾瑞一面"风月宝鉴"镜子,正面能显现出人的美好影像,而背面则显露出骷髅白骨。这两面代表了事物的两种极端状态。在股票市场中,这种对立统一体现为牛市的繁荣与熊市的萧条、投资者的贪婪与恐惧,以及资产价格的高估与低估。这面镜子是一种警示,告诫人们任何事物都会随时间和环境而改变,必须认识到事物的无常、流变和转化。

万物皆周期,事物是变化发展的。我们要顺应股市周期的变化,投资行为要在节奏上与周期保持一致,在转折点与市场形成共振和合一，无论是挥棒击球还是挥挥手不带走一片云彩。于是，修炼风月观与白骨观对摆脱惯性思维就有了非凡的意义。白骨观和风月观是一种时间观。在股票市场中，如何克服贪婪恐惧和摆脱思维惯性，我们可以将"风月宝鉴"中的流变与合一思维应用于投资决策过程中，特别是在市场重大转折的时候，以白骨观和风月观来指导我们的投资行为，恰似巴菲特的时间观，"在别人贪婪的时候恐惧，而在别人恐惧的时候贪婪"。

二、风月观

风月观深植于中国古代文化和文学之中，它不仅仅是关于爱情和美景的欣赏，更是一种对人生、自然和宇宙规律深刻的理解。"风月"一词常常被用来象征爱的和谐和自然界的美好。如唐代诗人李白的《月下独酌》中就有"花间一壶酒，独酌无相亲"的句子，诗人在月光下独自饮酒，享受孤独和表达对友人的思念。风月观是中国传统文人一种生活哲学，它强调在人生的起起落落的变化中，寻找和把握美好时刻，对生活中的变化以及得失保持一种超脱和淡定。我们把这个词借用到股市，赋予新的意义。

熊市的末端是一个充满恐惧和不确定性的阶段。在这个阶段，市场的下跌往往会导致投资者的恐慌性抛售，然后进一步加剧市场的下跌。时间游戏走到熊市末端，当我们看到疯狂的非理性暴跌，不应当是恐惧而是兴奋，全身毛孔都必须是舒畅的，这就是风月观，因为即将否极泰来，数倍甚至十倍的盈利机会开始酝酿和涌现。风月观提醒我们，在市场低谷时看到成长和价值的希望。在熊市底部，恐慌情绪蔓延,股价往往跌至低估水平,中国A股的特点就是,唯有跌过头才能涨过头。这时候,正是冷静分析和积极布局的最佳时机。

在实际应用中,结合著名投资家的投资案例,我们可以发现,他们往往都具有风月观和白骨观。比如著名投资人段永平,在美国网络股泡沫破灭以后的2001年,在极度恐惧的时候抄底网易,基于对互联网发展的强烈看好,然后将网易从0.8美元坚持持股到了100美元,获得100倍收益。又比如,乔治·索罗斯凭借对市场转折点敏锐的洞察能力,在1992年英镑危机中成功做空,赚取了巨额利润,他的投资策略就是基于对市场情绪的深刻理解和对反转时刻的精准把握。

三、白骨观

过去三十年,中国A股基本都是玩周期游戏,时间游戏走到牛市尾声的时候,总是有很多"细腰肥臀"和"浓眉大眼"的股票提供情绪价值,刺激着股民的神经,引诱着股民疯狂追捧和追逐。这时候市场人声鼎沸,一些股民晒出耀眼的成绩单来显摆战果。

牛市的尾声往往伴随着投资者的极度乐观和市场的过热状态。在这个阶段,很多投资者陷入了一种盲目的自信和乐观,认为股市会一直上涨,忽视风险,被能赚到钱的现象蒙蔽了眼睛,忽视了政策、资金等基本面变化,在牛市尾声甚至产生打死都不卖的心理状态。

正如"风月宝鉴"所揭示的流变和转换,物极必反,过度的乐观和贪婪往往是市场即将反转的信号。因此,投资者应该了解并建立白骨观,认识到牛市并不是永恒的,知道牛市是一阵子而不是一辈子,牛市只是股市周期中的一部分,股市泡沫三四年就会破灭而回归本源,上一轮牛市中的一些大牛股,股价最后会打成骨折,甚至股票被退市。在繁华之中看到潜藏的风险,保持一份清醒和警惕,这是白骨观的要点。

无论是在牛市久了还是在熊市久了,股民都会产生思维惯性,认为趋势会一直延续下去,从而失去警惕性。但请别忘了这些谚语:"生死苦海、六道轮回;物换星移、花开花落。"股市这个社会性的集体游戏一直都表现为一种周期轮回。

每次股市见大底的时候,我都极度兴奋,因为再次看到市场的机会和价值。每次股市见大顶,在那段时间,我就会睡不好觉,内心充满恐惧,因为我知道花无百日红,疯狂过后,很多股票一地鸡毛。

风月观与白骨观是时间游戏的两端,当我们在时间观上建立"超级直觉"以后,会有一个有趣的现象,风月观与白骨观就变成一种条件反射。风月观与白骨观是一种法门,是修时间观的法门,掌握了风月观与白骨观这样的法门,就有可能做到在别人恐惧的时候贪婪,在别人贪婪的时候恐惧。认识到金融时间的时刻性和次序性,认识到股票市场的波动性和周期性,避免被眼见的表象迷惑,见路不走,保持理性判断,并提前一个周期看到市场的未来。懂得了物极必反,否极泰来,投资者可以在股票市场中获得更好的收益和更稳健的投资表现。

第六节 伟大公司都是"惊鸿一瞥"

一、雌雄同体

聊"雌雄同体"之前,介绍三个概念:感知、觉知和认知。这三者相互依存,共同构成了我们对外部世界的理解和体验。

感知是接收外部信息的能力,涉及大脑后部的枕叶、颞叶和顶叶等区域,负责将感官信息转换为神经信号,这是大脑比较原始的区域。

认知指的是大脑对信息的处理过程,包括感知、注意力、记忆、思维、解决问题等心理活动。它是对外界刺激的识别、理解、组织和利用的过程。高级的认知属于理性判断,这就是本书强调构建股票投资模型系统和行动系统的重要原因。

觉知是对自我认知状态的洞察,与前额叶相关,这是人脑高级部分,属于人在自然界独特的顶级能力,它让我们能意识到自己的思想和情感,用好觉知能让我们的投资更有艺术性。最近二十年,人受超长上网时间的影响,大脑的觉知能力在急剧下降,最典型的例子就是现在已经很少出现美妙动听的歌曲,基本都是口水歌,主要原因就是作曲者觉知能力下降厉害。在股票投资中,保持我们的觉知能力,对于投资是非常重要的。

认知和觉知之间存在一个动态的反馈循环。我们的认知活动影响我们的觉知,而我们的觉知又可以指导我们的认知活动。我们如何解释一个情境(认知)会影响我们对该情境的感受(觉知),而我们的感受又可能会改变我们对该情境的解释。我们可以通过股票投资的行动和感受,来优化正在做的投资,比如一只股票的持有体验好坏。基金经理都喜欢持有体验好的股票,体验其实就是觉知,觉知到好就是对判断的一种肯定;如果觉知不好,就要重新思考认知是否正确,这符合本书提出的主客体合一的哲学。

我的短视频号取了一个非常让人好奇的名字"天府布衣的雌雄同体",很多粉丝不解,问我为什么叫雌雄同体?要解答这个问题,先提出另外一个类似的问题。一线游资为什么常常比基金公司的价投效率更高?

人类的进化选择是先有感性,后有理性。人类一开始是爬行动物,有爬行脑,就是我们的杏仁核边缘系统,即鼻子后面一个最古老的脑区,它和我们人类的欲望、冲动、生殖、饥饿等行动有很大的关系。我们慢慢地从爬行动物变成了直立动物,变成了哺乳动物。最后的一个进化就是大脑前额叶,就是我们的理智中心。所以在漫长的进化历史过程中,人类一直是感性动物,只有大脑的理智部分出现之后,我们才变成具有理性的动物。

一线游资的交易模型是建立在物理学、心理学和社会学层面,他们悟得人性,在多方循环与空方循环的时刻性和次序性中游刃有余,充分体现"炒股炒心"。比如,游资能快速地认知热点背后的逻辑,这是认知,是理性的,通过盘口成交量、波动幅度、板块效应、加强等信息产生觉知,这是感性的,然后形成合一做出交易动作。感性与理性共振产生了游资的效率,而大部分价投基于基本面的模型,过度理性而感性不足,造成效率较低。

"雌雄同体"就是感性与理性的融合,是感性与理性的同时存在,是一种合一,同时存在于一个人、一件事、一次投资、一个动作、一种生活、一个生命中。

二、伟大公司的"惊鸿一瞥"

觉知可以影响认知过程。例如,当我们意识到自己正在焦虑时,可能会采取行动来调整我们的思维模式或环境,以减少焦虑。这种自我调节是觉知对认知过程的一种影响。惊鸿一瞥就是一种美的觉知,这个觉知会让人去拥抱美。

运用一些哲学思维来选股的方法和方法论,极具价值,这体现了理性和智慧,体现了认知能力和觉知能力,雌雄同体也因此一直是我崇尚的方法论。从感性的维度看,选股是一种审美,这种审美极具价值。用审美来选股这个话题一旦拓展开来就很有意思。本节就从感性面来研究选股和观价值。

成语"惊鸿一瞥"最早见于曹植的《洛神赋》,描绘了洛神美态,"翩若惊鸿,婉若游龙",其中"惊鸿"比喻女性轻盈如雁之身姿,如一石击水,给人留下深刻印象和无尽的美好遐想,让人心动。曹植以卓越的文字和超凡的美感,来定义和表达那种心动之美。在西方文化中,可能没有与"惊鸿一瞥"完全对应的概念,但有如"一见钟情"等类似的表达,这些表达同样强调了初次遇见带来的深刻印象。尽管文化背景不同,但对于美的追求和欣赏是人类共有的情感。拼多多创始人黄峥与股神沃伦·巴菲特共进"巴菲特慈善午餐"的时候,巴菲特对于选股说过这样一种认知,"股票好和不好,你用平常心去看是显而易见的"。

这里说的显而易见就是巴菲特曾经那几次的惊鸿一瞥：喜诗糖果、可口可乐、吉利、运通、苹果……

不可否认，选股是审美，选股能力是一种审美能力。先说一个题外话，这一节的题目本来是"伟大的公司都是细腰丰臀"，但怕引起女权主义者的误会，有人建议取名"浓眉大眼"，说在他的机构研究报告中曾经用过这样的比喻，但我始终感觉不能表达精准。曾经也有机构研究员用性感来诠释股票之美，也落于俗套。那么该如何表达伟大公司的感性呢？想到了一个雅到极致的词"惊鸿一瞥"，那是真正的心动，那是极致的美感，那是与众不同的优雅。

人是有审美能力的，心动是刻在人类骨子里的一种直觉，但如何把人性中的直觉与股票投资相结合选出伟大的公司，以那一瞥获得超额收益，值得我们来细细推敲。

当我们拥有了股票审美意识，那些"歪瓜裂枣"的公司，根本就不入法眼，不用去关注。随着中国 A 股退市制度的完善，有非常多的"歪瓜裂枣"会退出中国 A 股市场，给投资人带来巨大的损失，对本金造成毁灭性的打击，投资人要在中国 A 股市场趋利避害，用效率游戏来提升审美能力，就显得尤其重要了。但最重要的就是对公司董事长和管理团队的甄别，一定要擦亮眼睛，看清楚那些创始人，严防死守那些来卖公司的人和来"割韭菜"的人。一些人的道德上限与下限之间太宽，下限可以无限低，在市场经济的大潮下，在这个有很多骗子的市场，防诈骗比会炒股更重要，要以人品和初心来甄别企业家精神。

三、剖析几个投机理论

投资者的买卖行为直接影响股票的价格，市场上的交易不仅是基于投资者对信息和模型分析的结果,同时也受到情绪、心理因素和群体行为的影响。例如,恐慌或贪婪可能导致过度反应,而从众心理可能导致市场出现泡沫或崩溃。投资者的行动不仅反映了他们对信息的理解和对模型的信任,也反映了他们对风险的态度和对其他市场参与者行为的预测。

投机理论的存在是基于人性,基于金融行为学,但这样的理论在实操中存在很大的不确定性和困难,不会作为我们投资策略的首选。但是我们必须要做研究,重点在于体会情绪价值,然后我再与读者分享其中的奥妙。

"羊群效应"理论描述了投资者的从众心理,即因信息不对称和市场不确定性而简单模仿他人决策的现象。投资者往往跟随市场热点,不假思索地进行投资,最终可能导致个股波动加剧和理性判断的失效。

"选美理论"是英国宏观经济学家约翰·梅纳德·凯恩斯(John Maynard Keynes)在研究不确定性时提出的,他总结自己在金融市场投资的诀窍时,以形象化的语言描述了他的投资理论,那就是金融投资如同选美。他提出了一个假设,在有众多美女参加的选美比赛中,如果猜中了谁能够得冠军,你就可以得到大奖,那你应该怎么猜?凯恩斯先生告诉你,不能以你的偏好判断谁是冠军,而应该猜大家会选哪个美女做冠军。

投资者在选择股票时,不仅要关注自己的分析结果,还要考虑其他投资者的观点和行为。这里强调了市场心理和群体行为对股价的影响。凯恩斯认为,投资者的情绪和行为往往会受到其他投资者的影响,形成一种群体心理。这种群体心理可能会导致股价的波动,甚至出现泡沫或崩溃的情况。

"最大笨蛋理论"是伯顿·G.马尔基尔(Burton G. Malkiel)归纳凯恩斯的思想而得出的理论。这个理论认为,你之所以完全不管某个东西的真实价值,即使它一文不值,你也愿意花高价买下,是因为你预期有一个更大的"笨蛋",会花更高的价格,从你那儿把它买走。投机行为的关键是,判断是否有比自己更大的"笨蛋",只要自己不是最大的"笨蛋",就是赢多赢少的问题。如果再也找不到愿出更高价格的更大的"笨蛋"把它从你那儿买走,那你就是最大的"笨蛋"。

四、情绪价值策略

我提出了一个情绪价值策略理论:情绪价值不仅适用于行动系统的交易,也适用于模型系统的选股。我们一定要清楚一点,我们在股市上赚的每一分钱,有一部分是基本面价值带来的,另一部分是情绪价值带来的。凯恩斯的"选美理论"在我看来有另外更重要的意义,即选股以公司基本面为投资基础,同时关注群体心理的"羊群效应",关注未来情绪价值带来的溢价,关注"惊鸿一瞥"带来的加分。本书中已经多次强调,股市的本质是一个社会性的集体游戏,在本书第二章第四节,也因此专门讲述了情绪价值和利用情绪价值"割韭菜"。几乎所有的人冲进股市都是奔着赚钱来的,但最后绝大部分人沦为"韭菜",沦为为获取博弈快感而存在的"韭菜"。

关注基本面的价值投资不仅仅赚低估的钱,也赚成长的钱,更是赚泡沫的钱,当公司内在价值被市场情绪点燃,演绎出宏大的情绪价值,内在价值与情绪价值形成时间上大级别的共振,股价会掀起巨浪狂澜,长时间累积出巨大泡沫,就进入了价值投资者的变现时刻,实现最大的和最终的收割。所以,我们研究审美,研究选美理论,并不是我们自己一定要去投机交易,更不是我们要去博傻玩"最大笨蛋游戏",而是用理性收割感性。在我们选择股票之初,就能看到我们所选股票未来有巨大情绪价值的潜质,这也是"价时合一"战法的奥妙,让我们的投资不仅能够赚到低估的钱,还能赚到成长的钱,更能在人声鼎沸的时候赚到泡沫的钱。

五、珍惜"惊鸿一瞥"

在我们的模型系统中如何选股,如何把优秀的基本面与未来情绪价值的潜力相结合,选出能持续提供价值的优质公司(甚至多年后成长为伟大的公司),借助那一瞥获得超额收益,我总结了以下几点供读者参考。

"看透、做到"是股票投资的知行合一。AI时代重要的投资机会可以基于中美"科技+向善"这样的假设,我们可以从这个方向去看透,这个方向不仅有内在价值,而且会有情绪价值存在,美股映射在中国A股的影子股会是一种常态。

2023—2024年,我们观察到中美"科技+向善"的哲学在股市有精彩演绎,这种合一思想已经逐渐获得市场认同。这在中国A股和港股中都有所体现,在中国台湾股市中表现尤为明显。那些做芯片代工、服务器代工的公司股票都走出了大牛(见表4—1)。

表4-1 2024年5月21日的PCB自选股

	代码	名称(20)	*	涨幅%	现价	量比	换手%	涨速%	封单额	市盈(动)	强弱度%	速度	流通市值(亿)	总市值(亿)	人均持股	毛利率%	市净率	净利增效%	研发费用(亿)
1	603228	景旺电子	R	1.88	26.52	0.82	1.30	0.08	--	17.56	2.30	3 760	223.26	223.26	8 886	24.61	2.59	11.57	1.50
2	001389	广合科技		0.82	49.13	0.72	12.16	0.20	--	35.75	1.53	2 645	18.14	207.48	1 575	34.45	7.89	18.50	0.32
3	002916	深南电路		3.95	92.20	2.40	1.62	0.04	--	31.15	4.66	4 042	470.99	472.87	3 347	25.19	3.49	9.58	3.38
4	002463	沪电股份		0.06	32.57	0.72	1.55	0.00	--	30.27	0.77	4 570	622.90	623.23	11 415	33.86	6.02	19.66	1.85
5	600183	生益科技		-0.86	20.84	1.24	1.16	0.19	--	31.42	-0.44	4 323	492.77	492.77	11 505	21.30	3.41	9.13	2.17
6	688183	生益电子	K	2.09	15.62	0.89	7.94	0.13	--	122.81	2.51	3 275	48.16	129.93	15 471	18.88	3.29	2.99	0.49
7	300476	胜宏科技	K	-0.50	29.95	0.85	3.98	0.10	--	30.82	0.21	4 380	256.14	258.38	14 180	19.49	3.32	8.76	0.90
8	002938	鹏鼎控股		2.41	28.43	1.00	0.84	0.11	--	33.17	3.12	4 370	658.19	659.70	8 320	20.37	2.19	7.44	5.05
9	301123	奕东电子		3.76	19.05	2.53	16.28	0.74	--	56.43	4.47	3 099	14.56	44.50	3 209	18.59	1.48	4.82	0.21
10	300852	四会富仕		5.52	24.27	2.52	4.13	0.41	--	18.65	6.23	2 567	33.22	34.57	4 010	26.64	2.41	14.40	0.13
11	301282	金麒麟电子		4.82	18.25	3.35	8.79	0.05	--	53.20	5.53	2 533	13.17	27.58	4 347	12.33	1.65	3.81	0.19
12	605258	协和电子		0.59	22.21	1.63	1.78	-0.17	--	36.75	1.00	1 622	19.54	19.54	2 663	20.45	1.65	7.21	0.08
13	603328	依顿电子		0.55	7.32	1.01	0.89	0.27	--	17.45	0.97	2 949	73.09	73.09	11 780	22.07	1.88	12.79	0.34
14	002913	奥士康		1.34	25.79	1.63	1.52	0.12	--	18.34	2.05	2 630	68.57	81.85	4 731	25.65	1.94	11.42	0.48
15	002815	崇达技术		0.00	8.61	1.18	1.16	0.00	--	19.80	0.71	2 389	55.18	94.00	11 408	25.79	1.33	9.05	0.79
16	603920	世运电路		-1.84	18.17	0.79	1.88	0.12	--	27.54	-1.42	3 722	98.20	119.63	9 035	20.48	2.35	9.44	0.40
17	000823	超声电子		-0.37	8.10	0.98	1.12	0.12	--	63.06	0.34	1 833	43.49	43.50	9 138	15.84	0.96	1.55	0.73
18	605058	澳弘电子		-0.57	19.07	0.73	0.55	0.00	--	21.82	-0.16	1 018	27.26	27.26	3 649	24.64	1.65	11.38	0.15
19	300964	本川智能		0.28	32.00	0.85	3.50	0.16	--	85.93	0.99	1 371	10.77	24.74	1 885	19.36	2.47	5.88	0.06
20	301251	威通		0.98	27.88	1.22	6.89	0.18	--	44.94	1.69	1 659	9.38	37.53	2 080	24.83	2.59	10.23	0.10

2024年4月末随着一季报的公布,我们发现PCB这个行业出现了惊人的变化,淡季不淡,PCB行业第一梯队的公司营收和利润都出现了比较高的增长,甚至有些出现了利润翻倍的增长,在5月初股票也出现了资金持续流入推动的上涨。从技术面看,形成了牛市趋势,然后就要研究这种趋势如何能形成和是否有延续性。

先简单介绍一下PCB产业,印制电路板(Printed Circuit Board,PCB),其主要功能是使各种电子元器件组件通过电路进行连接,起到导通和传输的作用,是电子产品的关键电子互连件,有"电子产品之母"之称。PCB产业在世界范围内广泛分布,中国大陆、中国台湾、日本、韩国是全球PCB主要的生产基地。PCB作为电子终端设备不可或缺的组件,印制电路板产业的发展水平在一定程度体现了国家或地区电子信息产业发展的速度与技术水准。作为电子信息产业重要的配套,PCB行业的发展与下游需求密切相关,下游行业的应用需求对PCB的精密度和稳定性都提出更高的要求,推动PCB行业向高密度化、高性能化方向发展。

PCB行业处在价值链的最上游,最先受益于AI技术革命带来的效率和增长,AI带动PCB产业的复苏并不意外,在这样的大背景下,PCB产业获得周期复苏,会提供持续的利润增长。因此,参与PCB就是在参与效率游戏,参与PCD的时间是2024年5月21日,随后的走势大家可以去复盘。

把投资的难题从金融学升维到文明和文化层面来解决,如爱因斯坦所言,解决难题在更高的维度。我们可以通过升维来解决投资选股的难题,通过观察文明和文化的走向、人类发展的趋势、技术的演进和国家的意志,结合产业周期来确立投资方向。在未来二十年,我们强调注重技术演进带来的效率和效率游戏,相信效率游戏会是那"惊鸿一瞥"。

从第一性原理去透视投资,以合一理论捕捉时代红利的β,以此守正,并在个股α选择上占据稀缺性与独特性的生态位,以此出奇。出奇的是α拥有稀缺性与独特性,这样的股票就会是未来市场中的"惊鸿一瞥"。

建立价时投资三角形的系统思维,能够跳出公司基本面观价值,更高维度和更大系统地观价值,体会时间和条件的力量,避免陷入传统的价值投资的陷阱,可以规避那些"歪瓜裂枣"。

在现代金融市场,价值是主观的还是客观的,也是一个上百年的争论。我们试图终结这个百年之争。本书提出了这样的股票观价值:价值是主观的,也是客观的,更是有条件的。大家耳熟能详的"子非鱼"的故事,表达了庄子对于主观真实和客观真实的思考。在我们选股的模型系统中,选股的审美既要考虑客观真实,也要考虑主观真实。

预判别人的预判,在股票投资中具有重要的意义,若你正确预判了别人的预判,你的股票就能在游戏中找到朋友和合力,形成趋势,并在主升浪的时候,基于情绪价值吸引更多的资金来为你抬轿,帮你拉车,让你获得情绪价值带来的很多溢价。

本书做了一个独特的定义,伟大的公司就是带大能量的石头,当这块大能量的石头投到股市的水面产生波澜,也就投射到了投资者的心里,就会产生一石击水的传播效应,结果就是投资者轮番上车了,股价也因此轮番上涨了,这就加速了上涨趋势。中国A股的历史告诉我们,股票投资就是做能量的转换,以大能量换大价格差,选股就是选大能量的石头,必须相信"惊鸿一瞥"赋予石头的大能量,从感性层面来讲,能带来效率游戏的伟大的公就是"惊鸿一瞥"。

第七节　农民思维与渔民思维

一、天道

中国老百姓很喜欢的一部电视剧《天道》中,男主丁元英提到了"文化属性"这样一个概念,这个概念也因此为中国股民所熟悉。如果我告诉你,文化属性往往会影响你的投资偏好和投资策略,决定你在股票市场用什么方式挣到钱,不知你是否相信。文化属性如何影响股票投资,如何选择适合自己思维习惯的方式,来确定自己的投资风格,让我们来做一个研究和探索。

如果溯源找寻股票投资的起点,海洋文化与股票投资或许是有亲子关系的。1609年,世界上第一个证券市场诞生于荷兰阿姆斯特丹这个海港城市,当时的股票也与大航海时代的海洋贸易有关,可以说股票和股票市场的诞生与海洋文化有着密切的关系。我想这中间应该蕴含着一些必然性的联系。同样,在四百年后的中国A股市场,第一个股票涨停板敢死队诞生在宁波,而宁波是中国的一个海港城市。

二、价值观差异

海洋文化通常与开放的海洋环境联系在一起,它倾向于强调冒险精神、流动性、灵活性和外向型交流,更强调适应性、勇气和把握机遇。

大陆文化着重稳定、持久和内在的自给自足,价值观可能更偏向于耐心、细致管理和长远规划。

大陆文化强调稳定、保守和内敛,限局域获得资源。而海洋文化则注重开放、进取和外向,跨局域获得资源。海洋文化造就了渔民思维,而大陆文化造就了农民思维,从而形成了区别和差异,这是不同的文化属性。表现在投资偏好和策略方面,偏渔民思维的投资者可能更倾向于短期交易和灵活调整投资组合,如同航海者根据海流风向的变化调整航向。偏农民思维的投资者则可能更偏好长期持有和价值投资,类似于农民耕种土地等待收获的耐心。

三、主动与被动

农民思维以为自己很主动地劳作,实际上不过是在被动地等待收获,等待老天爷的馈赠。农民局限在自己熟悉的那块地上忙忙碌碌。一年365天,周而复始,形成了农民思维,根据自然规律来春播秋收,靠天吃饭,几千年来都是这样的,被一亩三分地的思想所禁锢。而渔民的思维是什么?找鱼群,去充满未知的地方找寻鱼群,捕获大鱼。农民思维与渔民思维最大的区别,或许就是被动与主动的区别。

最近几年,大家发现,偏宏观经济的分析师下场做基金经理都有一个宿命,表现都不是太好,比如英国著名经济学家凯恩斯,很多年前就已经证明过这个宿命,这貌似就是农民思维与渔民思维的被动与主动的差异。宏观分析师是做研究,仅仅是研究,宏观并不能被分析师的研究所改变,宏观的呈现非分析师的人力所为,这体现出宏观分析师被动的一面。而基金经理要主动去应对市场的变化，在微观上主动作为，因此，做基金经理对主动性要求更高。当然，宏观是一个慢变量，研究宏观的分析师习惯了等待结果呈现，因为宏观需要时间来呈现结果。带着这种思维习惯转行做基金经理，则可能在行为上表现出动作较慢，而股市有很多快变量，往往对基金经理快速反应的要求较高。

四、风格与思维匹配

文化属性往往会影响你的投资偏好和投资策略，几千年的农耕文明在中国人的思维中留下了不可磨灭的痕迹，那是植根于基因中的东西，也是不容易改变的。因此，选择适合自己思维习惯的方式，来确定自己的投资风格。

"弱水三千，只取一瓢饮。"一定要克制住不愿意错失任何好事的强烈愿望，同时又必须找到属于自己的机会。

如果你是一位普通股民，偏海洋文化（渔民思维），那么你可以发挥渔民思维的优势，基于物理学的熵增、生物学的情绪、心理学的博弈和社会学的价值观，基于情绪价值在股价上的映射，找寻个股、大盘、时间、热点、情绪的共振，通过研究各种热点，利用"一石击水"游戏战法，反复把玩能量的转化，通过短周期和复利获得财富。

如果你是一位普通股民，偏大陆文化（农民思维），那么你或许应该向渔民思维靠拢，去寻找好钓点，专注于"猛犸象时间模型"。只要你长期在场外蛰伏不动，时间有毒也奈何不了你。然后，寻得多年以后鱼多且大的时候下重注。这对于普通投资者来说，看似笨拙，但或许是普通股民的一个成功法门。

如果你是一位基金经理,偏大陆文化(农民思维),或许适合研究和使用本书中的"金双战法",将金融时间与"戴维斯双击"合一,在时代的贝塔里面去找大能量的石头,做能量转换,以时间换空间,以大能量换大价格差。

最近有一个朋友聊天的时候说:"反思过去两三年,最大的几个犯傻的行为就是买中概、不卖房、炒 A 股。"这的确道出了很多股民的心声。做空是中国股民文化里欠缺的东西,只有摆脱父母、老师、书本灌输的价值观,投资才能获得自由。摆脱传统价值观对于投资很重要,做投资一定要学会吃"人血馒头"。

正确评估自己的影响力尤为重要,在我们的交易比重不会对市场造成巨大影响的前提下,无论投资经理的观点方向如何,切忌让意识形态的东西影响操作。如果你作为基金管理人亏了他们的钱,他们就会撤资甚至去维权。在电影《大空头》中,迈克尔·伯里(Michael Burry)的原型是真实的人物,他的名字也是 Michael Burry,他是 Scion 资产管理公司的投资经理。该公司是一家总部位于巴哈马的投资基金,管理着数十亿美元的资产。他在 2005 年就通过观察贷款数据预见到了美国次贷危机,所以采取了一系列投资策略,如做空次级抵押贷款来对冲风险。尽管他的基金在 2007 年和 2008 年的金融危机中获得了巨大的回报,但是,2005 年和 2006 年这两年,由于他管理的基金在同类基金疯涨的时期表现平平,被他的基金投资人抛弃,纷纷要求撤资。

第八节 走出"衰退"的泥潭

在经济周期里面有一个库兹涅茨周期,由美国经济学家西蒙·库兹涅茨在1930年提出。该周期平均持续20年,以建筑业活动的起伏为标志,与人口变化紧密相关。早在2016年就预判房地产行业周期将会发生结构性的变化。于是,我苦口婆心规劝当时身边的开发商朋友,2017—2018年尽快退出这个行业。

到了2020年,身边还有一些朋友想买房投资,包括我家的家政阿姨想为娃娃结婚买房,都想听听我的意见,基本被我劝退了。当时也是顶着一些压力,也遇到了少数人的愤怒,我看跌房价就好像是诅咒他们的财富和断他们的财路一样。而在2023年,我就赢得了他们所有人的感谢。

儿子喜欢短视频制作。2023年我们一起合作了7集短视频《走出"衰退"的泥潭》,记载我对于未来大周期的价值观,提出了"四十年河东,十年河西"。在视频中,儿子以小花的名字出镜,我以大花的名字出镜,另外因为我的普通话不太标准,就选择了用虚拟人的方式,帮着我陈述(有兴趣的读者想了解7集视频的内容请搜索"走出'衰退'的泥潭"字样)。

第五章 条件

—— 价值的锚

▲

一切价值和价值观都是有条件的。
我们不仅要盯住价值和价值观,
还要盯住条件和条件的变化。

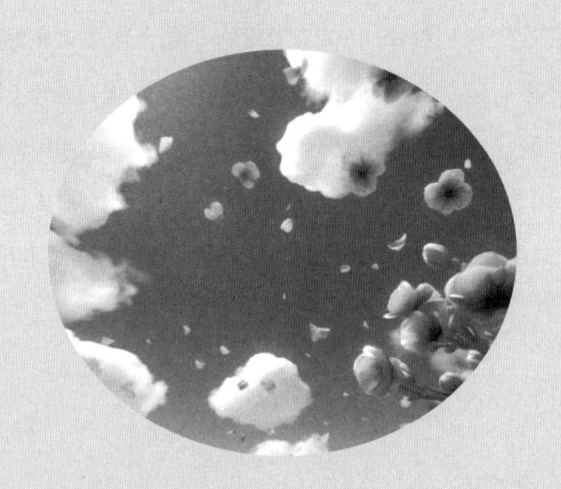

我们会发现,我们常常能看到的,往往是我们没有想到的,因为我们缺少对应的条件。价值判断是在条件网格中做出的,在缺少对应条件情况下做出的判断,往往都是偏颇的甚至错误的。比如,我们在一些侦探电影中能看到,做谋杀的人会隐藏条件,电影《东方快车谋杀案》里的那个大侦探福尔摩斯,电视剧《神探狄仁杰》中的狄仁杰,总是会去推理条件来破案。其实,股票投资也是做福尔摩斯和狄仁杰,寻找价值和价值成立的条件。在长期的投资研究中,我发现,投资人在寻找价值的过程中,往往会忽视价值成立的条件,这是一个致命的缺陷,投资容易犯大错。研究金融时间的意义就是帮助我们同时寻找价值和寻找价值成立的条件。

第一节　条件哲学

一、条件哲学是什么

"生命诚可贵,爱情价更高;若为自由故,二者皆可抛。"这首诗对于中国读者并不陌生,但一般人理解这首诗,只看到生命和爱情的价值。这首诗虽然很短,仅仅四句,但讲了价值,还讲了价值观。其中第三句"若为自由故"是最重要的,这一句讲的是条件的哲学。尽管第三句是最重要的,但大多数人往往重视前两句,因为大多数人眼睛总是盯住价值和价值观,往往忽略条件。

条件哲学(Conditional Philosophy)是一种哲学思维,强调一切存在和发生的事物都依赖于特定的前提条件。无论是思想观念、自然现象、社会事件,还是人类行为(当然也包括股票投资),它们都受到特定环境、历史背景、物理法则或社会文化等因素的制约。从条件哲学的角度看,没有孤立存在的事物,一切都在条件网络中相互作用。因此,要理解或改变任何事物,就必须考虑其所处的条件和环境。这一哲学理念有助于深入分析复杂问题,促进人们在决策和生活中的深思熟虑。比如,我们想控制体重,减少摄入量是一个关键条件,那么最简单的就是换一个小碗盛饭,这是改变环境条件。当然还可以改变其他条件,比如,改变摄入食物的顺序:先吃素菜,再吃肉,最后吃碳水化合物的米或面。大家都说一个人的改变很难,那么首先就是要去分析这个人,是因为改变的动力不足,还是没有改变的方法,或是环境导致,把动力、方法、环境这些条件都调整一下,改变就出现了。一旦我们掌握了条件的哲学,再看人类的一切活动都可以视为游戏。西方教育孩子就是从游戏开始,让孩子自己在游戏中感悟人类的活动,这些活动中有人与物的关系、人与事的关系,也有人与人的关系。

股票投资是一个复杂系统,价值与时间这一对重要组合中也嵌入了条件的变量,共同形成了一个股票投资的三角形,即在某些条件下,时间能够创造价值,但当条件改变后,时间则可能毁灭价值。

二、投资圈的条件哲学

在股票投资中,条件哲学是一种思考现实和理念之间相互作用的投资思想,它强调条件和环境对于事物发展的重要性。在股票投资领域,研究条件哲学的投资者并不多,然而条件哲学的思维却对投资成败有着深远而重大的影响。下面罗列了几位著名投资者的理论,对比一下他们的哲学,让读者对条件哲学有一个简单轮廓。

沃伦·巴菲特作为价值投资的代表人物,他的投资哲学是"价值投资,保住本金"。他认为,投资成功的关键在于选择那些被市场低估的优质公司,并长期持有其股票,等待市场重新评估其价值。

彼得·林奇主张"找对公司,深入调研"。他的投资策略更注重对公司基本面的深入理解和分析,以实现长期投资的成功。

威廉·欧奈尔提出了"抓住牛股,注重止损"的投资哲学。他通过结合基本面和技术面的分析,寻找市场上最具潜力的强势股,并在适当时机进行买卖,以追求最大化的投资回报。

乔治·索罗斯拥有独特的投资哲学——反身性理论。他认为,市场永远是错的,参与者的思想和行为会互相影响,导致市场趋势的偏差性演变。因此应根据市场的非理性行为来调整自己的投资策略,喜欢捕捉趋势拐点。

格雷厄姆是价值投资的创始人,他提出了"安全边际"原则,即投资者应当寻找那些价格低于其内在价值的股票,以减少投资风险,这为价值投资提供了坚实的理论基础。

费雪则侧重于公司的长期成长潜力。他认为,投资者应当关注那些具有显著成长优势的公司,通过长期投资分享公司成长带来的收益。

芒格强调投资的复合效应和耐心等待的价值。他鼓励投资者专注于公司的长期基本面,忽略市场的短期波动。

邓普顿爵士则注重全球视野的价值投资,关注不同场景。他认为,在不同国家和市场中寻找价值被低估的股票,可以实现更高的投资回报。

罗杰斯则更加注重宏观经济和政治环境对股市的影响。他认为，投资者应当根据全球经济趋势来调整投资组合。

格林布拉特提出了"神奇公式"投资策略，通过量化分析公司的盈利能力和估值水平，选择那些既便宜又优质的股票进行投资。

斯坦哈特认为，投资不仅仅是一种金融活动，更是一种艺术，投资者应当具备对市场的敏锐洞察力和灵活应变的能力。

投资大师的理论展示了如何在不同的市场环境下，通过研究条件和与条件对应的合理策略来实现投资的成功。他们的言论和成功的实践证明了条件哲学在股票投资中的重要性。各位看官，我们自己的条件哲学在哪里呢？我们如何形成适合中国 A 股的条件哲学呢？这是对中国 A 股股民的灵魂拷问。假设即信仰，在股票投资中，条件的哲学可以形成投资信仰。如果要把条件哲学很好地应用到股票投资中，首先要根据所处市场的偏好和特点，让个人条件与市场条件形成统一；其次根据市场条件和个人条件来制定投资策略；然后做到"怎么信仰就怎么投资"。比如，你还很年轻，以效率最大化为首选打法，在这样的条件下，你当然要模仿游资的战法，可以学习本书中的"一石击水"战法。如果你是一位基金经理，有股票投资的丰富阅历和产业研究基础，那么你可以选择基于价值的效率游戏，学习本书的"金双战法"，在"价时合一"里面找到自己的投资信仰。

三、条件和条件的变化

先讲一个故事，我们知道，外在的环境条件往往是人做决策的决定性因素,有心理学家做了一个调查,统计了人的行为与环境条件的关系。这个调查试验很简单,提问内容大致如下:某天晚上你看完一场电影后独自回家,有两条路可以回家,一条大路灯火通明,一条林荫小道灯光昏暗,并附带了两个假设条件,一个是看的爱情片电影,一个是看的恐怖片电影,问你会选择哪一条路回家呢?最后的统计答案如下:如果看完恐怖片,一定选灯火通明的大路;如果看完爱情片,可能会选择林荫小道,期待有爱情或许有艳遇。人做选择其实是在寻找价值,环境条件不同,选择则不同。这说明了一个事实,价值与条件是合一的,人做价值选择与环境条件关系密切。人类所谓的自由意志,本质上就是一种算法,条件参数不同,选择不一样。这个说法似乎很冷酷,但就是这么一个道理。如此而已,无他。

在中国 A 股这个波动性极强、投机感十足的市场条件下,如何适应如此魔幻的条件,以什么样的假设作为我们的投资信仰,是中国 A 股的首要问题,值得投资者认真思考。简单模仿价投理论用于中国 A 股市场,与成熟市场相比,明显存在条件差异,简化的价投有可能完全达不到理想的投资结果。我们一定要清楚,人类社会所有的价值和价值观,都是因为场景、前提、假设、条件而存在的,当这些场景、前提、假设、条件发生变化以后,原来的价值和呈现的美好就可能不复存在,原来的价值观也必须随条件而改变。股票投资有一种等待的策略,本质就是等待条件的改变,研究和推演条件的改变,然后评估时间和节奏。

给大家分享一个我原创的哲学定律,一切价值和价值观都是有条件的,我们不仅要盯住价值和价值观,还要盯住条件和条件的变化。

下面我们多举几个例子来讲条件和条件的变化:

农耕文明时代,只要经济条件还可以,就要结婚生子,所谓"不孝有三,无后为大",这是当时的价值观,但现在很多年轻人不结婚、不买房、不生孩子,已经普遍可见,因为条件的变化,年轻人的价值观已经发生巨变。建立流变的思维,猴子可以演化成人类,大牛股许多年以后可能被退市,一轮短暂牛市以后可以是漫漫熊途,在股票投资中,盯住条件和条件的变化,才能既保持投资信仰,又在投资过程中具备了灵活性和适应性。

此情可待成追忆,只是当时已惘然。在不同的场景条件下,有不同的价值和价值观。我们都知道,生命都是有时刻性和次序性的,初听不知曲中意,再听已是曲中人。有人说,小时候以为读懂书才能够读懂世界,到了中年或者老年才知道,读懂世界才能读懂书,书中的价值与价值观因为这个世界而存在,也因时间的流变而改变。非常欣赏一位中学语文老师这样评价语文之美,"没有一篇语文课本是滥竽充数的,谈恋爱时才懂《氓》,找工作时才懂《孔乙己》,谈婚论嫁时才懂《孔雀东南飞》,为生计奔波时才看透《骆驼祥子》"。也许只有作为成年人或者过来人,方可感悟到场景、前提、假设、条件对于我们的重要性。因此,我们得更加专注条件的哲学来认识世界,认知我们的股票投资,有了逻辑学的基础,条件的运用之妙存乎一心。

大家都很熟悉刻舟求剑的故事。故事说一个楚国人在过江时不慎将宝剑落入水中,他立即在船舷上刻下一个记号,认为这样就能找回宝剑。当船靠岸后,他按照记号跳入水中寻找,却未能找到宝剑,因为船已移动,场景已经改变。无论是生活还是投资,难免有人眼睛总是盯住价值,常常忽略这些价值存在的条件。当时间和其他条件都变化以后，还在幻想变化前的价值依然存在，幻想过去价值观呈现出的美好。最近几年，做价值投资的基金经理在消费白马股吃亏以后，对此大概是有很深体会的。

我们都知道，科学家所创造的价值，就是改变部分或者全部的场景、前提、假设、条件而发现或发明。比如爱因斯坦提出了相对论，改变了我们对时间和空间的理解。他假设光速是恒定的，不受观察者运动状态的影响，因此推导出了质能方程$E=MC^2$。这一发现不仅揭示了物质和能量之间的等价关系，还为核能的发展提供了理论基础，极大地推动了人类文明的进步。尽管在科技如此发达的今天，我们还经常看到一些证券行业精英放弃场景、前提、假设、条件去讲价值和价值观，让人唏嘘不已、痛心疾首。股市是一个名利场，各种理论大行其道，很多理论缺乏逻辑学的基础，鱼龙混杂，获取真经是非常不易的事情，因此有人调侃道："自古正道无人问，总是套路得人心。"

20世纪最伟大的哲学家路德维希·约瑟夫·约翰·维特根斯坦（Ludwig Josef Johann Wittgenstein）说："语言是思想的边界，我们要穿越语言的迷雾。"凡是通过语言和文字告诉我们的思想、观点、信息，当我们听到、看到的瞬间，其实都是不完整的，我们不仅会过滤掉对方的部分内容，更不易领悟到对方语言文字背后的场景、假设和前提。而场景、假设和前提，即原创哲学定律中所说的条件。不同的场景下，有不同的投资模式；不同的假设下，有不同的投资策略；不同的前提下，有不同的投资逻辑。

那些试图投资不被世界改变的公司的理论，其假设完全不成立，作为基础逻辑显然是有问题的，变才是这个世界不变的道理。2024

年,有基金经理告诉我的学生,持有茅台异常痛苦,不知道源头的逻辑问题在哪里。在股票投资中,我们只有盯住条件和条件的变化,才不会孤立和静止地看问题,才能更好地理解价值与时间,也才能穿越所有股票投资理论的迷雾,看清股票投资的本质,升华投资理论,在实践中取得持续的回报。

美国股市历史悠久,其中一些曾经辉煌一时的大牛股最终因各种原因消失。以下列举了其中的9家。

(1)宾州中央铁路。因管理不善和财务危机在1970年破产。

(2)东方航空(Pan Am)。曾是全球知名航空公司,后因油价上涨和管理问题在1991年倒闭。

(3)安然公司(Enron)。能源巨头,因会计舞弊在2001年迅速崩溃。

(4)世通公司(WorldCom)。电信业巨擘,因会计丑闻导致在2002年破产。

(5)雷曼兄弟(Lehman Brothers)。金融风暴中,因次贷危机在2008年申请破产,是史上最大的投资银行破产案。

(6)贝尔斯登。受次贷危机影响,2008年被摩根大通收购。

(7)华盛顿互助银行。在2008年金融危机中遭受重大损失,随后被美国联邦存款保险公司接管。

(8)美国无线电公司。一度在广播和电视领域称霸,但最终因无法与新兴技术和竞争对手抗衡,逐渐成为历史。

(9)洛伊斯公司。这家百年摄影用品公司,随着数码技术的崛起和市场的转变,最终失去了往日的辉煌。

第二节 流　变

一、什么是流变

流变,是事物的不断变化和流动状态,以及这种变化背后的统一性和规律性。

在古希腊哲学中,赫拉克利特是最早提出流变概念的哲学家之一。他认为,世界上的一切事物都处于不断的流动和变化之中,没有什么是永恒不变的。就像你看到的一些人失去了财富以后,或离开了领导岗位以后,原来的价值很可能从此消失,从过去的门庭若市,变成现在的门前冷落鞍马稀,古代诗人对此唏嘘道,"昔日王谢堂前燕,飞入寻常百姓家",感叹流变带来的物是人非。

流变是一个跨学科的概念,它涵盖了时间、环境和人性等多个维度的连续变化过程。我们在股市这个场景中,熟悉和掌握流变这个概念,对于股票投资意义非凡,可以让我们辩证地看待价值和时间,辩证地看待人性对于股价潮起潮落的影响,辩证地看待股市的环境,清楚股市的大年、小年、震荡市、牛熊市,清楚是应该进取,还是应该划船,或是应该蛰伏。正所谓"春发冬藏叹股市,潮起潮落皆流变"。

中国传统文化用"三十年河东,三十年河西""塞翁失马,焉知非福"等谚语来讲述流变的故事,这是我们适用于生活的哲学。当生活的哲学放到投资的实践中,我们观察到很多人由于缺乏迁移能力,流变的哲学思想并未融入投资人的思维方式和行为准则,导致无法顺势而为。每个人心中都有一个魔,惯性就是那个魔,除掉了那个魔,股票投资的能力就在水平线以上了,就可以自由地翱翔。

二、时间、环境、人性

在时间的维度上,流变体现了事物状态与时间进展之间的紧密关联,即随着时间的流逝,事物会经历从初始状态不断变化的过程。在第一章,我们详细描述了金融时间的五个属性(收益性、风险性、时刻性、次序性、未来性),金融时间这五个属性都是时间、环境、人性流变带来的,无一例外,都是本源规律。

环境流变则指外部环境因素如社会结构、经济条件、自然生态等的变化,这些变化能够对个体或系统产生深远影响。在非洲广袤的草原上,每年的角马大迁徙是自然界最壮观的奇观之一。成千上万头角马跟随季节性雨水和新鲜牧草的变化踏上漫长而危险的旅程。这场由于环境流变带来的生物界的盛事,展现了自然界的生存斗争和生命的顽强,也吸引了世界各地的游客,他们蜂拥而至,只为一睹这场生死与共的生命之旅。角马的迁徙不仅呈现对食物和水源的追逐,也呈现出环境流变的强大力量,更是对"生命不息,奋斗不止"的生动诠释。

在股票投资中,我们知道中国 A 股市场的每一个牛市都是"政策+资金"推动型,牛市是由政策支持和资金推动而形成,大致 7~8 年一次牛市,如果叠加产业出现持续的"戴维斯双击",有持续的热点板块领涨,则可能出现超级行情,但在中国 A 股市场三十多年历史中,也仅仅出现过 2005—2007 年一次超级行情。在我们明白牛市是环境流变带来的同时,我们也应该清楚,几乎每次股市见顶,都有管理层查违规资金入市的情况出现。当然,熊市也是环境流变带来的,比如,2015年6月管理层清理和严查配资,带来一次杠杆牛市之后疯狂的熊市,造成一些失察的人由此毁灭了一生的财富。因此,关注政策环境和资金环境的流变,对于我们判断牛熊切换和熊牛切换是有好处的。

人性也是流变的,人的情感、认知、行为模式等内在特质会随外界条件而发生变化。炒股也是这样的,若立足于中国A股当下条件,刻舟求剑地死学价值投资而不懂条件的流变,那么是无法立足的。在中国A股,某些阶段机构价值倾向趋同地抱团是产生牛股最重要的外部条件。从某种角度看,这是利益的结盟。而当这种利益结盟因外部条件改变以后而瓦解,牛股从此失去上涨动力,趋势就会发生改变,那个曾经耀眼的股票代码就可能成为长期的熊途漫漫。

人性的流变造就了喜新厌旧,每个时代的选择都有不同的最强音和最强的股票代码。对于股票投资而言,当时间进入新时代,比如我们当前就是新康波周期的起点,选股一定要选择新时代的贝塔,选择新的球赛和新的那个比赛用球,其底层逻辑是那个球代表了那个时代的最大价值和最美想象空间。比如2008年美国金融海啸以后,中国经济三驾马车中的出口受阻,管理层启动提升消费在经济中占比的经济战略,十年时间造就了茅台、伊利、片仔癀等消费大牛股。但2021年起,这些股票就被许多长期资本所抛弃,长期资本同样也会基于长周期喜新厌旧,其后不少资本则进入新能源、新能源汽车、半导体、芯片、AI科技等另外的高成长赛道。

三、缘起性空

流变这个概念在佛学中也有着深刻的含义,释义缘起和性空的学说。缘起是佛教的核心概念之一，它认为所有现象都是由因缘条件聚合而生，没有任何一个现象是独立存在的。这意味着，一切现象都是在不断的变化之中，它们的产生、存在和消亡都依赖于特定的条件和环境。在股市这个现象中，一只股票能成为大牛股，也是由因缘条件聚合而生，比如美国的芯片企业英伟达，是最近几年的超级大牛股。在人类从工商文明走向智能文明的当下，通用人工智能 AGI 的发展如火如荼，从训练到推理都需要大量的 GPU/NPU 算力芯片支撑，因此造就了英伟达公司营收的持续高增长，而且是同比与环比双增长，股价出现业绩"戴维斯双击"带来的飙升，也造就了英伟达 CEO 黄仁勋的人生高光时刻。

性空则是指所有现象都没有固定的自性，它们是空无固定本质的。这意味着，一切现象都是处于不断的流变之中，它们的存在是一种相对的、依赖条件的、不断变化的过程。从这个意义上说，流变不仅仅是物理世界的特征，也是一切现象的本质，当然也包括股市和股票，股票的价格也是一种相对的、依赖条件的、不断变化的过程。在佛学中，通过理解流变，人们可以认识到生命的无常和无我，从而摆脱对永恒的执着，达到解脱和觉悟。引申到股票投资，"有花堪折直须折，莫待无花空折枝"。因此，书中强调了关键时刻的重大意义，股民可以多年长期蛰伏不入股市，寻得 3～4 年或 7～8 年以后，股市鱼多且大的时候下重注，这或许是普通股民的一个成功法门。牛市是一阵子而不是一辈子，历史上很多大牛股就如天空中飞过的鸟儿，到如今早已经没有了踪迹。大家其实都知道，美国底特律和匹兹堡这两个今天的"铁锈"城市，都曾经有过辉煌灿烂的历史，也曾经是美国技术创新的中心,有过高光时刻。

最近几年,很多人在感叹学历贬值,其实学历的贬值是学历的价值在流变。父母会对孩子说:"学好数理化,走遍天下都不怕。"他们其实在告诉孩子:"学历是你的朋友。"在我大学毕业的那个年代,学历曾经是一种社会地位,大学毕业即会有工作,也好找对象,但那是三十多年前。现在来看,学历越来越不代表什么,好的学历也仅仅只是"有可能转换成工作和社会地位而已"。学历还是你的朋友吗?通过流变这个概念,我们可以认识到,无论是物理世界、人的内在世界还是股票投资世界,都处于一个不断演变、进化的动态过程中。这种流变性意味着我们所处的世界、环境以及自身都在不断地变化之中,理解和应对这种不断变化的能力,对于个体和社会的适应与发展至关重要,以变来顺应变,建立起反脆弱。

流变不仅仅是一个物理概念,也是哲学概念。在目前中美博弈的背景下,流变深刻影响着我们的投资决策以及对未来的规划;同时,流变也深刻影响着中美关系的走向。基于对中美文化、教育、金融、科技、制造业、国民性等方向的长期比较研究,在 2023 年中美博弈最激烈的时候,我提出了这样一个观点:"当犹太文化遇到了工商文明时代,就形成了割韭菜的算法,那就是美国金融,或许是人类所有算法中最高级的算法。"中国传统农耕文明的优势算法是狼扮成羊,而西方工商文明的优势算法是割韭菜。因此,我们在预判中美博弈的最终走向的时候,要考虑到犹太算法这个维度,只是割韭菜而已,并不是把韭菜连根拔起或者连根刨掉,韭菜根必须留下,才好继续割韭菜。所以我有一个长期论断,个人坚信这个论断可能是 21 世纪最伟大的论断之一："美国贡献科技,中国贡献向善,合在一起就是科技向善,这是从乐观的角度预估人类的走向。"

哲学是大胆假设、小心求证,假设是可以用来指导选股的,假设即信仰。从2023—2024年的当下,我们观察到中美科技＋向善的哲学,这种合一理论已经逐渐获得市场认同,这在中国A股市场和港股有所表现,在中国台湾股市表现尤为明显。美国贡献AI原创和源头科技,中国贡献制造给人类带来美好的生活。榜样的力量是无穷的,特斯拉就是21世纪的奇迹,其AI布局以及基于中美"科技＋向善"这样的假设所形成的推动力,或许成为人类第一个突破十万亿美元市值的公司。

中国大陆制造业在过去40年的发展中,吸收了整个西方国家的科技,这种吸收也覆盖了全球国家的科技(像韩国、新加坡、以色列等国家),出现了诸如三一重工、青岛海尔、立讯精密等许多制造业大市值公司。而未来进入智能文明的数十年,美国大概率是AI科技唯一的源头大国。"向善"这个词太抽象,若把"向善"与制造业挂钩,可能更好理解一些。我们特指的这一对中美组合,是美国的原创和源头AI科技与中国的制造业组合,当然也会延伸到场景运用。从证券市场看,从去年的CPO,到今年的PCB以及消费电子,再到未来几年的AI机器人,都会贯穿中美这一组合的逻辑。但是一定要知道,"向善"包括但不限于制造业,从2025年起,中国还将贡献AI＋运用的"向善",给世界带来更多的产品和服务,那也是非常好的投资机会。或许AI时代重要的投资机会都会基于中美"科技＋向善"这样的假设。东方文化在智能文明时代,对于全球治理文化也将发挥最重要和最积极的作用,因此,看好中国的AI

基座大模型、行业大模型和任务大模型。

懂得流变，方可有道。中国的制造业依然是人民币之锚，依然是立国之本，依然是中华民族屹立于世界之林的基石，与AI结合的制造业依然还有许多大机会，比如具备通用和泛化能力的具身机器人、服务机器人、陪伴机器人。不要再囤房和地了，酒也不要囤了，未来十年可多囤硬科技和制造业里面的优秀公司的股权及股票。

四、"合一"思维

在企业管理中，必须有惩罚与奖励制度，如果只有惩罚而没有奖励，或是只有奖励而没有惩罚，制度都是不完整的，必须同时都有，这就是合一，这就类似佛学里的金刚力与慈悲心的"合一"，必须同时都有，否则就害人害己。

"合一"是高深的哲学思维，只为极少数人所拥有。在拥有者中，大部分是因为有家学传承。道家文化的家学传承了"合一"思维，在儒家、法家文化底子的家学传承中，仅小部分人明白。客观地说，"合一"哲学在普罗大众中是混沌的，没有传承。读这本书可以接触到"合一"思维的整体精髓，当理解了"合一"的概念，有了"合一"的思维，再运用到证券市场，股票投资就变得清晰和简单起来。不管做什么事，只要拥有了"合一"思维，正确答案就容易出来，对"标准答案"就有能力甄别了。

什么是"合一"？打一个比方，你儿子给你提一个问题，你脑子中能同时浮现出两个答案，并且清楚不同答案的不同条件，你就合格了。如果你儿子给你提一个问题，你脑子中只能浮现出一个答案，往往那一个答案还是标准答案,或许是全社会认同的标准,那你的思维还不合格。所有的牛人,当面对一个问题的时候,脑子中都有两个答案,并且还能清楚不同答案的不同条件。再打一个比方,你从 A 城市到 B 城市去开一家酒楼,如果你想酒楼生意兴隆,那么你必须要在味道上融入本地元素,要让 B 城市的顾客喜欢吃你的菜肴,假如你的生意好,并不单单是因为你的菜做得好,而是因为你的菜的色香味形和你酒楼的装修风格刚好符合了顾客的味蕾和审美,这就是"合一"。

股票投资要讲"合一"思维。不管是专家推荐的、朋友推荐的、师傅推荐的,还是自己看上的,当你接触到一只正在上涨的或者是正在下跌的股票,你脑子中浮现的是机会还是风险呢?不管浮现的是机会还是风险,从思维的角度讲,只要是单一答案,都不合格。如果是机会与风险同时浮现出来,那么离"合一"就比较近了。当你此时此刻脑子中能浮现出风险和机会两个答案,并且清楚不同答案的不同条件,你就合格了。

从交易的层面讲,炒股的本质就是利用惯性和摆脱惯性。会买是利用惯性。会卖是摆脱惯性。俗话说,"会买是徒弟,会卖是师傅",此话不虚!股票投资中的买卖和持有就是利用惯性和摆脱惯性,这就是一种"合一"。

"合一"是本书最重要的投资思想。如何在一些确定条件下,与现实世界保持"合一"并顺势而为,就要懂条件的哲学,懂得"合一"。本书提出了六个"合一",在股票这个时间游戏中,风险与利润是合一的,价值与时间是合一的,价值与条件是合一的,模因与基因是合一的,看透与做到是合一的,主体与客体是合一的。但很多人对合一没兴趣,他们对成为有钱人的兴趣更大。

语言是思想的边界。"合一"这样高深的思维,很难说得透彻,还是要大量举例来陈述,才说得明白。

幸福是一种拥有"合一"思维带来的能力,痛苦是因为不懂主客体合一,这里面隐藏着条件的哲学。通过比较条件,可以研究很多问题。比如,可以用条件来研究亲子问题、教育问题和幸福问题。

很多年轻人短视频看多了,天天幻想自己成为有钱人,但现实情况与他们的主观想法并不匹配。所谓"理想很丰满,现实很骨感",他们总是很痛苦。中国人的人生观是追求幸福,幸福不是别人的评价,而是一种主观感受,明白幸福是什么才最重要,不仅仅是富人可以幸福,而普通人也是可以很幸福的。放弃了继承奥匈帝国"钢铁大王"首富家族财产的维特根斯坦,一生并不富有,做过教授、做过战地护士、做过慈善义工的哲学家,临终前说了这样一句话:"告诉他们,我度过了幸福的一生。"

就像爱是一种能力一样,幸福也是一种能力。如果你不"幸福",那么你就去"幸福",幸福是一个动词。要建立"幸福"这种能力,首先要清楚获得幸福是有条件的。这个条件不是权力、金钱和社会地位,幸福的条件是要在自身的条件下,如何与现实世界保持合一。不论外在环境是好是坏、是有利还是不利,通过内在精神去调节和平衡,就可获得幸福和自由的人生。比如,我们常说的"入乡随俗",这就是典型的内在与外部合一,在我们这个人口大流动的大时代,在他乡同样可以获得幸福,他乡也是故乡,你只要幸福,就可以拥有第二故乡、第三故乡。豪门出身的李叔同出家时选择了律宗修行,佛教修行最苦的是律宗,弘一法师在临终前写下的四个字是"悲欣交集",幸福圆满,自由自在。他与维特根斯坦都是幸福的,临终前他们有相似的遗言。

  心安之处是吾乡。   ——苏轼

  心外无物。   ——王阳明

  滚滚长江东逝水,浪花淘尽英雄。   ——杨慎

  心无挂碍。   ——杨绛

  苏东坡、王守仁、杨升庵、杨绛……这些大师为什么能做到"合一"？因为他们都明白一个道理,一切价值和价值观都是有条件的。他们的主观世界都很强大,懂得与外部世界的连接。按照"合一"理论,就是把自己的内部世界与外部世界,通过当下条件形成"合一"。一些年轻人想成为有钱人,但因自身条件的局限,就把自己与这个世界对立起来,当然会痛苦。如果我们有逆向思维能力,与痛苦反方向操作不就幸福了吗？丑人多作怪,无能者多心思,无德者多手段。清醒的方向感、内心的笃定与纯粹的努力,这是修"合一"的法门。方向感、内心的笃定与努力,对于本书的读者来说或可能已兼具,但纯粹的努力之"纯粹"二字,恐怕难一些,并非每个人能够做到,能做到这两点的人,做人品质肯定差不了。

  关于条件的哲学,我们有一种体会,中国历史上的大师和现在的一些大咖,讲"天人合一"逻辑的时候,都啰啰嗦嗦地不得要领,因为他们没有运用条件的哲学。我用心无挂碍来解释一下条件的哲学,大家一起来做大师,其实也并不复杂。比如,你来我的办公室,聊宏观经济,我给你泡一杯茶,不管聊得多开心,你走以后我都会把茶倒掉,然后我就不再去想你和与你说的事儿。首先有一个条件,你愿意来,我

愿意见你,坐到一起聊天,可以开心地聊,畅快地聊,你转身走出大门那一瞬间,之前的条件就结束了,通过特定条件建立的连接也就过去了,我该做别的事儿了。说通俗一点,条件的哲学就是研究事物与事物之间,通过条件建立的相互关系。一线游资为什么效率高,就是因为心无挂碍,市场情绪起则入,市场情绪退则散,一次买卖后交易结束,是赚还是亏都不重要了,开始准备下一次。

如何在一些确定条件下,与现实世界保持合一,就要懂条件的哲学,明白合一的道理,才能做好股票投资。比如张磊在《价值》一书中说:"Think Big, Think Long——谋大局,思长远",架起"望远镜"去观察变化、捕捉机遇;用"显微镜"研究生意的本质,看清它的"基因""细胞""能量"。张磊的这句话诠释了价值与时间的哲学关系,显微镜是在看价值,寻找资本增值的载体,望远镜则是在看时间,通过条件的连接,将价值与时间二者合一,从而获得价值的增值。换句话说,在股票投资中,金融时间即价值,用显微镜选好股票载体,懂得一切价值都是有条件的,才能找到创造价值的那段时间,以条件的哲学将价值与时间二者"合一"。

"合一"是中国哲学。比如中医的合一,望、闻、问、切;比如中餐的合一,色、香、味、形、意、养;比如川菜的合一,麻、辣、鲜、香。中国人如果能在金融投资中运用好"合一"思维,能更好地理解时间游戏的本质,那么在世界金融舞台上,中国人是有一席之地的。

在东方的"天人合一"和西方的"主客体合一"中,我们找到了股票投资的哲学精髓。投资者需与市场建立理性与客观的连接,达到内外一致、主客一体的状态。通过深入理解时代和市场,主动优化投资组合,以适应变化,实现动态和谐。这种追求"合一"的过程,让我们更好地应对市场的不确定性,找到稳定的力量。

"合一"不仅是投资成功的关键,也是个人修养的体现。它要求我们在认知、心态和行动上达到高度统一,通过不断学习和实践,逐渐接近这种理想状态,实现财富增长和个人修养的双重提升。在这一过程中,我们能体验到与市场共舞的乐趣,感受到与伟大企业共同成长的骄傲。

股票投资中的"合一"哲学,是一种实用的投资理念。它让我们更深刻地理解投资本质,尊重市场规律,从而达到内心的平静与外在世界的协调。让我们一起追寻这种"合一",在投资的道路上不断前行。

第三节 场 景

无论是马云、李嘉诚等取得巨大商业成功的大佬,还是普通的小商人,都喜欢说"在商言商"。这里有两个"商",前一个"商"说的是在商业这个场景中,后一个"商"是价值和价值观。"在商言商"也就是,在商业这个场景中怎么定义价值和怎么观价值。

放在商业的场景中,就要以利益作为第一价值,这是从商业看价值;而放在社会的场景中,道德在中国社会有更重要的意义,这是从社会看价值。但无论是在现实生活中还是在互联网上,大家经常不考虑场景来讲自己的价值观,然后产生分歧、摩擦和争论。这就像一群瞎子摸象,在各自的模型中形成观点,但对于场景条件却只字不提,因为很多人意识不到场景条件。

中美是不同的证券市场,是不同的场景,它们是由不同的投资主体组成的,投资者的行为和认知决定了市场的生态系统,在不同的生态系统里面寻找到优势策略获取超额收益,才是每一个想要成功的投资者获得成功的关键。换一个角度从效率推动来看,美国股市的上市公司从整体看能提供持续的效率推动,不断有新的技术创新带来效率,产生一批又一批的大牛股,美股跌就是机会,指数长期不断地创新高,所以造就了沃伦·巴菲特;中国A股缺乏效率的推动,跌就是灾难,所以造就了中国股民和基民。两个市场推动力根本不一样,完全是两个世界,是不同的场景玩的不同游戏,"天外天"与"人上人"是不同的模式,简单地和刻舟求剑般地模仿美股的投资理念和投资方法,都是危险的,甚至是愚蠢的(见图5—1)。

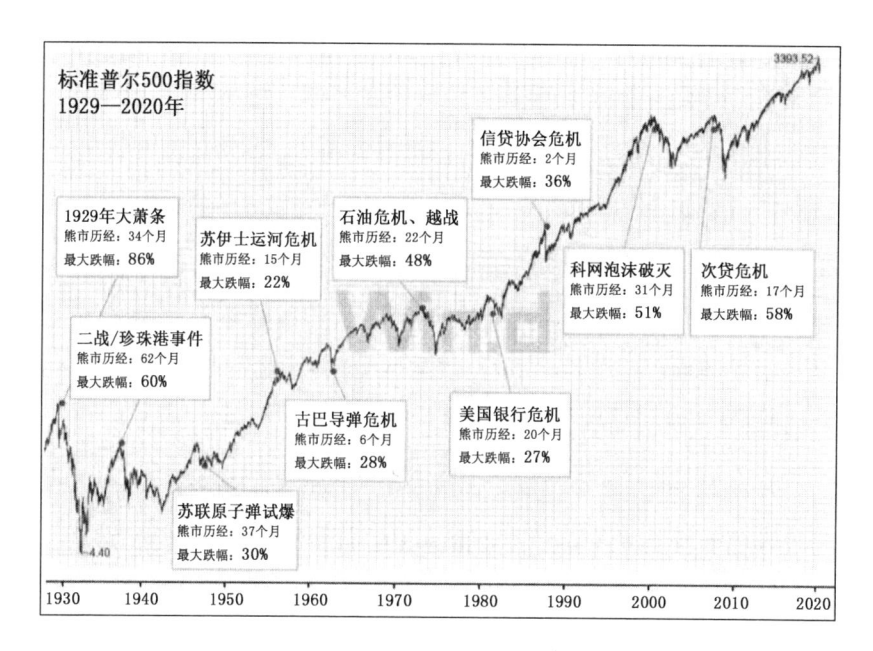

图5—1 美股历史上的10次股灾

如果所有的价值和价值观都是有场景的,那么中国 A 股这个场景中,是一个什么情况呢？我们必须承认,中国 A 股是一个制度有缺陷、极端情绪化的市场,与成熟市场风格完全不同,在中国 A 股这个场景中,大部分资金主体不太有长期稳定性,投机性极强,极具流变性。如果认识不到这一点,在中国 A 股很难适应和生存。我们可以看到,外资基金公司在投资中国 A 股的时候,也常常感叹相当不适应,可见场景选择是一门极大的学问。最近一个师弟跟我聊中国 A 股,他是教量化投资的教授,谈到巴菲特如果来中国 A 股三十年,能不能混得好？我的看法是,巴菲特来中国 A 股肯定不会被"割韭菜",但肯定成不了全球"股神"。这些年来,中国 A 股让很多股民亏损严重,当你们怀疑自己的时候,更应该质疑环境。其实,来中国 A 股的大多数人很聪明,但选错了场景,中国股民要是去美国炒股,肯定赚翻美利坚股民。最早质疑中国 A 股的是著名经济学家吴敬琏先生,"比赌场都不如"已经给中国 A 股这个场景做了定义。其实我们可以做场景的选择,不能填平陷阱,就跳出陷阱,放弃中国 A 股这个场景,选择美股的场景,像美股股民那样幸福。俗话说,"男怕入错行,女怕嫁错郎"。入错行是选择了错误的事业和工作场景;嫁错郎是选择了错误的婚姻家庭场景。当然,错了也可以纠错。

有人为我的这句话点赞:"无论外在环境有利还是不利,通过内在精神去调解和平衡,都会收获幸福人生。"我回复他就一句话:"选择了中国 A 股这个场景,就只能这样了。"给大家讲一个悲伤的故事,这是我自己亲历的事情。2017 年,由于深度学习的 AI 算法技术的发展,人工智能开启新一轮投资热潮。我当时相中了两家公司,其中一家是美国的英伟达,这家公司提供算力芯片GPU,人工智能业内都很看好其长期前景,被MIT评为当年AI全球第一。《MIT科技评论》给出的评价是:"虽然该公司的产品最初是为游戏而生,但是目前已经成为驱动深度学习和自动驾驶等突破性技术的主力。而他们在新芯片上投入的研发费用达到了30亿美元。"另外一家是中国的科大讯飞,做算法的软件公司,当年被MIT评为全球第六(中国第一)聪明的人工智能企业,其智能语音技术在国际上也是获奖无数,技术全球领先,占据了AI交互的生态位之语音隘口。

看好这两家公司,就想投资这两只股票,一家买一半的资金,因为没开美股账户,一偷懒就没有选择美股的场景。于是就选择了全部投在中国A股场景,即全部投在科大讯飞上了。

8年过去了,科大讯飞最高涨幅4倍,而英伟达高达100倍的涨幅,带来的投资结果竟是天壤之别。一个场景选择的错误,用八年时间带来的投资收益,已经不是潘老师与姚老师的差别,也不是单车与摩托的差别,完全是猴子与猛犸象的体重差距。这样的痛提醒我们,一定要对场景多加关注。不懂条件哲学就会付出代价,反向来看也凸显条件哲学的价值之所在。我认识一位老哥,是20世纪80年代的牛人。1983年,刘永好几兄妹凑齐5 000元养鹌鹑的时候,老哥家里已经有300万元现金了,当年可是成都妥妥的首富。浦东大开发的时候,受邀去浦东开发房地产,给了他很优惠的政策和土地价格,但他选择了留在中国A股市场,1996年他的交易量曾经占了一家大券商营业部交易量的一半多。后来的情况大家可以猜一猜,选择浦东房地产的场景与选择中国A股市场的场景区别会有多大?

中国的互联网超级发达,信息的传播也极其快速,中国 A 股股民大多是快思考,往往被贪欲所控制而追涨杀跌,所以呈现出中国 A 股黑暗森林投资法则:传言即真相,发现即猛干,证实即跑路,屡试不爽。

汉语的语言和文字有其独特的价值观,也决定了中国 A 股股民的思维范式和行为方式,只要你说汉语,你就逃不掉并身在其中。我一直相信中国人是有信仰的,这个信仰就是保持和提升社会地位。在中国 A 股这样的场景中,股市既要跌过头,更要涨过头。基于周期和筹码游戏,没有跌过头怎么来的涨过头,涨过头和跌过头都是因为信仰,涨过头才会更快地提升股民的社会地位,唯跌过头才会在未来有更多的上涨空间。

在中国 A 股这个场景中,游资这股水和量化交易的另外一股水,裹挟着大量散户股民,一会儿冲往这里,一会儿冲向那里。他们既成为湖中的紊流、旋涡,也可能成为吞噬股民的黑洞。一线游资投资于金融时间的时刻性,并且能用好时间的次序性,然后取得很好的收益。但是"一将功成万骨枯",成全游资和量化交易高收益性的是大量追涨散户股民的亏损累累,在狂热中呈现出这种游戏的零和。

一、柏基基金

柏基基金诞生于苏格兰的爱丁堡,是一家拥有百年历史的全球投资机构,在金融圈是独树一帜的传奇和存在,以其独特的长期投资策略和对金融时间属性的深刻理解而闻名。柏基基金在全球证券投资领域之所以成就百年传奇,得益于柏基一百多年以来践行的长期全球成长策略(Long Term Global Growth,LTGG)。

长期全球成长策略的关键词就是：长期、全球和成长。在全球范围投资高增长产业和公司，这就是柏基基金的特定场景，也是其长盛不衰的秘密。在金融时间所具备的五个属性（收益性、风险性、时刻性、次序性、未来性）中，柏基基金特别强调了对金融时间未来性的深度投资，充分利用"今天是10年后的10年前"的未来思维，并在全球范围内寻找成长标的。抓住时代贝塔的时刻性，用长期投资来表达产业周期的次序性，以一揽子高成长潜力股票配置来对冲和规避风险性，从而获得了长期的高收益性。柏基基金的投资风格，充分展示了金融时间即价值，在全球投资界是难得一见的存在，全球有很多伟大的基金公司，我最欣赏柏基风格，并认为是最合道的一种投资风格。以下将详细分析柏基基金如何选择投资场景，并展示其取得的成就。

农耕文明时代，人类的发展是非常缓慢的，几乎没有增长。但第一次工业革命以后，经济发展加速，特别是信息技术革命60年以来，经济呈快速增长，迎来了加速回报定律。第一次工业革命距今有200多年，发达经济体有了持续的增长。如果某个东西的价值，每年以6%～7%的速度持续增长，210年后是多少倍，答案是你可能没有想到的100万倍。一般人不太关注复利，关注复利的人也很难清楚复利有如此震撼的力量。在过去的200多年，技术的发展带来了以6%～7%或更高速度持续增长的机会，因此，价值投资拥有了基本面成长的基础逻辑。

柏基基金为什么要专注成长？让我带着你一起观察柏基的投资洞见。柏基跟踪全球股市62 000家上市公司的股价，在过去30年的变迁中得到一个结论：站在股票创造财富的角度看，以美国国债收益率作为基准，60.9%上市公司是在破坏价值，亏损的金额高达21.8万亿美元；37.8%的公司在勉强创造正收益，而仅仅是弥补了前面的"坑"造成的损失，可以理解为填"坑"。真正推动股市增长的只有1.3%的811家公司，兑现了45万亿美元的财富正增长，其中一半的贡献来自121家卓越的公司，数量上仅仅占比0.2%。

最近几年，中国基民诟病绝大多数基金公司在割韭菜，而伟大的柏基却在过去一百多年时间里独树一帜，真正不靠政府，不靠政策，不看宏观，不在乎流动性，专注挖掘和投资最具成长性的公司。这样的长期主义，不割韭菜也能取得巨大成功，这就是选对场景的力量和选对场景带来的价值。

在过去20年，柏基先后投资了上百只个股，至少有一半亏损离场，亏损最大的Qcells、Cavarna和B站都超过了90%；但是在成功端，特斯拉赚了77倍，亚马逊赚了74倍，爱马仕赚了38倍，等等。基金成立至今116年，整体实现15%左右的年化收益率。我说一个数据你就明白了，114年前有个家族信托投给柏基2万英镑，一直持有，到现在已经是320亿英镑的存在，令人羡慕到无话可说。

2013年买入英伟达，当时最乐观的设想是英伟达在虚拟现实存在潜力，甚至有望突破3 000亿美元的10倍回报空间。柏基乐观地认为英伟达如果能延长到机器学习和深度学习领域，承载更高的天花板，市值有望达到5 000亿美元。但随着AI2.0的发展，对GPU的需求指数级上升，英伟达举着GPU的大砍刀横冲直撞，直接达到3万亿美元的市值，远远超过柏基理想的高度。成长公司的未来往往是超越想象的,伟大公司的潜力可能完全没有预期中的天花板。

2017年柏基买入荷兰的阿斯麦,垄断世界的光刻机制造商。因为有阿斯麦的存在,芯片半导体才能够按照摩尔定律高速发展。它是引领世界经济和科技前进的推动力,更是其他伟大公司,比如英伟达、亚马逊、特斯拉,甚至很多AI公司的发展基石。柏基是阿斯麦的第一大股东,持仓回报7倍。这里补充一个细节,阿斯麦为了保持世界垄断地位,不仅自我迭代,更帮助整个供应链10万个零部件的生态圈做提升。他曾经提供10亿美元给一个供应商,支持他们研究最光滑的晶片,这种格局值得用手投票。

2004年柏基重仓买入亚马逊,结果在互联网泡沫破裂趋势下,股价跌去50%。经过内部深度讨论,亚马逊的天花板超出市场共识的互联网书店,它能够成为综合性的电商。于是,他们选择加仓应对,之后亚马逊果然攻城拔寨,业务更是延长到物有云,服务和广告一次又一次突破了市场对亚马逊的预设。这里柏基的结论是,只要是好公司,早期市场的估值并不重要。站在长期角度看,任何价格都是便宜的。亚马逊已经2万亿美元市值,但依然是柏基重仓,为什么? 柏基认为,只要亚马逊能提升电商云计算的渗透率,就有可能继续突破到10万亿美元的市值。

莫德纳Mrna疫苗公司当年从拿到新冠病毒基因测序,到研发出疫苗只用了两天时间。市场对公司的认知来自对新冠疫苗收入的依赖,但是柏基认为,莫德纳的MRNA技术是各类疫苗的底层能力,未来会有爆发式的增长。当前的状态类似于2004年的亚马逊。还有两个标的很另类,爱马仕和毛克利。柏基认为,高端奢侈品具有非常高的竞争壁垒,虽然成长的速率并不高,但是成长的确定性非常高,持有爱马仕的回报高达38倍。

柏基基金通过其长期主义的投资哲学、以未来思维对金融时间未来性的深度投资、在挑选投资场景方面展现的卓越的洞察力、对行业趋势的综合分析、对公司竞争优势及管理团队的评估、对财务稳健性和增长潜力的考察以及对ESG因素的考量,共同构成了其成功的投资框架。柏基基金的成功,是选对场景的力量和选对场景带来的价值。柏基基金的投资成就不仅体现在为投资者提供的高回报上,也体现在风险管理和推动全球可持续发展方面的贡献,奠定了其在全球投资领域的领导地位,并为未来的发展奠定了坚实的基础。

二、巴菲特"子宫里的彩票"

互联网自媒体上经常可见"拆二代""星二代""富二代"等二代这样的名词,的确每个人的起点是不同的,这是客观存在,这是人与人的不同,许多人奋斗了一辈子的终点都无法企及别人的起点。巴菲特说:"我是1930年出生的,当时我能出生在美国的概率只有2%,我在母亲子宫里孕育的那一刻,就像中了彩票,如果不是出生在美国而是其他国家,我的生命将完全不同!"

巴菲特的"子宫彩票"隐喻,不仅揭示了场景对个人命运的决定性影响,还深刻反映了他的成功与美国特定时代背景和股市环境的紧密联系。作为一个在20世纪中叶崛起的美国投资家,巴菲特的成长与美国经济最近50年的繁荣息息相关。他所处的时代为他提供了无比大的机遇,巴菲特的时代是美国经济增长、创新及市场全球扩张的时代,正是这种背景,给予了他利用擅长的价值投资选择标的,成全了巴菲特伟大的投资成就。

美国特有的资本主义框架和法治环境为巴菲特提供了一个相对稳定和可预测的商业环境,使他能够充分利用市场机制,实施投资策略。在这样的场景下,巴菲特能够运用其卓越的分析能力和直觉,寻找被低估的美国跨国公司,并进行大规模投资,最终积累了巨额财富。

巴菲特的成功并非仅仅是个人才能的结果,而是其天赋在美国特定的历史和经济场景中得到最大化发挥的典范。在观察个人成就时,应考虑更广泛的社会和经济因素,以及它们如何塑造个体的机遇和潜在优势。

下面我们通过沃伦·巴菲特的投资案例来探讨投资成功如何依赖于时代和场景。

沃伦·巴菲特作为当今世界最杰出的投资者之一,他的投资哲学和策略广受推崇。他的成功不仅源于个人的智慧和决策能力,更与他所处的时代背景和具体投资场景紧密相关。通过分析巴菲特投资的两家公司——可口可乐和IBM,我们可以发现时代和场景是如何影响了他的投资决策和成果。

可口可乐是巴菲特最早投资的公司之一,这项投资始于1988年,当时伯克希尔·哈撒韦公司购买了可口可乐大约7%的股份,投资额达到10亿美元。这一决策背后反映了巴菲特对消费行业的深刻理解和对美国消费文化的信心。巴菲特投资可口可乐的时期,美国正处于经济扩张期,消费者的购买力显著增强,而可口可乐凭借其强大的品牌影响力和全球化战略,正迅速占领市场。

巴菲特的投资时机非常精准，他投资可口可乐的时期恰逢公司全球化战略取得显著成效，其产品在全球范围内的普及率不断上升。这一时期，可口可乐的净利润增长率保持在每年10%以上，巴菲特的投资因此获得了丰厚回报。这不仅反映了巴菲特对消费行业的深刻洞察，也体现了他能够准确把握时代脉搏，利用宏观经济和文化场景的变化进行成功投资。

与可口可乐的成功投资形成鲜明对比的是，巴菲特对科技巨头IBM的投资则遭遇了不同的挑战。巴菲特于2011年开始购买IBM的股票，这一决策背离了他一贯的"不投资科技股"的原则，因为科技行业的快速变化和不确定性通常与价值投资的原则相悖。然而，巴菲特认为，IBM在企业服务和技术解决方案方面的领先地位，以及其稳定的现金流和盈利能力，符合价值投资的标准。

然而，随着时间的推移，IBM面临前所未有的挑战，包括云计算的崛起、竞争对手的涌现以及核心业务的放缓。这些因素导致IBM的股价在巴菲特投资后的几年里表现不佳。尽管IBM采取了转型措施，如大规模裁员和转向云计算服务，但巴菲特在2017年承认，他在投资IBM时对IBM所面临的业务挑战和企业科技市场的变化判断失误。

巴菲特的这两项投资，一项极为成功，另一项则未能达到预期，充分展示了时代和场景对投资决策的影响。在可口可乐的投资中，巴菲特准确把握了消费升级的趋势和美国文化的全球传播；而在IBM的投资中，他可能低估了科技行业变革的速度和竞争的激烈程度。

综上所述，巴菲特的投资经历告诉我们，即使是最杰出的投资者也需要适应不断变化的时代和场景。他的成功投资不仅仅是基于个人的分析和判断,更是基于对所处时代的深刻理解和对特定历史场景下企业发展前景的准确预判。

投资,尤其是长期投资,从来不是在真空中进行的。它需要投资者对宏观经济趋势、行业发展、公司运营和社会变迁有着深刻的洞察力。沃伦·巴菲特的投资案例强调了时代和场景在投资决策中的重要性,并提醒所有投资者在做出投资选择时,都要考虑到这些外部因素。

通过对可口可乐和IBM两个案例的分析,我们更加明白,成功的投资不仅仅是个人智慧的体现,更是对时代特征和具体场景敏锐感知及准确把握的结果。在未来,无论我们面对何种投资机遇,都应将时代背景和具体场景作为重要的考量因素,以做出更为明智的投资决策。

第四节 前 提

一、投资"不可能三角"

很多人都知道投资的"不可能三角"定律:投资领域中,收益性、安全性和流动性三者之间存在一个不可能同时满足的关系;也就是说,投资者无法找到一个既具有高收益、低风险又具备高流动性的投资项目。在实际操作中,投资者需要在这三者之间做出权衡和选择。但这个"不可能三角"说的是常态,如果你有耐心,是有机会等到"可能三角"的。

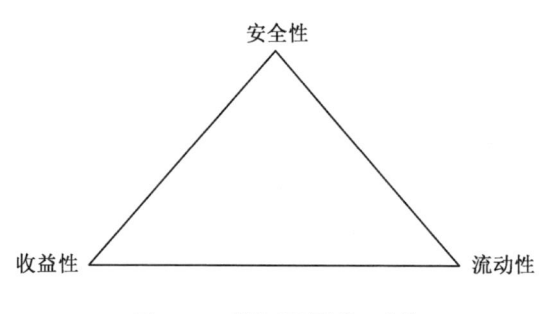

图 5-2 投资"不可能三角"

股票价值投资成功的前提是什么？做价值投资的人总会强调时间是朋友,但时间是朋友吗？时间是不是朋友、什么前提下是朋友,这些问题很重要,不把这些问题搞清楚,是做不好价值投资的,同时,这些也是很多价投者并未考虑清楚的问题。比如在2021年年初消费白马股市盈率高企、某酱油股票PE高达60倍的时候,基金经理买入那些已经明显高估的消费白马,显然是没有考虑清楚这些问题。

要想让时间成为朋友,买入的时机相当重要,很多人只看到了巴菲特选择的股票如何好、带来了多少倍收益的结果,却从根本上忽视了获得这样收益的前提。耐心等待安全性、收益性和流动性兼具的时候下手,实现了这个前提,在"不可能三角"变成"可能三角"的时刻下手做投资,就可以让时间成为我们的朋友,我把这个前提称为"巴菲特前提"。但"巴菲特前提"这样的机会在中国A股相当少,中国A股的估值普遍比美股高,获得这样的机会微乎其微,但并不是没有。而巴菲特在美股做价值投资,只要有耐心,就更容易获得这样的机会。

二、巴菲特的最佳击球区

巴菲特办公室的墙上挂着一张海报,是一位著名棒球运动员——波士顿红袜队的击球手泰德·威廉姆斯,被誉为"史上最佳击球手"。在棒球运动员中,有两类击球手:一类是什么球都打,另一类是只打高概率的球。泰德属于第二类,他将击球区划分为77个小区域,每个区域只有一个棒球大小,只有当球进入理想区域时,才挥棒击打,以保持最高的击打率。在比赛当中,对于非核心区的球,即使嗖嗖从身边飞过,泰德也绝不挥棒。"当你知道不打什么球的时候,才是真正打球的开始。"

对应到投资领域,巴菲特将这种选择性击球的策略应用到了投资哲学中,他的第一个条件是只投资杰出的公司,然后长期持有。巴菲特说:"投资这件事的秘诀,就是坐在那儿看着一次又一次的球飞来,等待那个最佳的球出现在你的击球区里,你就必胜无疑。"这是他的第二个条件,投资需要等待适合自己能力和认知范围的投资机会出现,一旦"巴菲特前提"出现,就要果断行动。他的投资策略强调质量而非数量,他不会频繁交易,而是精心挑选并长期持有那些有着稳定现金流、强大护城河和优秀管理团队的公司。

泰德·威廉姆斯的打球策略对巴菲特的投资理念产生了深远的影响。巴菲特将投资视为一系列"商业击球",要取得高于平均水平的业绩,他必须等待企业进入"最佳"击球方格里才挥棒,这就是条件的哲学,避免随意挥棒。他认为投资者经常对坏球挥棒,他们的投资业绩也因此受到影响。或许并非投资者认识不到已经来临的一个好球——一个好的企业,困难之处在于投资者总是忍不住要挥棒击球,到真正该挥棒击球的时候已经没有现金了。巴菲特建议,投资者每次行动就好像持有一张"终生决策卡",上面最多只能有20个孔。你一生只能做20次投资决策,每次挥棒,你的卡上就会打一个孔,你的余生就少一次投资机会,这迫使你寻找最好的投资机会。这就是条件的哲学,主动给自己的投资行为设计一个投资条件,避免随意挥棒击打。以一生60年投资时间计,除以20次投资,每次挥棒击打间隔就是三年,也就是说三年一次挥棒击打的机会。这里面蕴含了一个周期的道理,不知道你能不能看懂其中的玄妙。第一,这比较符合基钦周期3~4年;第二,这比较符合泡沫破裂的周期也是3~4年。那么条件就出来了,股市人声鼎沸的泡沫破灭三年后,去找寻"不可能三角"变成"可能三角"的时候下手,这是成功的秘诀。

巴菲特在棒球好球区击球的故事,不仅是对投资策略的比喻,更是生动地传达了他在投资决策中追求极致选择和耐心等待的艺术。第一个条件体现了他对公司的深入理解,以及长期投资的视角;第二个条件体现了他的战略耐性,因为他看懂了股票游戏。这两者都是其成功投资的关键要素。

三、巴菲特前提

在投资领域中,寻找安全性、收益性和流动性兼具的投资机会,即"不可能三角"变为"可能三角"的时机,是许多投资者梦寐以求的理想情景,但往往因缺乏耐心而错失情景。这种时机通常出现在市场对某一资产的估值出现偏差,或者在某个特定的市场恐慌环境下,某种资产的内在价值被低估。

"巴菲特前提"是颇具时机的智慧,通过深入的市场分析和耐心等待正确的时机,可以在所谓的"不可能三角"很神奇地变为"可能三角"的时刻下手投资,寻找这样的时机,从而让时间成为投资的朋友。然而,这样的机会在中国A股市场较为稀缺,而在美股市场则更容易出现。因此,投资者只能根据不同市场的特点和自身情况,制定合适的投资策略,以实现长期稳健的收益。

在金融投资领域,价值投资的成功往往建立在一系列前提之上。这些前提不仅涉及市场分析的准确性,还涉及投资者自身的心理素质和战略耐心。价值投资者经常强调"时间是朋友",这一观点背后蕴含了深刻的哲学意义。然而,要让时间真正成为投资者的朋友,并不是一个简单的任务,它要求投资者对市场的深刻理解,以及对买入时机的精准把握。对时机的认知在投资中具有举足轻重的意义。

我们必须认识到,价值投资的核心在于发现并投资那些市场价格低于其内在价值的公司。这种投资策略的成功,依赖于市场最终认识到这一点并修正其估值。因此,选择正确的买入时机变得至关重要。这个时机应该是当一个公司的市场价格与其真实价值之间存在显著差距时,需要投资者进行深入的市场分析,了解公司的基本面,以及影响其价值的各种因素。

仅仅识别出这样的投资机会是不够的,投资者还需要有足够的耐心等待市场认识到这一点。这意味着,投资者必须愿意承受短期内的价格波动,甚至可能是长期的低迷期。这种耐心和坚持,是建立在对公司基本面深入研究和对市场长期趋势信心的基础上的。

我们遇到过所谓的"不可能三角"问题,即安全性、收益性和流动性三者之间的矛盾。在大多数情况下,一个投资机会很难同时满足这三个条件。然而,正是在那些罕见的时刻,当市场条件使得一个投资机会能够同时满足这三个条件时,真正的价值投资机会出现了。这些时刻通常是由市场的过度反应或忽视造成的,为有耐心和洞察力的投资者提供了难得的机会。

巴菲特的投资成功,很大程度上归功于他懂得时间游戏,对这些关键时刻的精准把握。他通过长期观察和分析,识别出了那些被市场低估的公司,并在正确的时机进行了投资。他的投资策略强调了对企业基本面的深入理解,以及长期持有的耐心。这种策略在美股市场上更容易找到合适的投资机会,因为相比中国 A 股市场,美股市场的估值通常更为合理,提供了更多符合价值投资标准的机会。

然而,对于在中国 A 股市场进行投资来说,挑战更大。由于各种原因,包括市场参与者的结构、监管环境以及市场成熟度等,中国 A 股市场的估值普遍高于美股市场。这意味着,在中国 A 股市场寻找到同时满足安全性、收益性和流动性的投资机会要困难得多。但这并不意味着没有机会。相反,这要求投资者更加深入地了解市场特性,更加耐心地等待机会的出现。

在这个过程中,投资者需要展现出极高的心理素质和自我控制能力,不能被市场的短期波动所左右,而应该专注于公司的长期价值。这种心态的培养,需要投资者不断地学习和实践,以及对价值投资理念的深刻理解。

综上所述,价值投资的成功不仅仅是选对股票那么简单。它要求投资者具备深厚的市场分析能力、坚定的投资信念,以及足够的耐心和心理素质。在"不可能三角"变为"可能三角"的时刻下手,是实现价值投资成功的关键。而要让时间成为投资者的朋友,就需要投资者在这些关键时刻展现出超乎常人的判断力和决策勇气。这不仅是对投资者智慧的考验,也是对其人性的考验。将好的公司与好的买入时机"合一",这是巴菲特成功的奥秘。

四、对话

有一位券商的资深研究员很谦虚地问了一个问题:"对于买入时机的判断,如果排序的话,您觉得哪几个维度最关键呢?估值、情绪肯定在内,像宏观经济、政策环境之类的要考虑吗?"

我回答:"你问了一本书的内容,你可以给一些要素,我帮你排排序。"

他给出了四个要素:估值(市盈率的历史分位数、市净率的历史分位数)、情绪(市场热度)、宏观经济(GDP增速预期)、政策环境(流动性松紧预期)。

然后,我详细地做了解答:"你给出的这四个要素,的确是买入时机的判断依据,且这四个要素还是目前证券市场中做研究的流行品种。在我的书中,还有更多的排在这四个要素前面的,比如金融时间即价值,做价值判断,包括买入时机判断,第一考虑的就是金融时间,如果没有选对股票的前提,谈买点都将失去意义。从你给出的要素看,你问的是价投模式的买入时机,而不是其他模式。按照价投模式的买入时机来讲,首先是依据效率游戏原则选对股票,选对公司未来价值（内在价值）以及未来会成为市场追逐的价值（情绪价值），然后才是其他的买点要素排序。因此，产业、产业周期、'戴维斯双击'这些要素就要排在你说的要素前面。所以与时俱进，把产业、产业周期、'戴维斯双击'这些要素融入挥棒击球，就显得非常重要，把它们与挥棒击球'合一'，这样的价投理论和策略才是完整的。"

亲爱的读者，我们必须正视一个比较残酷的现实，中国A股市场齐涨共跌时代在2020年就过去了。我认为，研究买点的理论或许也可以与时俱进，这或许也是本书的价值。研究发现，20世纪90年代的老股民自从2020年开始就不太会炒股了，因为他们基于齐涨共跌假设的模型失效了，赚不到钱。建议与时俱进，贴近时代迭代模型系统，唯有变才是不变的道理。假设即信仰，如果原来的假设失效，则原来的信仰不复存在。

第五节 假　设

人类的思想和行动往往是基于假设所做的推演，假设的意义是什么？假设的意义在于为思考、推理和解决问题提供一个起点或基础。在许多情况下，我们无法直接了解所有的事实或数据，因此需要建立一些假设来帮助我们进行分析和决策。假设可以让我们关注特定的问题，忽略无关紧要的信息，从而更有效地解决问题。同时，假设也可以帮助我们预测未来的情况，以便我们做好准备。假设是我们大脑运行机制设定的一种条件，是一种简化，因此需要注意的是，假设也可能带来误导，在做出重要决策时，应该尽量确保假设的合理性和准确性。

同时不要把假设当成真理,所有的预想、预测、预判、估计都是假设,假设可以大胆,但求证必不可少,保持是一种状态,调整和修正是另外一种状态。一旦证伪,及时止损是必不可少的。

一、从一首诗开始

1998年蔡智恒于BBS发表第一部小说《第一次的亲密接触》,引发全球华文地区的痞子蔡热潮,被称为"华人网络小说之父"。20世纪90年代,互联网刚刚进入年轻人的生活,第一部网络小说成为热议。当时我还很年轻,对其中的一首诗留下了深刻的印象。这首诗很特别,用了三个假设句。

如果我有1 000万,我就能买一栋房子,

我有1 000万吗?

没有,

所以我仍然没有房子。

如果我有翅膀,我就能飞。

我有翅膀吗?

没有

所以我也没办法飞。

如果把整个太平洋的水倒出,也浇不熄我对你爱情的火焰。

整个太平洋的水全部倒得出吗?

不行,

所以我并不爱你。

这首被轻舞飞扬引用在日记中的诗,实际上表达了痞子蔡和轻舞

飞扬之间复杂的情感状态。诗歌以"如果我有"的假设句式开头,通过反复的设问来探讨拥有和失去、存在与不存在之间的界限。这种表达方式,一方面体现了对爱情的强烈渴望,另一方面则透露出无奈和辛酸的现实,即那些渴望往往无法实现。

这首诗借助了轻松的语气和简单的修辞,使得其表面看来颇为幽默,实则蕴含着深深的悲哀和无力感。特别是在最后一句"所以我并不爱你",看似是一个简单的否定,其实却包含了太多不能言说的复杂情感。这种情感的对比和转折,使得整首诗充满了戏剧性和深刻的情感张力。

通过假设的文学手法,作者蔡智恒成功地放大了故事中的情感冲突,让读者能够更深刻地体会到角色内心世界的痛苦与挣扎。假设不仅增强了故事的感染力,也使得这首诗成为表达现代爱情故事的一个非常有力的工具。

二、假设无处不在

其实,我们生活中遇到的所有问题,答案其实都是有假设的,但常常被我们所忽略。比如可怜天下父母心,那些被歌颂的事件背后都有一个人性假设。在日常生活中,我们不断根据假设来做决策和采取行动,而这些假设往往基于我们的经验、知识和对世界的理解。

当我们决定穿什么衣服或是否携带雨伞时,通常基于对气候的假设。天气预报是基于气象模型和历史数据的推演,尽管它们通常准确,但仍有不确定性。在与他人交往时,我们常常基于对对方性格、意图和情感状态的假设来做出反应。例如,如果假设一个同事友好且可靠,我们可能会与其分享更多的个人信息或工作责任。如果这些假设错误,可能会导致误解和冲突。投资者在购买股票、债券或其他金融资产时,通常会基于对未来市场表现的假设。这些假设可能涉及政治环境、产业状况、公司业绩等因素的预测,而这些决策的成败很大程度上取决于这些假设的正确性。

很多观众完全不能理解,电视剧《亮剑》中李云龙的骑兵连,面对数倍于自己的日本骑兵,采用了自杀式的进攻,包括连长全体阵亡。其实这样的行为也是有假设的,即"两强相遇勇者胜",所谓"亮剑精神",视死如归。下面我们来讲讲只进攻而不防守的一家基金公司,它的假设是什么。

三、柏基基金的假设

自 1908 年以来,柏基一直在投资世界上演伟大的增长机会,并取得了巨大的投资回报。假设即信仰,我们来梳理一下柏基基金取得的骄人战绩,是因为建立了什么样的假设。

（一）假设一

在长达近百年的时间里,虽然整体股市的表现优于美国国债,但绝大多数股票的表现实际上并不如国债,市场的长期财富增值主要由那些表现卓越的公司驱动,它们通过重塑行业格局和创造新的市场机会获得高额利润。根据 BG 的研究,从 1926 年到 2016 年,尽管美国股票市场创造了 35 万亿美元的财富,但其中一半以上的财富是由仅 90 家公司贡献的。这一发现凸显了一个重要观点:投资的成功往往依赖于识别和支持那些最终成为行业领头羊的杰出公司。在这种背景下,积极的基金管理应该致力于寻找和支持那些能够推动长期股票回报的卓越公司。

(二)假设二

柏基基金的投资决策理念颠覆了传统观点,甚至挑战了曾经金融市场的基石——资本资产定价模型(CAPM)。他们认为,CAPM的复杂假设和所谓"均值回归"的理论会误导投资者,阻碍他们探索未来的长期机会。因为CAPM未能捕捉现实中的变化,尤其是在加速回报定律的作用下,在当今这个技术迭代越来越快、颠覆式创新越来越多的时代,效率游戏一旦开启,就会持续带来指数形式的增长。投资不仅是一门科学,更是一种艺术,需要创造性地预见企业、行业和人类社会的变化,并理解这些变化的驱动因素以及人们的适应方式。

(三)假设三

柏基基金认识到长期视角的投资充满不确定性,但认为投资的成功源自非对称性的回报——收益可能是巨大的,而损失仅限于初期投资。为降低不确定性,BG并不依赖CAPM等模型,而是努力理解企业面临的机遇,如技术飞跃和新商业模式,并通过与管理层对话评估企业把握机会的能力,一旦选定,就会投入时间,把握指数级上涨的成长阶段。

(四)假设四

柏基基金提出的核心投资理念是寻找能够持续数十年发展的企业。他们的投资决策基于对拟投标的未来潜力的积极评估,而不是过分担心可能出现的问题。通过尽调,积极识别那些即使只有10%的机会实现100倍回报的公司,因为这种不对称的投资回报特性意味着,即使多数投资可能失败,少数成功的例子也足以弥补其他损失并提供总体的正回报。他们认为,重要的考量因素包括机会的大小、管理层的适应性和能力等,所以他们极为重视与创始人的面对面沟通。BG专注于判断公司是否具备持久竞争优势,如果这些因素清晰可见,就无需过分关注短期业绩波动。如果说这是一种特别的直觉,柏基的直觉就是:他们坚信发现并追随重大变革远比频繁猜测市场走向要来得容易。

第六节 条 件

"一切价值和价值观都是有条件的,我们不仅要盯住价值和价值观,且一定要盯住条件和条件的变化。"不懂条件的哲学,既做不好投资,也找不准位置,更过不好人生。

一、"龙蛇之变"的故事

我们以职场为例,先讲一个找准位置的故事。《庄子》里边有很多的智慧,智慧在职场中特别有用。庄子带了很多学生,学生学成后要走向社会,要追求功名利禄、自我实现,于是就想听听老师的建议。学生就问庄子,在社会上立足,跟别人沟通交流的时候,应该注意哪些问题?采取什么姿态?有没有总的原则?庄子说:"有,但是我现在对你讲,你印象不深。走吧,跟我进山里边,咱们到山里现场教学。"学生很高兴,庄子带着学生就进山了。

一行人行至半山,碰到一群伐木工人,正在叮叮当当地伐木。庄子说:"你们仔细看这些伐木工人,他们砍的树都有什么特点?"学生说:"能做房梁,能做船,能做桌椅、板凳,都是成材的好树。"庄子说:"那你们注意,路边儿有一棵大树那么粗大,为什么就没人砍、没人伐?"学生们发现,确实这路边有一棵老树,又粗又大,但是就没人砍伐。

有一个学生走上前问伐木工人说:"师傅,为什么所有的树你们都砍了,就这棵大树你们不砍?"伐木工人说:"你们不认识树,这棵树是一棵臭椿树,味儿是臭的,形状歪七扭八,而且纹理也不规整,它根本就不成材。成材的树,我们要砍伐,不成材的树,砍它干什么?"

学生回来对庄子说:"老师,成材的树被砍了,不成材的树就没有被砍,所以就长得又粗又大,枝繁叶茂。"庄子说:"这样的情况在社会上也存在,在江湖上也存在。成材的就被砍了,不成材的就得以善终。能干的人都被累死了,不能干的人就安全地混到退休,还能提职进步。"学生说:"噢,老师,按照这个思路,我们确实应该收敛锋芒,不能表现得太能干,防止鞭打快牛,被人累死。"庄子说:"你只了解到真相的一半。"接着一行人继续往山上走,越过山头,来到山下。山下有个农舍,农舍里养了好多大鹅(那时候的古人正在驯化大雁,鹅跟雁还没有完全分开,所以鹅也称为雁)。

一见庄子来了,主人就特别高兴:"夫子啊,不要走了。今天我请你吃铁锅炖大鹅。"庄子说,这是一个好菜。于是,主人就拿着刀去杀鹅。

庄子带着学生在旁边看,就发现这主人追着鹅跑,鹅四散而逃。偏偏就一个大鹅站在门口,不跑也不躲,神态安详,特别得意,而且主人既不抓它,也不杀它。庄子说:"你们去问问这个主人,他为什么不杀这只鹅?"学生就去问东家:"请问主人,为什么别的鹅你都追着杀,就这只鹅你不杀呢?"主人说:"你不知道啊,这些鹅有的会叫,有的不会叫,就数这只鹅叫得好听,有高山流水之音。没什么才艺的那只鹅,我就把它剁了炖肉吃,这只有才艺的鹅,我当然舍不得杀。所以它就能尽终天年,得以善终。"

庄子说:"你看,不成才的都被淘汰了,成才的就进步发达了,你们得到什么结论?"学生说:"结论就是,那还得增长才干,还得能干,因为不成才的都被淘汰了,成才的就都留下,都发达了。"庄子问:"那想想前面是什么结论?"学生就说:"前面的结论是,成才的倒霉了,不成才的挺好,能活下来。现在的结论是不成才的倒霉了,成才的活下来了,那到底是应该成才还是不成才呢?以什么样的价值观来处世?才与不才之间的条件是什么?"

庄子说,有一个成语——龙蛇之变,以此来讲述条件的哲学。一个君子应该有龙蛇之变,该变龙的时候你就变龙,在天上飞腾万里,喷云吐雾,普降甘霖,展示才华。但如果天地大旱,炎热酷暑,这时候条件不具备,你就落到地上,变成一条蛇。在变成蛇的时候,你就在草蟒之间与那些蚯蚓、蚂蚁为伍,住泥筑的巢穴,吃肮脏的食物。不过变成蛇的时候,你不能因为你曾经是龙就懊恼、就灰心;当你变成龙的时候,你也不要因为曾经是蛇就惭愧、就心虚,这根本没必要。变成龙,你就好好地干龙该干的事儿;变成蛇,你就好好地干蛇该干的事儿。该往天上飞就在天上飞,该往泥里钻就往泥里钻,这叫龙蛇之变。君子根据条件,应该有龙蛇之变。另外就是,处于木雁之间为好。什么叫木雁之间？遇到砍树的领导，你就收敛锋芒；遇到杀雁的领导，你就展示才华。到底是收敛还是展示，取决于企业的文化和领导的风格，取决于环境条件。龙蛇之变和木雁之间这两个成语都是庄子发明的，讲的就是价值观是有条件的，核心就是要根据外在环境条件选择策略，道法自然，这是道家的思想。

二、薛定谔的猫

我们先看一个思想实验。薛定谔的猫是奥地利物理学家埃尔温·薛定谔提出的一个思想实验，用于解释量子力学中的超级位置原理和观测者的作用。在这个实验中，一只猫被放在一个密封的盒子里，盒子中还有一个放射性原子、一个检测器和一瓶毒气。如果检测器检测到放射性原子衰变，就会释放毒气杀死猫。由于量子力学的原理，放射性原子处于衰变和未衰变的叠加态，因此猫也处于活着和死亡的叠加态。只有打开盒子进行观测，猫的状态才会坍缩为确定的结果。这个实验旨在探讨微观世界的不确定性如何影响宏观世界，以及观测者的作用在量子力学中的重要性。

庄子是公元前4世纪的中国哲学家，以其犀利而深邃的洞察力，早已对人类社会中"龙蛇之变"与"木雁之间"的哲学进行了深刻的剖析，揭示了万物的流转和变化，流转和变化都基于条件，揭示了价值观的相对性。龙蛇之变、木雁之间是藏在古代圣贤书籍里面的顶级思维，两千年前的庄子就摸清楚了人类社会运行的规则和自然法则。

在探索人类存在和宇宙法则的深邃之谜时，我们不难发现古代哲人的思想与现代科学实验之间存在着神秘而深刻的联系。将时间的指针拨至20世纪,量子力学的双缝干涉实验以及薛定谔的猫思想实验,似乎在科学的土壤中为庄子的思想找到了实证。

在双缝干涉实验中,微观粒子呈现出波粒二象性,其状态因观察者的介入而改变。未被观察时,光表现为波的特性;一旦受到观察,则呈现为粒子的特性。这种因观察而转变的性质,恰恰体现了庄子所说的"变"的哲学,一切存在都是流动不居、随观察者视角而变的。薛定谔的猫实验更是将这种观念推向了极限。在这个实验中,一只猫的命运因观测行为的有无而摇摆于生与死之间,观测这个条件决定了猫是活的还是死的。

无论是古代的哲学还是现代的科学实验,都在向我们揭示一个共同的道理:一切价值和价值观都是有条件的,价值或者价值观都受到环境、文化、观察者等各种条件因素的影响,我们对世界的观察与价值的理解永远处于一种动态的、随条件不断变化的过程中。

因此,当我们在评价事物、构建价值观时,应持有一种开放和多元的心态,意识到我们的认知是局限的、片面的,并且深刻地受到所处条件的影响。只有这样,我们才能更加全面地理解世界,理解金融投资。更加深刻地认识自我,并在变化无常的世界中寻找到我们的位置和价值。

三、与时代共舞

中国社会的深刻变革正以前所未有的速度展开,各种环境、技术、文化、人口、消费观念等条件都在发生巨变。房地产曾经作为经济增长的强大引擎,如今却逐渐失去昔日的动力。同时,人口老龄化的趋势和年轻人网购无声无息地改变着消费模式，这对投资者而言，意味着必须重新审视和调整投资策略，过去二十年形成的投资理念和方法，在新的社会经济条件下显得不再适应，若不能顺应时代的潮流、深刻理解并运用条件的哲学，许多投资者将面临被证券市场淘汰的风险，这个过程以及部分结果已经呈现在大家面前。

数字化和绿色发展理念是这一变革中的两大关键因素。互联网、大数据、AI等前沿技术的广泛应用，正在改变我们的生活方式和生产方式，推动经济模式向更加创新、高效的方向发展，同时也深刻改变社会治理模式。环保意识的提升和可再生能源的应用也正在逐步改变传统的产业结构，引领着新的消费趋势与生活方式。这些技术条件变化对中国社会产生了深远影响，更为优秀的投资者提供了具备加速回报定律的新的投资机遇。

作为一个投资人，必须深知金融时间即价值的重要性。在这个科学技术快速变化的时代，仅仅跟随时代的步伐是不够的，我们必须深刻理解条件的哲学，洞察社会变迁背后的深层次原因，建立起新的投资假设和信仰。只有这样，我们才能在股票市场中做出更明智的投资决策，捕捉到那些由AI技术革命和可控核聚变为代表的绿色发展带来的投资机会。在不断变化的市场中找到稳定的立足点，实现财富的持续和快速增长。技术革命必将带来深刻的效率改变，我们的投资在效率游戏中，将体验到与时代共舞的乐趣，感受到与伟大企业共同成长的骄傲。

第六章　价时投资

——财富密码

股票既要投资价值，

更要投资于时间，

"价时合一"才是股票投资之道。

传统的金融投资理论的基础,是基于金融学和证券交易所的数据,已有百年历史。价值投资这样的价值观有非常多的信徒。其优点是投资于有继续成长能力的蓝筹股,流动性很好,资管规模的天花板很高,超大资金亦能进退自如,也有巴菲特等成功案例可以借鉴。

我们先看一种时间观。周洛华先生在《时间游戏》中是这样描述时间的:"为什么只有墙上挂着的钟才能度量、表示和提醒时间呢?为什么你额头的皱纹、胸中的城府、腹中的诗书、肚子里的春秋、额头的伤疤、心里的阴影、账户上的存款和体制内的级别不能表达时间呢?不要试图去理解时间,而要全面理解游戏。一旦你理解了游戏,你就会发现,对时间的理解已经深深地嵌入你对游戏的理解了,或者说,你根本就不需要去单独理解时间了。"[1]

"理解了游戏就理解了时间"这是一种时间观,的确是很多大师的成功法门,但如果你不是大师,该怎么办呢?"理解了游戏就理解了时间"这是一个前提条件,大师们的理论基本隐含了这个条件。没有正确的时间观,这或许就是很多国内价投者在学习大师的价投理论后依然做不好价投的原因之一。价值投资的代表人物沃伦·巴菲特是能看透游戏的人,他很少投资科技公司,或者说基本就没能参与美股"七姊妹"[2]成长期的投资,但他对于股票游戏有自己深刻和独到的理解,买入成熟期还在成长的企业,虽然牺牲一些收益,但获得更大的确定性,用大半生超长时间的实践、用复利的力量证明了其价值投资理论的伟大,也是大家心目中的"股神"。

---

[1] 周洛华著:《时间游戏》,上海财经大学出版社2024年版,第38页。
[2] 美股"七姊妹":微软、苹果、谷歌、亚马逊、英特尔、Meta、特斯拉。

普通投资者很少有大师们的"额头的皱纹和额头的伤疤"那些阅历。正是因为没有这些阅历，所以看不透游戏，从国内投资者对价投的理解来看，与巴芒组合等大师成功的价投其实是不大一样的，呈不同维度的差别。普通投资者的价投方法论仅仅局限在以公司基本面为主体选择标的，以时间为客体，通过时间客体来兑现价值，因为看不透游戏，对买完以后股票涨不涨、什么时候涨和收益率的高低，基本无法进行更准确有效的判断。很多时候，国内的价投者没能顺应时代变化，无法让投资变得更具时代性和效率性，从时间维度讲也缺乏主动性，被动地把答案交给时间。

价值投资理论已经成为国内机构股票投资的金科玉律，但我们没有看到在证券投资领域，中国人通过颠覆式创新产生的新的投资理论和投资方法。本章在这方面试图做一些探索。

登上一座山峰，其实可以有不同的路径，既可从南坡攀登上去，也可以从北坡攀登上去。巴芒组合、李录、段永平等价值投资者投资于内在价值，因为理解了股票游戏而获得成功。如果说他们是从北坡攻上去的，那么伟大的柏基基金基于金融时间而获得巨大的成功，就是从山的南坡攻上去的。本书试图从登上山峰的两个方向，将时间与价值结合起来，创造性地提出"价时合一"的理论。

第一节　第一性原理

一、升维思维

第一性原理是一种解决问题和创新的方法论，它要求我们回归事物最基本的条件,将其拆分成各要素进行解构分析,从而抛弃固有经验,寻找问题解决之道。在投资领域,第一性原理不是投资策略或理论,而是少数派投资者的"思考原点"。在我的理解中,第一性原理就是中国文化中的"道"。

有人说在我们的群体认知中,哲科思维属于"无用"的学问。其实并不是哲科思维"无用",而是我们还没有学会如何去应用这种根基性的学问。因为文化不同的原因,我们的哲科思维比西方偏弱。让我们来看看西方哲学家怎么用哲科思维来定义中国的"道"。

最早提出第一性原理的是古希腊哲学家亚里士多德,亚里士多德在哲学著作《形而上学》中首次提出了第一性原理的概念,他认为每个系统中存在一个最基本的命题和假设,这些基本命题和假设不能被省略或违反。这种原理是所有知识和科学的基石,通过它们可以推导出更复杂的现象和理论。第一性原理强调不采用类比或者借鉴的思维来猜测问题,而是从"本来是什么"和"应该怎么样"出发来看问题,相信凡事背后皆有原理,先一层层剥开事物的表象,搞清楚里面的本质,再从本质出发一点点往上推演。

近年来,有一个人让第一性原理被大家熟悉,这个人就是美国的科技"钢铁侠",也是世界首富埃隆·马斯克。作为科技创新大师,他认为第一性原理是看待世界的方式:"我们要摒弃所有本不应该当做已知条件的信息,直接看到那些最无可辩驳的基本事实。"他描述了第一性原理思维的精髓。

在股票投资中,第一性原理对于投资的借鉴意义是,投资不是简单地看企业的盈利水平、估值水平、财务情况、商业模式等,我们要通过升维的方式往下挖,直至最底层,然后从最底层再往上推导。笔者认为,最底层的其实还是企业所处的行业,决定行业发展的是国家文化、文明的特征、技术发展趋势、国家意志等,这才是我们认为的底层逻辑。同时,在往上推导的过程中,我们会看商业模式、竞争格局、财务情况等,这些要素下面其实也都有底层逻辑,把这些搞明白以后,我们才能更快速而精准地判断一个企业的优劣。

升维思维能力是往下挖本质和逻辑,做投资最重要的是通过升维的思维方式,思考当下要发生的趋势,才能预知未来,获取超额收益。在笔者看来,投资的核心是提升升维的思维能力,思维能力升维了,认知水平自然提高,拥有超越股票市场平均水平的认知,自然就能获取超额收益。

世界是充满变化和不确定性的,事物的外表夹杂着众多的假象和表象,投资者往往容易陷入对表象的观察和描述中,比如昨天证监会出了一个什么政策、今天上市公司又发布了一个什么公告等。然后投资者开始简单地从表面线性外推,基于过往的经验和案例进行股价的预测。这就像古代人们天天看着潮涨潮落、月亮升起落下、苹果从树上掉落,并不清楚其底层机理,对于预测一个新的物体在一个新的环境中将会怎么运动,莫衷一是。直到牛顿提出了"万有引力定律",人们才知道,其实此类现象都可以用这个原理来解释。

某个企业业绩出现重大变化或者股价不断上涨,这只是一种外在表现,内在原因是企业所处的产业发展情况,以及核心竞争力的提升等影响了企业发展速度和盈利能力,从而推动股价变化。相比于对股价的判断,投资者更应该重视对产业实际发展情况的跟踪和研究,探求行业或个股持续上行的内在推动力。因此,投资需要以深入的基于时间观的企业基本面分析为立足点,透过现象看本质,运用底层逻辑挑选高质量的股票,把握市场脉络。

二、投资的底层逻辑

查理·芒格在《穷查理宝典》中强调:"第一步是找到一个简单的、基本的道理。这可以是商业逻辑、市场规律或者一个科学原理。第二步则是非常严格地按照这个道理行事。"

乔希·考夫曼在《关键20小时,快速学会任何技能》一书中提到:"学习任何科目时,不需要掌握所有细节,只需要理解一些核心原理即可。"

《爱默生随笔》中强调:"方法可能有多种,且远不止这些;而原理则是核心,是指导实践和思考的基石。把握了原理,就等于掌握了解决问题的钥匙。"

瑞·达利欧在《原则》中提到:"掌握并运用那些深藏于事物运行背后的原则,是实现目标的关键。"

刘未鹏在《暗时间》中提到:"解决问题时不仅要关注具体的解决方案,更要深究其背后的一般性原则和思路。这种方法可以帮助人们将解决某一特定问题的方法推广到其他类似问题上,从而提升解决问题的能力。"

通过以上描述,我们可以发现:查理·芒格口中的"道理",乔西·考夫曼所说的"核心原理",爱默生所说的"原理",瑞·达利欧所说的"原则",刘未鹏所说的"一般性原则和思路",其实都包含同一概念,就是"底层逻辑"。透过现象看本质,首先需要把事物分解成最基本的组成单元,从源头开始思考与解决问题,打破一切表象知识的束缚,回归到事物本源去思考最基础性的问题。

我们看到的、听到的世界虽然纷繁复杂、变化万千,但其表象背后常常有如同"看不见的手"一般的"道理"或"逻辑"在主导着,而这些"看不见的手"就是底层逻辑。底层逻辑其实就是万千"术"底下的"道"。古语说:"君子务本,本立而道生。"

"底层逻辑"的特点主要包括以下四个方面:一是通用性,底层逻辑可以用于分析或者解决某一类问题或现象;二是简单,"大道至简",许多底层逻辑是简单的常识;三是动力来源,各种想象背后的推动力就是底层逻辑;四是抽象,需要透过表象看本质才能挖掘出来。

我们挖掘众多现象背后的底层逻辑,其实就是在寻找某一类问题或现象背后的普遍根源。因此,一旦我们把这个底层逻辑挖掘出来后,就拥有了分析与解决同一类问题的能力,这也就是举一反三、融会贯通的本领。

不仅研究公司是有底层逻辑的,研究金融时间也是有底层逻辑的。要从时间的维度来理解第一性原理,挖掘时间的底层逻辑。炒股的本质是在有大鱼的地方和鱼多的时候下注。

人生发财靠康波,鱼多且大是股票投资的第一性原理。沃伦·巴菲特讲得很明白,炒股就是适当的时候弯腰把钱捡起来,可中国很多价投者把股票投资搞成了所谓的科学,演绎出了不能迁移的和经验主义的一套伪科学。道法自然跟随时代,才能不迷信也不迷茫,价值投资是一种渔具而已,随时间和钓点的改变,需要不断地与时俱进。

三、迁移应用

在第一性原理中,我们还要谈到一个重要的要素——迁移应用。迁移应用的核心前提其实是迁移思考,迁移思考的本质其实就把当前遇到的问题与过去经过思考的问题进行比较,通过引用过去问题的底层逻辑来解决当前问题的思维方式。由于对过去的问题已经进行过思考并且总结出其底层逻辑,因而把过去思考的底层逻辑拿来分析与解决当前遇到的问题,就会显得高效、准确、深刻。查理·芒格说过一句耐人寻味的话:"一个人只要掌握80~90个思维模型,就能够解决90%的问题,而这些模型里面非常重要的只有几个。"

在第一性原理的应用过程中,不仅要训练深入底层看问题的能力,同等重要的是,我们在平时的学习和思考中,要总结并提炼出大量的底层逻辑,以便在遇到需要解决的问题时进行快速迁移应用。

例如,地理决定文化,文化决定制度,笔者曾经做过有关西方文明与东方文明的比较,厘清了东西方不同的逻辑。近代西方文明是在大航海时代之后确立的海洋文明,或者叫"海盗文化"。近代西方文明具有强调契约精神、委托—代理关系、公私分明等鲜明特征。而我国几千年来形成的是农耕文明,或者说"种地文明"。西方的制度是适合西方的,是从他们最底层的海洋文明发展而来,民主法制其实更多的是一种结果,由他们的文化演变而来。从中国来看,我们如果照搬西方的那套民主政治,简单模仿可能也会遇到麻烦,因为制度之下根植的底层逻辑是完全不一样的。对于当前根植于中国文化而建立的制度,我们仍需有一定的制度自信。

近年来,中美之间进入了博弈阶段,大家都看不清楚未来走向。我把上述的底层逻辑迁移过来分析,中美之间未来可能都会有一些变化,即美国的资本制度通过资本市场的效率游戏,在提升效率方面的同时,科技发展具有相当大的优势,但资本会反噬社会,因此他们的制度会不断改良。中国也会继续改革开放,吸取现代文明的精华,与世界的融合更加紧密。"美国科技+中国向善"可能会逐步显现价值,也许会改变中美关系的走向。

对于未来,我们是理性乐观的,基于人类学的"融合+向善"这两个大趋势,我们有一个基本判断,远期在中美充分博弈后,全球化会换一种方式进行,也许利好美国也利好中国。多年后,美国引进中国制造业的供应链不是不可能,比较多的中国企业在美国办厂也是有可能的。如果这样的假设成为现实,特斯拉可能是在其中第一个吃螃蟹的企业,在本土制造中引入在美的中国制造业的供应链,特斯拉10亿机器人的计划,本土也必须获得制造业的红利。相信中美关系是流变的,一切问题都要在科技发展中得以解决,相信科技向善的力量,爱是人类最持久和永恒的伟大力量。

(一)案例1

物理学中的熵增定律是一个核心的底层逻辑。熵增定律是指任何一个系统,只要是封闭的,且无外力做功,它就会不断趋于混乱和无序,最终走向死亡。其本质通俗来说就是,一个孤立系统终会走向衰亡,即跟外界既没有能量交换,也没有物质交换。假设我们把企业也看成一个系统,如果它是一个孤立系统,与外界既没有能量交换,也没有物质交换,那么它注定会面临熵增不断增加,直至熵死的结局。我们把国家看成一个系统,改革开放也是我们对抗熵增的重要手段。我国在世界形势的发展下果断推出改革开放的重大举措,加强与其他国家的技术交流、商贸往来,引进西方的管理、人才等,加强了与外界的物质与能量交换,进而使得我国经济发展加快,人们生活水平不断提高。人性中的"自满、懒惰、散漫",其实也是符合熵增定律的。如果我们不与外界沟通交流、不学习与思考、不从外界获得激励与思想交流,最终只能逐步被社会淘汰。

(二)案例2

关于股市的走势,笔者有一个底层逻辑,就是产业发展的底层逻辑。2023年年初以来,美国股市一直涨得较好。笔者分析认为,主要还是由这轮爆发于美国的AI产业革命引起的,带动相关公司股价不断上涨。同样地,我们也可以看到日本股市和中国台湾股市都在持续向好。我们深入分析可以发现,日本股市里面涨得好的标的基本就是半导体和汽车产业链,基本受益于美国的AI产业和经济复苏。中国台湾股市涨得好,核心也还是与美国AI产业联系紧密的半导体、AI服务器、PCB等板块,带动了整体股市的上涨。我们看中国A股其实也应该从产业发展上来看,目前我们看到国内并没有强势的产业引领,因此整体股市表现并不尽如人意。

第二节　知行合一

一、"知行合一"即是德

在证券行业,财富不仅是道,也是德,但这个德是中国古代哲学家老子《道德经》的那个德。此德非彼德,这个德可能与很多人理解的内涵不同。在哲学家老子的理论中,道是本源、规律和时间;德是按照本源、规律、时间去做事。老子对道和德的定义是具备系统论的思维的。

哲学家老子生活的时代,是一个信息相对封闭的时代,还没有诞生系统论的理论,所以老子用了两个词讲系统:"道"是一个系统,即模型系统;"德"是一个系统,即行动系统。这两个系统,一个解决看透,一个解决做到;换句话说,看透是道,做到是德。

"知行合一"即是德,在人类发现道之前,道一直都存在。道一直都在那里,而德却不一定在你身上。德是一生看似平淡的坚持,这句话道尽了股票投资中的行动哲学。

巴菲特说,股市之道在于慢慢变富,他愿意这样做,但很多人做不到。这也正如老子《道德经》所云:"大道甚夷,而民好径。"传统文化中对于通过股票投资获取的收益定义为"偏财",或许很多人理解的偏财是"一夜暴富",缺少长期规划和从长计议。

慢慢变富需要克服人性的弱点,远离人道,不犯大错误,如商道所云,"方向对时,慢即是快"。但大多数投资人不太明白或做不好,慢慢变富是行动哲学中的心态,贯穿在行动系统中。

对于我们做人做事,道很重要但并不复杂,重点在德,当学习和掌握了很多投资理论以后,投资者往往少的是德,看到容易做到难,因为人性就是犯错、一生犯错和一代又一代的犯错。所以,黑格尔才说:"人类从历史中学到的唯一的教训,就是没有从历史中吸取到任何教训。"

二、阳明心学

阳明心学的三大核心观点:心即理、知行合一、致良知。"知行合一"是阳明心学的核心哲学思想之一。"知行合一"的本质是知行本一,核心还是指知行的底层逻辑要统一,认知(知)和行动(行)是不可分割的,真正正确的认知必须通过实践来证实,而正确的行动也必须建立在正确的认知基础之上。

如果王阳明在投资领域的话,他会是一流的交易员,因为有"知行合一"心学思想体系。"知行合一"主张人的认知和行动应该是一致的,强调了理论和实践的统一。这和交易员的工作要求极其匹配,强调了执行力的重要性。"知行合一"的思想不仅仅在交易的过程中很重要,在投资的整个过程中都很重要,贯穿整个投资过程。

人饿了会吃饭,渴了会喝水,这是"知行合一"的,因为底层逻辑都是基于生物基因的本能。但大多数人是说一套做一套,说的底层逻辑是基于社会文化价值观和个人价值观,而做的时候往往被基因操控,被贪婪、恐惧、羡慕、嫉妒、恨等情绪所左右,基于模因的知,基于基因的行,当然就无法合一了。人性复杂使知行合一很难,而股市是一个修罗场,投资者到股市来或许就是为修行而来,修行好坏决定你的投资成败。

市场有时候是混沌的,但早晚会觉醒,按照逻辑运行,不用迷茫。王阳明所使用的方法叫致良知。这个世界大概率也都是按照逻辑发展的,致良知的意思就是,只要坚持追求光明,笃定自己的内心有认知逻辑的能力。有人习惯了唯物主义,就看不起王阳明,评判为主观唯心主义,其实是一个误会。良知是什么?在笔者看来,良知其实就是逻辑,致良知就是做事要寻求底层逻辑。逻辑这个概念是舶来品,明朝的时候没有逻辑的概念,笔者用侦探小说的手法做推理,王阳明很可能用良知这个词来定义逻辑,良知这个词也比较符合当时中国人的儒家文化习惯。

王阳明说的此心光明,其实就是赛先生,就是哲科思维,但没有学者做这样的研究。新文化运动的那些先驱者也曾追求光明,追求过赛先生,而王阳明早在几百年前就已经有了底层逻辑的思想。

也有很多人觉得王阳明很神,能预判别人的预判,预判了明王的预判,预判了明武宗的预判。其实致良知就是掌握逻辑,王阳明在掌握逻辑后按照规律办事,因此能预判别人的预判,这是值得投资人学习的。在笔者看来,王阳明的心学就是按照逻辑行事,让"行"与"知"在主客体上合一,其方法论"知行合一",是知与行的底层逻辑必须相同。

人类对于知行合一的追问,一代又一代,或永不停止。当一个人具备了合一思维,能自如运用,那就是非常有力量的。本书的价值观、方法论以及方法与王阳明心学对比,如表6-1所示。完全的对标,是因为王阳明心学与本书作者都具有合一思维,都懂得主客体合一。

表6-1　　本书的价值观、方法论以及方法与王阳明心学对比

	心学	本书
1.价值观	心即理	金融时间即价值
2.方法论	"知行合一" 在知中行 在行中知	"价时合一" 在时间中寻得价值 在价值中陪伴时间
3.方法	致良知	"金双战法" "一石击水"游戏战法

三、"知行合一"的运用

"知行合一"在投资领域的运用,要求投资者将理论知识与实践相结合,通过不断地学习、实践和反思,提高投资决策的质量,实现投资目标。"知行合一"在投资过程中并不是分开的,是结合在一起的,你中有我、我中有你,体现更多的是一种理念。我们在分析材料的时候,其实不仅在思考,也在行动,收集材料、引导自己从多个维度看问题、分析结论如何落地等都是行的范围。在分析材料时是如此,在具体交易时也是如此。交易的过程中我们也需要不断思考。交易是认知基础上的交易、有系统逻辑的交易,而不仅仅只凭感觉交易。

"知行合一"的理念可以帮助投资者更好地把握公司价值和提升交易能力。通过思维能力的提升对企业和所处环境进行深入分析,从而更加理性和前瞻性地判断市场趋势和公司未来的价值,避免被短期噪音所干扰。同时在分析企业的过程中,也不断地思考后续如何进行交易,对各种情况做出可能的预案,以及在实际行动过程中不断地根据认知力调整方案等。如果投资者只是停留在理论认知层面夸夸其谈,无法把自己的思考落地,这种思考就是没有意义的,也不符合实际。投资终究是一个极端重视实践的行为,也是很残酷的,需要用结果来说话。只有将理论知识与实践经验相结合,才能更加有效地控制风险并取得更好的回报。

"知行合一"还体现在我们具体的投资行为中。比如,假设我们选择的是短线投资策略,我们建立的认知体系更多应该是短线交易的认知体系,比如更加关注技术指标、市场情绪、市场热点等。如果我们是中长线的投资策略,我们建立的认知体系应该是与中长线匹配的。在中长线,我们更关注宏观经济周期、产业趋势、企业价值、商业模式、财务质量等。如同一些交易高手说得怎么样买就怎么样卖,买卖的底层逻辑是和谐的、合一的,而不是疏离的和割裂的。但很多人在投资过程中经常犯浑,有的时候明明是从中长线思考的企业投资价值,具体操作时却追涨杀跌,受短期市场情绪的影响进行交易,让自己的认知无法得到落地,这就是典型的知行不合一。在我们通过系统思维对企业的中长线投资价值做出判断后,股市的下跌反而是我们逆向买入的机会。同样,很多短线投资者有的时候重点去研究企业的商业模式、财务质量等,其实没有多大指导意义。大家在很多时候觉得投资比较难,更多地体现在"知行不合一"上,核心是自己坚持的投资策略是否与之建立的认知体系相匹配;如果匹配,其实就不难。

(一)案例1

前段时间国内关于英伟达投资的讨论很热闹,国内某著名网红私募投资公司老板说他在过去两年买了很多英伟达的股票,但手下的一个专门研究美股人工智能的基金经理却没有买英伟达的股票,他多次要求这个基金经理买入英伟达,但是基金经理依然没有买。从这个事件,我们其实可以看到,这个基金经理或许在多年的研究过程中意识到了英伟达的价值,也觉得会上涨,但是他在行为上可能出于畏高,或者受市场影响觉得股价短期有泡沫而没有坚定地买入。其最终行为反映出其"知"与"行"并未完全统一,没有把"知"与"行"建立在同一底层逻辑之上。一方面,经过多年分析跟踪看到了其价值;但另一方面,在行动上受市场影响没有下重手,从而错失重大投资机会。在中观方向上能看好,但是在微观细节上却做得不够好,造成中观与微观割裂而不能合一,或许是忘记了战术要服从战略。

(二)案例2

这是笔者近期的一个亲身案例,自2023年年底开始,笔者一直在研究比亚迪,最终得出的结论是:"新能源汽车＋AI赋能"将成为未来汽车产业发展的主要趋势,中国凭借先发优势、成熟的供应链能力和规模化的低成本制造优势,将持续引领全球新能源汽车的发展,摆脱传统燃油车的被动局面。比亚迪作为国内新能源汽车的龙头,是中国先进制造业的代表,未来或在这一趋势中充分受益并且确定性最强,或是少数还能保持成长性的成熟企业。笔者在做出以上判断后,在2024年3月后分多次在每次比亚迪调整的时候买入比亚迪。虽然期间比亚迪有很多负面信息,包括行业价格战、贸易壁垒、公司智能驾驶落后、多元化拖累公司发展等,但笔者在分析了其中的负面信息后认为,这些都是杂音,不是主要矛盾,都可以在发展中逐步解决。因而笔者坚定买入,做到了"知行合一",目前来看笔者的这一过程是成功的,对未来也充满期待。

第三节 价时投资

在投资的众多维度中,投资者不但要把价值视为投资的第一性,而且要把金融时间视为投资的第一性,把股票投资的价值逻辑与时间逻辑合二为一,这就是"价时合一"理论的源泉。

股票投资不仅投资于价值,更是投资于时间。"价时合一"是股票的投资之道。

关于价时投资的理论,我们可以百年柏基基金为案例来分析,因为全球过去100年,运用价时投资的机构和个人几乎凤毛麟角,而柏基价时投资的方法论和方法却取得了巨大的成就。以柏基基金为例,在过去20年,柏基先后投资了上百只个股,特斯拉赚了77倍、亚马逊赚了74倍、爱马仕赚了38倍等,在柏基基金成立至今的116年,整体实现15%左右的年化收益率。

价时投资既是一种价值观,也是一种方法论,其中可以衍生许多投资方法。一线游资大师利用价时投资也可以获得巨大财富,柏基基金也因价时投资而成名,成为百年柏基。

一、从投资的"垃圾"时间谈起

由于大部分股票持续下跌,大家都在谈论一个话题——股票的"垃圾"时间。从本质看,"垃圾"时间其实是经济周期的一部分,是钟摆的某一端。正如宝藏常藏于平凡之处,垃圾时间里实际上蕴藏着无数创造价值的机会。

这个世界本没有垃圾,垃圾都是放错了地方的资源。时间放在宏观看可能是"垃圾"的时候,放在微观看却充满了远方的机会,有很多事情可做,大有可为,如果我们拥有未来思维,所谓的"垃圾时间"完全就是美妙时间。

以下是三个例证,展示了历史上即使在被忽视的时间段内,如何能够孕育出重大的价值创造。

(一)文艺复兴前夜

在文艺复兴全面爆发之前,有一个被历史学家相对忽略的时期,这一时期虽然缺乏像达·芬奇或米开朗基罗这样耀眼的巨星,但正是这一时期的实验和探索为后来的艺术繁荣奠定了基础。在14世纪晚期至15世纪初,欧洲各地的艺术家、学者开始重新发掘并学习古希腊罗马的文化遗产。他们开始尝试着用新的视角来表现人文主义精神,虽然这些作品可能不够完美,但正是这些看似试验性的尝试为文艺复兴时期的艺术创新提供了可能性。比如,马萨乔的画作开创了使用透视法的先河,为后来的艺术家们探索空间感和人体结构提供了重要参考。

(二)工业革命前夕

在18世纪中叶,即工业革命全面开始前的几十年里,欧洲社会经济经历了一系列深刻的变化。尽管这一时期往往被忽视,但实际上正是这个时间里,制造技术的发展、资本的积累以及科学知识的普及为工业革命的到来做好了准备。例如,詹姆斯·哈格里夫斯发明的珍妮纺纱机,虽然一开始并未引起太大关注,但它极大地提高了纺织效率,是工业革命期间众多发明的先驱。同样,农业技术的改进如轮作法的推广,增加了农作物的产量,释放出更多劳动力投入工业生产中。

(三)网络泡沫后的复兴

在2000年网络泡沫破裂后,许多人认为互联网经济已经没有前途。在随后的几年里,许多投资者和企业家对互联网行业失去了信心。然而,正是在这个看似黯淡无光的时期,一些公司开始重新思考并改进他们的商业模式,为后来的互联网经济蓬勃发展奠定了坚实的基础。例如,搜索引擎公司谷歌利用这个时期巩固了其市场地位,并通过引入广告业务实现了盈利模式的创新。同时,社交媒体的概念也在这一时期逐渐成熟,为 Facebook 和 Twitter 等公司的崛起提供了条件。

时间在"无穷的机会"和"无情的毁灭"之间摆动。通过以上例子可以看出,"历史的垃圾时间"并不意味着真正的"无用"或"无价值"。相反,这些时期往往为后来的发展积累了条件,种下了变革的种子。在不被看好的时段,恰恰是挑战与机遇并存、创新和投资的最佳时机。如果你拥有价时投资的理念,就不应该忽视"历史垃圾时间"的当下,蕴藏着 AI 改变未来的力量和巨大的投资机会。

二、价与时的思考

尽管价值投资已经深入人心,成为基金经理们的投资宝典,但我们坚定地认为股票投资的本质依然是一个时间游戏,特别是中国 A 股市场,仅仅是一个时间游戏和情绪游戏,在时间游戏中完成筹码的高低转移,赚的是情绪价值的钱。本书价时投资与价值投资相差一个字,但理念和方法却有了相当大的差别,因为加入了金融时间的维度,在思考金融时间的同时把握价值,就可以选择到大能量的石头,通过能量转换获得大价格差,或许投资成果也会有天壤之别。

价值是时间的影子。我们该如何看到和抓到这个影子?尽管金融时间很抽象,但我们可以先抽象再具象,先洞见抽象的金融时间,具象的价值则可见或清晰可见了,锁定金融时间就锁定了价值。

(一)时间在前,价值在后

"抬头看天,低头看路。"当你在规划一次户外活动的时候,你一定会关注天气,并关注天气预报,从而做好相应准备,确保活动的安全与顺利，你会避免在恶劣天气下进行户外活动，减少危险。户外活动是获得价值，"抬头看天"是关注时间条件，这就是时间在前，价值在后。

价值是有条件的，这是一个普适定律，价值在各种条件中存在和变化，时间对于价值的存在和变化发挥着决定性的作用。这里的时间既包含了金融时间，也包含了自然时间。对于投资而言，价值就是时间的影子。柏基基金以"今天是十年后的十年前"这样的未来思维，抓住了每个时代最有效率的时代贝塔，从而获得了长期的高收益。百年柏基对金融时间的未来性做深度投资，形成了最合道的一种价时投资风格，也形成了投资界的一道独特的靓丽风景。

世界上没有无风险的事情，投资的原则是管理风险获得收益；理性地拥抱风险，才能做好风险与收益的平衡。股市中有句谚语："买得好不如买得早。"在时间游戏中，无数的成功投资案例告诉我们，越早拥抱风险获得的利润就越大，浪越大鱼越贵。2024年，很多人开始买入英伟达，若2017年在AI大模型技术路径找到之前就买入英伟达，理性地拥抱风险，到现在是100倍收益。但这里有一个前提，是理性的拥抱，金融时间可以帮助我们用理性拥抱风险。在时间游戏中，金融时间的最大价值在于帮助我们选出时代的贝塔，更好地把握未来的发展趋势和未来趋势中企业的价值。在时间游戏中，金融时间的价值还可以提供宏观和微观的视角，帮助我们投资择时。只有洞悉金融时间，才有可能理性地去拥抱风险，不懂金融时间的情况下，盲目拥抱风险往往是灭顶之灾。这就是普通投资者与成功者的区别，恐怕也是股民长期亏钱的主要原因。

(二)看透时间才能收获价值

农业时间是做完播种、施肥等一系列操作以后,就等待收获价值。股票投资并不是种庄稼,价值并非自然时间的呈现,股票投资是玩金融时间的游戏,金融时间有极大的不确定性,价值是随条件动态变化的,只有看透金融时间才能收获价值。

在时代的贝塔中选股,往往更容易趋利避害,获得更大的价值,因为时代的贝塔拥有更高的效率和更大的空间。在选股的过程中,投资者往往需要对企业的未来发展进行预测,而这种预测本质上是对金融时间的把握。金融时间是投资中最基本和最重要的维度,它不仅是交易的坐标,更是价值评估的核心。贝塔随时间流变,不同的时代有不同的贝塔,投资者必须深刻地理解流变的积极意义和做出准确的判断(见表6—2)。

表6—2　　　　　　　A股过去30年的贝塔流变

时间	时代的贝塔
1996—1997年	家电牛
1999—2000年	互联网牛
2005—2007年	地产牛
2013—2015年	移动互联网牛
2020—2021年	新能源牛、半导体牛等
2024年以后	酝酿的"AI牛",未来也值得期待

(三)用好价时投资三角形模型

股票投资是一个复杂系统,在价值与时间这一对组合中嵌入条件的变量,形成了价时投资的三角形模型。这是一个形成闭环的价时投资模型。在某些条件下，时间能够创造价值，但当条件改变后，时间则可能毁灭价值。企业的价值并非一成不变，它随着时间的推移而波动和变化，受到外部宏观环境、行业趋势、公司经营状况等多种因素的影响。因此，股票的买卖执行就变得重要起来，场景、前提、假设的条件也变得重要起来。

"投资这件事的秘诀，就是坐在那儿看着一次又一次的球飞来，等待那个最佳的球出现在你的击球区里，你就必胜无疑。"几乎每个职业投资人都清楚。时间游戏中，风险管理要求投资者看透金融时间，该理性拥抱风险的时候，果断挥棒击球，展现出贪婪；但在钟摆的另一个方向，当必须规避风险的时候，一定要坚决拒绝贪婪。比如 2005 年、2024 年巴菲特都大量卖出股票而持有现金，在他对游戏的理解中嗅到了风险的味道。

当你洞察情绪价值，有超然的白骨观和风月观，你完全不可能把那些消费大白马的股票买在 2021 年年初的山顶上。若你洞见了金融时间，时间会幸运地成为你的美味，为你创造价值；时间同时也很不幸地成为与你反向操作之人的毒药，这就是金融时间有趣的地方。2021 年，有些投资人无视金融时间，充满惯性地和恒定静止地投资所谓的"长期价值"，把投资异化成了"傻白甜"，也从反向再次证明，价时是合一的，看透时间才能收获价值。如果通过本书，你深刻理解了金融时间，那就可以尝试价时投资，用好了或可获得持续的财富增长。

（四）正确的时间做正确的事

每个人心中都有一个"魔"。消除心中的"魔"，股票投资的能力就在水平线以上了，投资可以自由尽情地翱翔。比如，美国的芯片企业英伟达,是最近几年的超级大牛股。那些还抱着茅台的价投者,是不是应该思考一下时间的问题。中国谚语说,"三十年河东、三十年河西",时间会带来流变,把流变的认知融入股票投资的思维方式和行为准则中,顺势而为可以有更大的收获,在正确的时间做正确的事。

金融时间的确很抽象,当你读完本书,花些时间去悟,金融时间也可以与自然时间一样具象。当你觉得金融时间也很具象的时候,你就可以看透游戏了,你就可以进入价时投资了,然后就能深刻体会到价时合一的妙处,在正确的时间做正确的事,投资成果也会持续稳定地表现出超越平均水平,甚至达到优秀,更甚至可以追求卓越。

在正确的时间做正确的事,懂得流变方可有道。在这个 AI 时代,选择效率好的公司玩效率游戏是正确的事,其中 AI 的各种运用,以及 AI+中国制造业的领域鱼多且大,相信制造业依然是中华民族屹立于世界之林的基石。不要再囤房和地了,酒和药也不要囤了,未来十年可多囤硬科技和制造业里面的优秀公司的股权和股票。

(五)时间游戏

在股票这个时间游戏中,在鱼多且大的地方和鱼多且大的时候下注,让远方来证实鱼多且大的投资逻辑,并收获投资的果实。时间是主体,是投资最重要的部分,价值是客体,二者合一可以帮助我们做好投资。因此,本章取名价时投资,以期把金融时间与价值统一起来,既强调各自的重要性,同时又强调在实践过程中两者的融合,提升投资的胜率和效率。

时间游戏中,价时投资非常关注方向与节奏,尽量形成合一。我们强调投资金融时间蕴含的时代贝塔,那才是鱼多且大的地方;同时,我们也强调在鱼多且大的时候下注,投资能获得更大的价值。

时间游戏中,弱者寻求安全,喜欢即时满足,小富即安;强者目标远大,追求财富增长带来更大的自由,选择延时满足。每个人对时空的管理有不同的价值观和方法论,也就产生了不同的结果,有的人在进进出出中颗粒无收,有的人用十年、二十年积累了大量财富。

三、贤者思想的迁移

中国的本土道家哲学很高级,我们发挥本土优势,把贤者的思想迁移到价时投资中,可以让我们的价时投资运用更到位,也更加自如潇洒。

古代哲学家老子《道德经》中的道和德,对于我们的价时投资有极其重大的指导意义,价时投资也可借鉴老子的思想,作为投研和行动的指南。模型系统中用道去做股市和股票的价值判断,预判时代的趋势、抓住时代的贝塔和捕捉到猛犸象拐点,度量风险以及管理风险;并用行动系统的德去管理好买入、持有和卖出,管理好心态和交易的执行,从而获取股票投资良好收益。希望本章的价时投资可以帮助到投资者,按照股市的本源、规律和时间来看透和做到。

一个人做好股票投资不需要多聪明,重点是健全的人格,是性格中的果断、韧性、耐心等。做好股票投资,并不需要多高的智商,股神巴菲特说他的智商130就够了,他以此定义了股神的智商天花板,投资重要的是不断重复成功获得复利和慢慢变富。他认为股票之外的很多行业天花板要求比智商130高很多,在一些行业里,智商130还远离天花板,只能算二三流。

借鉴著名哲学家冯友兰对"三立"(立言、立德、立功)的理解：首先，立言是需要天赋的，能在天地之间格物致知，能把所学、所见、所用和所想提炼出来形成定义、定律、定理等思想体系，这是需要比较高的智商的；其次，立德是一生看似平淡的坚持，在股票投资中，看透游戏需要懂得金融时间，掌握价时合一，明白条件的哲学，这都需要学习和训练，但依笔者看来，在实践中，股票投资更需要立德，如巴菲特所言不断重复成功获得复利和慢慢变富一样，大道至简；最后，立功是需要一些机遇的，在21世纪的中国，在新的康波周期中完全不缺乏机遇，现在的关键是避开这次衰退周期的"雷"。若能洞悉价时投资，能像巴菲特那样把立德做好，立功就会是自然而然的一种美好呈现。

第四节　金双战法

抗日战争长沙会战的时候，国军的薛岳将军搞了一个"天炉战法"，三次长沙保卫战，最后靠"天炉战法"获得胜利，总共消灭了10万日军。一个成熟的股民，在股票的行动系统中，一定要有一种以上的独特的打法，就像去麦地收割粮食，最少必须要有一把白晃晃的镰刀，当然也可以开着联合收割机去。

最近与群友有一个讨论，笔者认为在道家眼中，人是自由的鱼儿，有鱼之乐；在佛家眼中，人是众生，贪嗔痴慢疑；有人接着说在历史的长河中，人不是人，只是一粒沙子；也有人说在权力眼中，人不是人，人是工具；还有人说在资本眼中，人不是人，人是韭菜。笔者以为，人是不是韭菜,在股票这个时间游戏中,可能与你是否拥有厉害的工具相关,成熟高效的套路就是那把趁手的工具。

股票投资的本质是时间游戏,价值是时间的"影子"。价时投资加入了金融时间的维度,在思考金融时间的同时把玩价值,就可以选择到大能量的石头,找到优秀甚至卓越的公司,通过能量转换获得大价格差。我们可以在这个假设上,建立适合我们自己的具体投资方法。

中国 A 股一线游资大师使用价时投资,选择了"一石击水"的战法,获得巨大财富。柏基基金以一揽子买入最具效率的潜力公司,做组合来使用价时投资,成为百年柏基,获得巨大成功。本章介绍的"金双战法",将金融时间与"戴维斯双击"合一,这是一个拥有十足效率和成功率的打法,使用好了堪称十倍潜力股的联合收割机。

我们通过合一思维而提出的"金双战法",试图把"时代的贝塔"跟"戴维斯双击"结合起来。单独来看"时代的贝塔"或"戴维斯双击",其实都是金融投资领域很常见的概念,但把两者结合起来并且应用于投资实践中,这就是合一思维的价值,会产生巨大的威力。在笔者看来这是一种理论与实践的创新,且有极大的实用价值。

一、时代贝塔

先讲一个故事,在我家旁边有一条摸底河,前些年经过环境整治以后,水质清澈,河里有鱼有虾有泥鳅,又飞来了很多水鸟。我每天都去河边散步和观水,经常可以看到一行白鹭上青天,有时候白鹭就盘旋在我头顶,离我很近。2022 年疏通河道,工人们把河底的淤泥几乎全部挖走了,生态被破坏以后,鱼虾都跑了,然后就见不到白鹭了。在自然界良禽择木而居，动物都会迁徙，去寻找宜居的环境生存；在投资界，资金也是会迁徙的，去寻找赚钱趋势的股票，去进入所谓的持有体验好的股票，从而产生出了乔治·索罗斯总结的反身性原理。

最美好的股票是在股民的想象中，最美好的爱情也是在男人和女人的想象中，可以预期而没有见到的那部分，才是最美好的、最令人心动和向往的。当一只股票基本面出现"戴维斯双击"的时候，就会引来资金的迁徙，不断有资金加入其中，因为这只股票未来还表现出了无限的想象空间，不断吸引趋势投资者。"戴维斯双击"带来的结果就是，当股价上涨，随着时间推移，股票的估值依然很便宜，还可以继续向上涨。比如2024年的英伟达就是这样的情况，"戴维斯双击"带来股价持续上涨。

价值存在于条件构成的网格中，在这个条件网格中，投资者的价值观会因为条件而发生某些变化，价值判断也会因条件变化而不同。所以，对人而言，价值不仅仅是客观的存在，也是主观的存在，而且因条件变化而不同。在条件网格中，笔者做出了未来效率游戏的假设，这就是我们预测到的未来几年的条件改变，目前改变正在酝酿当中，基于效率游戏我们做出了一系列价值判断，并提出了"金双战法"这样的效率游戏的收割工具。

每个时代有每个时代的价值观，这就决定了那个时代的偏好。各位看官熟悉的瘦燕肥环都是时代的偏好，茅台消费与AI、周期游戏与效率游戏也都是不同时代的偏好。对于投资而言，时代的贝塔即是那个时代的偏好。每个时代的选择都有最强音、最强的符号，因此选股要选择时代的贝塔，其底层逻辑是最大的价值空间和最美的想象空间。

资金的迁徙,犹如水鸟的迁徙,都是去寻找宜居的环境,就像中国式的婚姻,20世纪五六十年代找军人,70年代找工人,80年代找大学生,90年代找商人,2010年以后找"富二代"。如果一个男人与一个女人暧昧很多年,女人告诉男人,我们太熟了所以不适合谈恋爱,更不适合结婚,这样的情况往往并不是太熟悉的原因,而是因为女人太了解这个男人,根据这个男人潜质和未来空间所做出的价值判断,这个男人并不具备时代的贝塔。

二、戴维斯双击

在具体分析和选择时代的贝塔时,首先应该从哲学角度出发,通过升维的方式来分析投资中遇到的问题,通过观察文明和文化的走向、人类发展的趋势、技术的演进和国家的意志,结合产业周期和股市自身周期,来确立投资方向和节奏,把投资的难题从金融学升维到文明和文化层面来解决,如爱因斯坦所言,解决难题在更高的维度。

根据笔者的观察,在东亚儒家文化的影响下,经济的发展比较擅长制造业,比如台积电、比亚迪、宁德时代等其实都是这种现象的代表。在具体产业投资方向时,首先我们会从制造业入手往上推导,再叠加技术的发展趋势,比如人工智能的技术发展趋势、新能源技术的发展趋势等。未来的十年,消费电子、智能驾驶车的硬件部分、人形机器人等都是中国未来最有潜力的投资方向,值得重视,但具体行动时需把握好节奏。

"戴维斯双击"最早由投资大师谢尔比·戴维斯提出,就是上市公司经营业绩与市场预期之间的乘积效应。简单用数学公式表达为：

股价(P)＝每股收益(EPS)×市盈率(PE)

当一个公司的业绩持续增长，不仅使得每股收益不断提高，市场给予的估值也会提高，使得股价产生了相乘倍数的上涨，这就是"戴维斯双击"；反之，当一个公司业绩下滑，使得每股收益下降，市场相应给予的估值也会下降，使得股价得到相乘倍数的下跌，这就是"戴维斯双杀"。

根据 P＝PE×EPS，赚钱由两部分组成：PE 与 EPS。其中：PE＝股价/每股收益，因此 PE 就是股价除以每股盈利，简称市盈率。它代表以当前的赚钱能力，上市公司需要持续多少年的努力可以达到当下的股价水平。从这个角度来看，我们可以把 PE 看成是一个"时间"的概念。我们再转换一下，PE 的倒数＝净利润/市值，它实际上代表着市值的净利润率。市场通常用它与银行的基准利率水平作比较来进行一些分析，比如当前我们一年期 LPR 为 3.5％，对应的 PE 就是 28.6 倍。

按照上面的分析，我们大致可以了解 PE 的维度有两个：年限和基准利率水平。从时间的年限这个维度讲，对应具体公司层面的不同，越是优秀的持续长时间业绩增长的公司，享受的高估值年限的时间越长。基准利率水平实际上是一个宏观金融概念，它对整个金融市场的定价起着较为重要的锚定作用。从历史上看，每一次货币宽松，股票市场大概率会出现上涨的情况，这是因为估值水平提升上来了。通过以上分析，可以了解 PE 大致包含三个维度：经济宏观、行业中观、企业微观。在把握 PE 方面，我们提倡模糊的正确，不仅需要有宏观的大视野,也需要有行业的贝塔思维以及微观的企业评估思维。

净利润或者 EPS,代表从企业的角度分析一家公司的赚钱能力,如果仅从财务角度追求精准的预测是很难的,特别是把时间拉到未来3～5年就更难。在笔者看来,对净利润的预测更多可以从定性的角度做些思考。比如,是上升还是下跌、是加快还是减缓、是增速还是减速持续的时间等。真正的价值投资者,很大程度上赚的就是这部分钱。巴菲特曾说,"我不是股票分析师,也不是市场分析师或者金融分析师,而是企业分析师",因为"买股票就是买公司的部分股权"。

从以上的讨论与分析中,我们其实可以发现,这里分析的时代贝塔与普通的行业分析(价值)有巨大的差别,包含传统的行业分析也高于传统的行业分析。时代的贝塔要求具备更高的思维维度和更宏大的视野,我们的分析基于更底层地从国家文明文化的情况、技术的迭代趋势、国家意志、人类发展趋势等维度。同样地,当我们在分析"戴维斯双击"时,其实里面也包含时间的概念,但这里的时间因素更多的是价值基础上的对时间的思考,地位属于从属地位。本文将"时代的贝塔"与"戴维斯双击"放在同等重要的位置考虑,并且在分析时做到了统一,即强调各自的重要性,同时在分析时你中有我、我中有你,彰显出本文的独特视野。

三、不同成长象限的机会

这里分享笔者总结的一类投资案例:一个新兴行业的投资过程。我们将新兴行业的投资过程分为四个阶段:概念,题材,成长,价值。如图 6-1 所示,横轴和纵轴分别表示投资者对应的风险和收益(由低到高)。

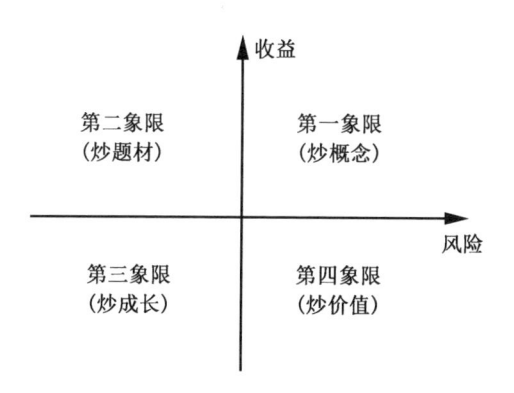

```
           收益
            ↑
   第二象限  |  第一象限
   (炒题材) |  (炒概念)
            |
   ---------+---------→ 风险
            |
   第三象限  |  第四象限
   (炒成长) |  (炒价值)
            |
```

图 6—1 新兴行业投资的四个阶段

第一象限风险最大,收益也最高,对应概念股。概念股通常是在市场出现新的政策或科技突破变更时,能够搭上边的个股,属于典型的风险偏好高资金场内博弈,股价呈现快涨快跌的波动特征。

第二象限风险降低,但收益比较大,对应题材股。题材股是在多数概念股被证伪后,能够实际参与概念的落地的个股,此时业绩有兑现的苗头,但仍然有不确定性,股价常以暴涨暴跌的模式响应消息面刺激。

第三象限风险降低,业绩逐步兑现,有望享受到"戴维斯双击",对应成长股。此阶段题材将逐步兑现为业绩的增长,同时会继续享受高估值或者拔高估值。

第四象限风险变高,此阶段业绩进入低速增长期,估值也回归到偏低水平,对应价值投资。价值投资最大的问题是:一个成长股能否长久地占据市场有利地位,如果不能,则有可能掉入价值陷阱,增大投资风险。

我们总结发现,在实际持股过程中,题材—成长阶段是投资相对最好的阶段,能充分享受"戴维斯双击"带来的股价上涨。选择"时代的贝塔",然后参与其题材—成长阶段。比如2023年开启的人工智能革命,在算力方面美国股市已经充分享受到了这个红利,A股有望在2024年下半年逐步享受到这个红利。在应用端,我们预计自2025年开始的若干年里,中美都会迎来业绩的逐步兑现,或许"戴维斯双击"可期。

四、"金双战法"的运用

对于个股的投资,我们的核心理念是,不管是新兴产业的崛起还是传统行业的复苏,首先要做的是从金融时间入手,从"时代的贝塔"入手,通过升维的方式从最底层挖掘出行业景气的确定性因素,然后寻找能迎来"戴维斯双击"的标的,先中观后微观。以下我们来看几个具体的个股案例:

(一)案例1

2013年贵州茅台的估值最低被打到8倍PE(过去十几年最低),很多基金经理在当年投资茅台赚了大钱,笔者认为,核心原因主要是两个:第一,白酒是中国悠久白酒文化的人际交往中的必需品,地产经济的启动对中、高端白酒的需求持续加大,这是当时的时代大背景,迎来了白酒的黄金投资时代;第二,"戴维斯双击",2013年茅台的净利润是151亿元,2021年茅台股价历史新高时的净利润是520亿元左右,8年时间里茅台的利润增长3倍,估值从最低的8倍涨到最高的73倍,估值的贡献达到了9倍。茅台的"戴维斯双击"不是凭空出来的,也不仅仅是优秀的商业模式那么简单,而是站在时代的贝塔上成就的商业传奇。

(二)案例2

2023年,Open AI推出ChatGPT,标志着新一轮人工智能革命的开启,北美各大巨头公司纷纷投巨资进入这一领域,人工智能的黄金时刻到来,随着英伟达等算力公司股价快速大幅上涨,市值突破2万亿美元,并且在2024年突破3万亿美元,冲击全球市值第一高市值的公司,人工智能的趋势更加得以确立。2023年年初的中际旭创市值不到300亿元,PE估值不到20倍。中际旭创作为光模块的全球龙头,充分受益于北美算力市场的发展,市值一年之内最高上涨到1 300亿元,净利润从2022年的12.24亿元增长到2023年的21.74亿元,2024年净利润预计仍会快速增长并且速度加快。在2023年的一整年中,公司估值增长3倍,净利润增长1倍,充分享受到了"戴维斯双击",但这一"戴维斯双击"是公司搭上了产业发展的快车道,是"时代贝塔"与"戴维斯双击"的结合。

(三)案例3

2024年以来的PCB行业,我们有个论断,中国的PCB可以类比美国的半导体,本质上它们的下游都差不多,并且随着下游的发展都需要性能不断提升。半导体产业能充分体现美国的创新能力和产业积累,而中国的PCB产业能充分体现东亚文化下成熟的工业制造能力和完整的供应链体系,看似无关,但二者确有本质的相似。用炒美国半导体的逻辑来炒中国的半导体这个逻辑不一定错,但其实是有很大的瑕疵。

这轮PCB的大背景,或者按照我们金融时间的定义,实际上更多还是受益于 AI 产业的发展，包括服务器、消费电子等，PCB 的投资时间已经转动到最有价值的投资时刻。这轮 PCB 的估值龙头公司在 2023 年年底之前普遍只有不到 15 倍，随着产业的发展，并且业绩呈现逐步兑现的苗头，估值开始修复，目前很多龙头公司的估值已经超过 25 倍，我们认为后续估值还将提升。同时 2024 年业绩将进入加速兑现期，有望迎来"戴维斯双击"时刻。

第五节　价时投资 VS. 价值投资

本节对金融时间和价时合一的诸多原创理论做一个回顾，再与传统的价值投资做一个比较，让读者更好理解价值投资在中国 A 股的先天不足，以及价时投资在中国 A 股的比较优势。未来数年，一个人最重要的事情是什么，或许就是建立金融逆商。"金融逆商"这个概念，是在"金融时间"这个概念上发展出来的。顺序是这样的：先理解金融时间，之后懂得金融游戏，然后获得金融逆商，最终形成反脆弱的能力。那么，你就如巴菲特、索罗斯等一类能看透游戏的人一样，在这次长期结构性衰退中，成为有可能发生的各种危机中的赢家。

笔者把中国 A 股过去许多年的属性和特点总结成三句话：

第一，中国 A 股仅仅是一个时间游戏，只提供情绪价值的炒作，特别是在长期趋势向下的时候，时间游戏的特点更加明显。

第二，中国 A 股这个游戏，情绪价值占了相当大的比重。

第三，股民亏钱的死穴，就在于没有看透游戏。只要你不懂金融时间，你就看不透游戏。

股市里比较成功的股民,尽管风格不同,但都是懂得和运用金融时间的高手。在股市,所有人都是来赚钱的,各有各的套路,时间观也不尽相同。一线游资认为,时间越长越不具有确定性,因此在短周期几天甚至分时寻找股票波动的机会套利,买在分歧、卖在一致,收获的是情绪价值。而恰恰相反的是价值投资模式,价投者认为时间是朋友,要从基本面选股,坚持长期主义,用数月甚至数年的长时间持股来实现价值的增值和变现,收获的是所谓的内在价值,但这种方法在中国A股的熊长牛短中,常常带来价值陷阱和价值毁灭。

在懂得了金融时间的属性以后建立起来的时间观,会明白金融时间既能创造价值,也能毁灭价值,赚钱的本质是对标创造价值的那段时间选择参与,选创造价值那段时间买股持股,在毁灭价值的时间到来之前退出。金融时间即价值,股票投资就是投资于金融时间,其中捕捉拐点和捕捉趋势都是时间哲学的运用。

当明白了投资于金融时间的投资哲学,在股市赚钱的本质就浮出水面了。那就是,建立价时合一的哲学思维,以金融时间作为股票投资的第一性思维来展开股票投资,这是价时投资理论的逻辑基础。股市赚到的钱,是正确时间的情绪价值,也是正确时间的内在价值与情绪价值的共振,是金融时间的时刻性和次序性里面蕴藏着的财富密码,是在正确的时间做了正确的事情。

深度剖析笔者提出的"价时投资理论",可以发现,笔者把股票投资的价值逻辑与时间逻辑合二为一。价时合一用来描述股票投资的第一性,股票投资不仅投资于价值,更是投资于时间,从而提升投资效率和成功率。另外,从看透游戏的维度讲,投资这个游戏最重要的是获得财富价值，"投资于价值"在中国Ａ股没那么重要，因为你要的是好的结果，你想要的是喝到鸡汤，而不是装鸡汤的那个碗。许多价投失败者所谓的"投资于价值"，并未有好的结果，这也是一个非常大的难点和卡点，但价时投资理论可以破局，冲破价值的牢笼，打破价值的惯性，值得那些中国Ａ股的价投失败者借鉴。

价值投资是由格雷厄姆创立，费雪、彼得林奇等进一步发展，再由巴菲特集大成并取得极大成功的一种投资策略和投资哲学，目前在股票投资领域占据核心地位，对促进资本市场的发展，提升社会资源配置的效率起到了积极的作用。价值投资理论以公司基本面研究为基础，致力于寻找市场价格低于其实际价值的股票。具体研究上，以经济周期、商业模式、行业特征以及上市公司的基本财务状况等为准绳，对投资标的进行深入剖析，为投资决策提供坚实依据。其核心思想包含：买股票就是买公司的部分股权、安全边际、市场先生、能力圈等内容。

价值投资遵循的原则是，先选股后择时。旨在合适的时机以合适的价格买入绩优成长股的股票，在股票大幅上涨后卖出。价值投资理论看起来较为简单，实际分析与运用是比较复杂的，涉及经济学、金融学、会计学、财务管理学以及投资学等学科的基本原理，对能够左右证券价格或价值的基本元素，诸如经济波动、宏观经济各项指标、行业发展现状、企业经营情况、产品市场竞争态势、公司盈利及财务状况等多项信息进行整理、分析、总结和归纳，在细致分析的基础上，估算出较为准确、合理的投资价值及价位。

价值投资理论最重要的两个概念是内在价值与安全边际。价值投资理论的核心就是对上市公司内在价值的评估。所谓内在价值,就是上市公司的资产、收益、股利、核心竞争力及未来前景等因素所决定的股票价值,是未来数年上市公司所拥有的所有现金流的折现值。沃伦·巴菲特指出,"内在价值是一个非常重要的概念,它为评估投资和公司的相对吸引力提供了唯一的逻辑手段"。巴菲特说的唯一逻辑手段恐怕也是有条件的,适合美国股市,不太适合中国 A 股,听听即可。安全边际是价值投资理论的简练概括,就是上市公司股票的内在价值超过其市场价格的部分,也是价值投资者能够稳定获取的投资收益。一般来说,安全边际越大则代表投资风险越小,而相应的获利能力越强。

关于市场先生与能力圈。"市场先生"理论是格雷厄姆的另一大理论贡献,这是对股市进行的拟人化描述。股票价格短期受到市场情绪的很大影响。在市场情绪高涨甚至疯狂时,股票价格会产生严重泡沫;而在市场情绪低迷时,股票价格却低到无人问津。"市场先生"理论告诉我们,股票市场像钟摆一样,持续地在短命的乐观(使得股票价格形成泡沫)和不合理的悲观(使得股票价格低到无人问津)之间摆动。聪明的投资者则是现实主义者,他们向乐观主义者卖出股票,并从悲观主义者手中买入股票。格雷厄姆的"市场先生"寓言,是我们看待市场波动的绝佳比喻。"能力圈思想"则是由巴菲特单独提出,巴菲特不仅常常向投资者"谆谆告诫",而且一生都固守在自己的能力圈之内,巴菲特很少投资科技股就是最好的证据之一。当然,他一生都在学习,力求拓展自己的能力圈。在股市中,投资者时刻面临各方面的诱惑,大部分诱惑是虚幻的,只有能力圈范围内的机会才能被真正抓住。一个人长期来看很难赚到认知范围之外的钱。只有懂得和认识到自己能力边界的人，才不会偏离熟悉和安全的轨道，坚守认知范围之内的机会，降低风险，提高投资成功的概率。

通过对比分析我们发现，"价时投资"理论与"价值投资"理论有如下相同之处：两者都是从价值与时间这两个最重要的因素入手分析。但两者对价值与时间的分析地位有很大区别："价时投资"理论把时间和价值抽象出"金融时间"的概念，赋予金融时间时刻性、次序性、创造价值、毁灭价值等特有属性，同时将金融时间放在超越价值的重要地位，用于分析标的和投资交易，提出了在正确的时间做正确的事情，从而提高投资的效率和准确性；"价值投资"的时间观，把时间更多看成价值的附属，提出先择股、后择时，把价值的分析判断放在第一位、时间的分析地位放在第二位，同时价值投资的时间更多的是择时的概念，与金融时间有较大的区别。

第六节　价时投资 VS. 游资

游资，即短线资金，是以博取短线利润为主要目标的资金。游资是目前 A 股市场非常重要的参与力量，对活跃资本市场起着较为重要的作用。一名著名的游资大佬曾经说过：只做最强的板块和最强的个股，不要埋伏，妖股肯定出现在已经爆炒过的新题材里，我不怕它高，就怕它不够高。对很多游资而言，他们认为真正的高手是从上往下做，即优先看最高板块的赔率如何，最高板其实是最简单的，接下来才是中位股，最后面才是低位股。这类资金具有以下几个共同特征：一是在具体操作上,以短线交易为主,快进快出,绝不恋战。持股时间大多是从两个交易日到十几个交易日不等,持股周期非常短。二是很多游资以抢入涨停板作为主要进攻手段。很多国内顶级游资都是龙虎榜的常客。三是把市场热门股票当作主要的买卖目标。游资操作的众多股票,绝大多数不是绩优股,更难说具备长期投资价值。游资更看重股票的情绪价值和博弈价值,较少考量个股的长期投资价值。

整体而言,一线游资模式的效率特别高,原理是通过特定时间投资于股价高波动,高频交易获得超额收益,并且成功的事情重复做,形成复利效应。一线游资认为,时间越长越不具有确定性,因此在短周期几天甚至分时寻找股票波动的机会套利,买在分歧、卖在一致,收获的是情绪价值,如果定义一下情绪价值,就是股民情绪和板块情绪的共振波动带来的价格的上涨。当出现社会热点、政策热点、产业热点和产品热点溢出到股市,带来情绪周期,带来板块赚钱效应,游资会第一时间立马入场,选择主观认为有30%~50%向上空间的标的去博弈收益,当情绪出现退潮则立马跟随而动,结束游戏,赚了多少与赚没赚都没那么重要,知止,然后再等待和寻找下一次博弈机会。在股市里,一项隐藏的成本就是时间成本,不能兑现到手的利润永远都是浮云,落袋为安才是王道,游资恰恰是抓住了炒股的这个命门,所以才得以在股市里如鱼得水。

通过"价时投资"理论与"游资"的对比,我们可以发现,"价时投资"与"游资"的共同之处在于,两者都把时间放在第一重要的位置,"价时投资"既重视短期时间的价值也重视中长期时间的价值,"游资"更重视短期时间价值。"价时投资"理论关注个股的内在价值与情绪价值，寻求内在价值与情绪价值的共振。而"游资"更关注的是个股的短期情绪价值，当出现社会热点传导到股市时，游资以敏锐的感觉介入，博取概率，在做对时加仓放大收益，在苗头不对时果断退出，通过短期情绪价值获取超额收益。

第七节 价时投资 VS. 主题投资

主题投资作为一种投资策略，区别于传统的价值投资以及游资策略，核心是旨在通过提前对重大政策或题材的挖掘与分析，寻找出能引起市场资金共鸣、带来羊群效应的投资机会。从某种程度上看，对主题投资的投资者而言，用"投机"来形容他们的行为或许更加贴切一些。在这种投资策略下，个股的基本面并不是最大的考量因素。相反，个股的题材认可度、概念纯正度、技术形态、筹码分布等情绪面或技术面相关指标，才是主题投资者最看重的。

在主题投资者看来，基于未来的预期是股票投资者最重要的考量因素之一，这个预期在未来能否兑现其实并不重要。预期的真假也不重要，重要的是当下或者未来有多少人相信它会实现，大多数人是短视的，观点也容易受到周围环境的影响。当相信它的人超过不相信它的人就留下了一种偏见，该概念就可以炒。主题投资，绝大多数情况下不基于真实的业绩预期，更多的是人民对未来美好预期的向往和人性的贪婪，以此塑造一支盲目跟风的炒作队伍。索罗斯曾言："对现实世界的精确预测并不重要，金融市场上的成功秘诀在于具备能够预见到普遍预期心理的超凡能力。"

每一个主题投资绝大多数情况下都遵循以下路径：在未被市场发掘的时候，聪明或者先知先觉的资金进行提前布局，然后市场会慢慢出现一个短期无法证伪的亦真亦假的"故事"，吸引部分资金进入，随着股价的上涨和强化效应，故事逐步被更多人相信，至于相信是基于投资心态还是投机心态、是真心真意地相信还是半信半疑地相信，这些并不重要，重要的是由于"相信"导致了股价与故事的反身性这个结果，故事被更多人相信导致股价上涨，股价上涨使得更多人相信故事，正向反馈，很多人深陷其中而不自知。之后，前期先知先觉埋伏的资金趁机将筹码高位交给接盘者，循环往复、周而复始。

大体而言，一个成功的主题炒作需从以下几个方面展开：故事＋跟风＋预期膨胀。任何一个主题炒作要想成功，必须要有大量的跟风资金，这是必要条件之一。正如索罗斯所言："羊群效应是我们每一次投机能够成功的关键，如果这种效应不存在或相当微弱，几乎可以肯定我们难以成功。"在跟风资金的参与下，故事与股价就会形成反身性，逐步演变为预期膨胀的过程，只有产生预期膨胀的过程，行情才有持续性，也才有高度。我们通过对历史上的重大主题投资进行复盘，可以发现表现较好的标的具备如下特征：一是与强势主题逻辑越相关的标的，股价表现越强势；二是对于龙头公司的股价表现，估值和业绩并非占据重要位置；三是当一个主题有多次行情时，龙头往往具有长期关注价值，前一轮主题行情的龙头，在下一轮行情时表现也往往较为突出。

通过"价时投资"理论与"主题投资"的对比，我们可以发现：两者的共同之处在于，两者都关注时间与价值，但"主题投资"更加侧重题材的外在价值与情绪价值的共振,对择时的要求也更高。在主题投资者看来,题材本身能否吸引市场更多资金的关注是最重要的,至于题材未来能否兑现业绩并发展成产业趋势不是他们关注的。"主题投资"关注的是题材本身给市场带来的情绪价值、羊群效应以及对人性的利用等,这一点与游资有相似之处;但不同之处在于,游资只关注短期情绪价值和市场强弱,不管是否属于题材。"主题投资"看重的更多是题材的表象价值,以及主观的在相对低位的埋伏,主观地等待题材被市场认可后退出。"价时投资"强调在正确的时间做正确的事情,首先会分析投资个股所在行业的客观发展趋势,以及个股本身的核心竞争力,更强调内在价值与情绪价值的共振。

后　记

庐山烟雨浙江潮，未至千般恨不消。
到得还来别无事，庐山烟雨浙江潮。

——［宋］苏轼《观潮》

这是宋代著名诗人苏轼的临终之作，这四句诗包含了他对社会、人生和哲学的深刻理解及感悟。苏轼以其文学造诣和人生境界被人誉为中国知识分子的"天花板"。他一生历经了官场的起起伏伏，也因此让他走遍了千山万水，在临终前心中的那个"庐山烟雨浙江潮"，与初识的山水是有巨大差异的。民国时期北京大学著名教授黄侃有相似观点，"50岁之前不著书"，讲的就是只有历经千帆，再来看山看水，可能才真正有话要讲，也才能讲出一些趣味性和价值，甚至有颠覆性的洞见呈现。我想，在文史哲方向应该是如此。

写作是一种表达，十多年前我也曾想写《我的哲学投资之道》一书，却一直不敢付梓，因为心虚。尽管当时已经成为阳光私募基金经理和合伙人，但心里知道自己的哲学有几斤几两，只能让它一直躺在电脑里。

十多年后再次提笔，的确感觉对于股票投资从各个维度有话要说了。从2024年春天开始,历时四个月完成初稿。这次写作是思想的自然流淌,写作中有淡定,有从容,有确定性,有心流。从完成后的内容看是超预期了,因为在写作中,每天大脑都飞速运转,甚至一度身体不支,休息了一周,但情绪一直都是高涨的。写作不仅是输出,也是汲取,写作过程中迭代了很多知识,让思想和观点在书中都更系统化了。

我很感谢这次写作,不仅对于投资,对于各个方面都是一次洗礼。我的初衷是要写一本与众不同的书,而有一位先生给出了一个更高的定位——影响一代投资人,最后自认为高标准地完成了任务。在此,要特别感谢这位先生,他就是上海财经大学出版社编审王永长老师。在我这次写作中给予了持续指引,从最初的选题确定写作方向,到后来的写作目标和方法,都一一指引。没有他的指导,本书不会这么快与读者见面,而且能够直击中国股票投资者的痛点,并呈现出知识性、趣味性和价值。

从进入中国股市的第一天起,我就把股市当成了一种"游戏",一种财富转移的游戏,并在这种游戏中,找到过自以为是的趣味性。但要看透这个时间游戏,让趣味性不断迭代却是艰难的,需要从底层逻辑支撑起关于"游戏"的价值观和方法论,需要非常丰富的知识储备和认知智慧。于是我用了过去十多年的时间,全面补充知识和总结知识模型,当自我感觉在哲学上走向成熟后,开始提笔把这些东西记录下来,这是我对于投资的表达。

最近8年一直用ChatGPT的预训练方法训练自己,以多元思维模型为算法框架,每天大量地且多维度地阅读各种相关知识作为训练数据,坚持了8年的训练,其中有辛苦更有美妙,也有通透后的快感,要形容这个认知升维的过程就是"痛并快乐着"。类似GPT一样的智慧"涌现"带来的觉醒，让我可以清醒地看待金融时间即股票价值，很清楚地明白时间、价值和条件的关系，给了我看待一事一物的视角和维度，也给了我写这本书的动力和底气。

本书有很多创新，概念化了金融时间、提出了条件的哲学、假设了效率游戏和强调了合一思维等。结合老子、王阳明的哲学，提出了价时合一，将条件的哲学引入股票投资，并概念化金融时间，这是对全球投资理论的一次全新迭代的尝试。当成书以后，深感作为中国人的骄傲，因为世界的融合，必将会出现大量的中国人站在世界金融舞台，参与世界金融市场中的比拼较量。这样的理论创新是存在一些价值和意义的。另外，全书把理论和哲学思维部分都写成通俗的语言，这个很难得，花费了很多心血，为此也让我四个月抽掉了三十条香烟。锲而不舍，金石可镂，我也感谢自己的努力，这四个月的写作用心了。

投资是人生的一种表达方式，这是一本重新定义价值投资理论的书，本书基于对AI发展的深度研究，看到了2027—2028年以后，中国经济再次被效率推动，资本市场将开启效率游戏。因此，本书是年轻的基金经理们和老股民们的升级版读物，我希望能够抛砖引玉，促进中国股市的价投出现更多新的风格范式；我也希望能够弥补我们投资文化中缺少的知识为投资事业添砖加瓦；同时，我还希望各位亲爱的读者为本书查漏补缺，祛邪扶正。

选到一只好股不容易，就如同遇到一个好人也不容易。好与不好，首先是看价值。一只好股、一个好人，成立的前提条件是能提供价值和持续价值。其次，好与不好得看时间，一只股，不是任何时候都提供价值的,只有在提供价值的时间才是好股,或许某股曾经提供过价值,然而当它毁灭价值的时候,就不是好股,必须辩证地看。最后,好与不好必须是有条件的,有一个著名网红股评家提出了一个观点:"做好人,买好股,得好报。"这是基于道德文化的价值观。我给他补充一下,"做好人,买好股,得好报"是需要条件的,只在某些条件网格中成立,是不是拥有时代的贝塔、是不是拥有惊鸿一瞥、是不是拥有大的能量提供持续价值,若不掌握好条件,得到的就不是惊喜而是惊吓。我还想对他说,做一个好人不如做好一个人,买一只好股不如买好一只股。

在本书即将付梓出版的时刻,有一位网友这样评论:"格雷厄姆在垃圾堆里找宝贝,彼得·林奇在众皇子中挑选真命天子。有的人喜欢天天跟烂人烂事打交道,有的人喜欢跟好人好事做朋友,宁缺毋滥。社会多元,选择各有不同。"如果要为本书的内容做一个总结,我就这样说:"如果你问我股票投资的本质是什么,我会这样回答,各花入各眼,每个人因为各种条件不同,所以股票投资的价值观就不一样,看到的本质都是不一样的。"

如果你是基金经理或职业投资人,或者说必须长期待在中国A股市场的人,股票的本质就是在时代的贝塔中,找到能持续提供成长和价值的优质公司,并在阿尔法中找到那惊鸿的一瞥。

如果你有自己的其他工作,股市可选择性参与,7~8年的时间周期里,参与一两年即可。普通投资者尽量少出手,牛短熊长的市场其实并不友好,重点在于多看不动,当遇到猛犸象拐点才参与,并尽可能结合上述认知,开启时间盲盒,形成价时合一,那就是善之善者也。

在神秘的佛教中,有一种曼陀罗的能量结构让人震撼。这种曼陀罗能量结构看似神秘,其实是一种自然法则,在花开的过程中尤为明显。当你观察花开的时候,你会发现能量以花蕊为中心,逐渐释放展开,能量从花蕊传递到花瓣,均衡又和谐,花朵以对称的图案绽放。20世纪杰出的女性艺术大师乔治亚·欧姬芙(Georgia O'Keeffe)独居大漠40年,画了一朵价值2.86亿元人民币的曼陀罗,她说:"如果将一朵花拿在手里,认真地看它,你会发现,在片刻之间,整个世界属于你。"

"明亮的光,是我人生的最初记忆。光,到处皆是光。"在股票投资中,能寻找到最初始的那个能量尤其重要,那是让价值绽放的本源。股票投资的本质在于寻找并理解那些初发的能量点,通过深入的分析和精准的判断,把握市场的能量流动,从而实现资本的增值。成功的投资者就像是掌握曼陀罗结构的绘画大师,能够洞察到能量流动的规律,预测市场的走向。"光,到处皆是光。"这是一场需要耐心、智慧和洞察力的修炼之旅,那些真正掌握曼陀罗能量真谛的投资者,可在复杂多变的金融市场中稳健前行,取得最终的成功。

引以为戒,择善而从。大师们能看透股票这个游戏、理解那些初发的能量点而获得成功,本书重点在于为读者提供哲科思维,因之看透股票这个游戏、理解那些初发的能量点。没有包治百病的药。每个人都要吃苦,你吃你的苦,我吃我的苦,各人吃各人的苦。

本书要致敬两位导师,其中一位是金融学批判学家周洛华先生。数年前认识了他,并且有幸成为惺惺相惜的朋友。这几年不断地阅读他的新作,让我的知识结构和认知全面提升,他的《金融哲学系列》从源头提升了我的跨学科知识能力,让我对股市这个金融游戏有了更深刻的洞见,找到了股票价值观的依托,找到了投资的灵魂和植根的土壤,能够双脚踏在泥地里,而思想在天空依然也感觉踏踏实实。我也因此增加了人类学、生物学、金融学和社会学的许多知识模型,他在金融批判方向,我在投资方向,我们一起在做一些与中国人金融启蒙有关的事情。另外一位要致敬的人,是美国著名投资人查理·芒格先生,他的多元思维、逆向思维等许多智慧,帮助我完成了价时投资的逻辑框架,让我拥有了"猴子进化为人"的工具。

这些年带了一些学生、徒弟,亦师亦友,他们是智库、投资机构和科技企业的佼佼者。在与他们的对话中,我产生了许多深邃的哲学投资思想,为这本书的写作提供了很多内容。

我还必须感谢两位合作者,他俩都很年轻,都供职于金融机构。卢浩林主笔了第三章"效率与效率游戏",还参与了第二章"价值"的部分内容,帮助我找寻到许多资料,并参与了全书的整理工作。雷纯华主笔了第六章"价时投资",他对本书的思想形成也花费了大量时间,并且他的投资方法也是"金双战法",将其运用到了投资实践中。另外,还要感谢罗世锋为本书的文献所做的标注和其他工作。

我作为"未来十年"群的群主,还要感谢"未来十年"群的各位群友,因为有你们的支持和激励,我才可能在4个月中把书稿完成。很用心地把书中每一章、每一节都斟酌了数十遍,甚至斟词酌句到每一个词都不断推敲,用了我自认为最简洁的语言来描述丰富的哲学思维和对未来投资的方向提供可资借鉴的指引。

2024 年 10 月 8 日
于成都东部新区三岔湖湖畔

参考文献

[1] McVey, H. H. (2024). Thoughts From the Road: China. KKR Global Macro and Asset Allocation Report.

[2] 周洛华:《金融工程学》(第四版),上海财经大学出版社 2019 年版。

[3] 周洛华:《货币起源》,上海财经大学出版社 2019 年版。

[4] 周洛华:《市场本质》,上海财经大学出版社 2020 年版。

[5] 周洛华:《估值原理》,上海财经大学出版社 2022 年版。

[6] 周洛华:《时间游戏》,上海财经大学出版社 2024 年版。

[7] 亚里士多德:《形而上学》,人民出版社 2020 年版。

[8] 查理·芒格:《穷查理宝典》,中信出版集团 2017 年版。

[9] 乔希·考夫曼:《关键 20 小时,快速学会任何技能》,机械工业出版社 2015 年版。

[10] 爱默生:《爱默生随笔》,华文出版社 2010 年版。

[11] 瑞·达利欧:《原则》,中信出版社 2018 年版。

[12] 刘未鹏:《暗时间》(第 2 版),电子工业出版社 2022 年版。

[13] 老子:《道德经》,中国文联出版社 2016 年版。

[14] 王觉仁:《王阳明心学》,湖南人民出版社 2013 年版。

[15] 沃伦·巴菲特、劳伦斯·A.坎宁安:《巴菲特致股东的信》(原书第 4 版),机械工业出版社 2018 年版。